Les ruses éducatives

Division de la société Reed Business Information
SAS au capital de 4 099 168 €
2, rue Maurice Hartmann, 92133 Issy-les-Moulineaux cedex
Président : Antoine Duarte
Directeur de publication : Antoine Duarte
1re édition 2008

www.esf-editeur.fr

ISBN 978-2-7101-1964-7
ISSN 1158-4580

Yves Guégan

Les ruses éducatives

100 stratégies
pour mobiliser les élèves

esf
EDITEUR

Remerciements

Je voudrais remercier tous les enseignants avec qui j'ai travaillé ces dernières années et qui ont bien voulu me confier le témoignage de leurs pratiques quotidiennes. Il s'agit pour l'essentiel de personnes qui, dans le cadre des CFA (Centre de Formation des Apprentis), ont la charge difficile de former des apprentis qui souvent ont eu un passé scolaire chaotique. Merci aussi à tous les autres enseignants qui exercent en maternelle, en primaire, dans le secondaire ou le supérieur. L'inventivité et l'intelligence dont tous font preuve, le sens tactique et les astuces qu'ils utilisent, constituent, au-delà du sujet de ce livre, des clés pour la réussite de l'action éducative.

Liste alphabétique des enseignants cités pour leurs témoignages de ruses éducatives :

Aïcha Amini, formatrice en action commerciale en CFA
Sandrine Ancelot, professeur de français en CFA
Dominique Bascià, professeur de français en CFA
Brigitte Béligon, professeur de français en CFA
Nasser Benchiha, professeur de technologie en CFA
Sidonie Bertrand, professeur de français en CFA
Dorota Bertrand, professeur d'histoire-géographie en CFA
Arnaud Bizouard, formateur en menuiserie (technologie et pratique) en CFA
Patrice Bride, professeur d'histoire en collège
Rose-Marie Cabanier, institutrice en maternelle
Laetitia Chacornac, professeur de français en CFA
Séverine Chagnon, professeur de français en CFA
Valérie Chevallier, professeur de français en CFA
Alexandra Cros, professeur de français en CFA
Thierry Delacour, professeur de français/histoire/géographie en CFA
D. Diaz-Veyrier et V. Peschard, formatrices en soins infirmiers
Isabelle Dumont et Julie Ghibellini, monitrices de français aux États-Unis
Chantal de Gastines, professeur d'histoire en lycée
Sébastien Girard, professeur de technologie en CFA
Jeanine Le Brun, professeur de français en CFA

Bénédicte Lefèbvre, enseignante en CFA
Michel Lesaffre, animateur en CFA
Corine Lesnes, journaliste au Monde
Danielle Le Sevillon, formatrice VSP (Vie Sociale et Professionnelle) dans le dispositif ETAPS (Espaces Territoriaux d'Accès aux Premiers Savoirs)
Coralie Manning, professeur de physique/chimie en lycée
Jean-Michel Martin, professeur de mathématiques en CFA
Brigitte Martinez, CPE en collège
Nathalie Mathieu, professeur d'anglais en CFA
Philippe Meirieu, quand il était professeur de Lettres
Nathalie Nieva, professeur de français et d'histoire en CFA
Guillaume Picard, formateur en plomberie en CFA
Gérald Picaud, responsable du service Cadre de vie en CFA
Isabelle Pierard, professeur de maths/sciences/dessin technique en CFA
Katy Pinto, professeur de français en milieu carcéral
Olivier Pouletaud, professeur de mathématique en CFA
Jean-Paul Ramousse, formateur en dessin de construction en CFA
Nicole Rieux, professeur de mathématique en CFA
Richard Rumiano, formateur en français et VSP dans le dispositif ETAPS (Espaces Territoriaux d'Accès aux Premiers Savoirs)
Katy Sardain, chargée de mission à la chambre des métiers
Bénédicte Saunier, professeur de français/histoire/géographie en CFA
Cécile Sors, professeur d'EPS en collège
Angélique Thomas, professeur de français/histoire/géographie en CFA
Sébastien Touchard, professeur de français en CFA
Christelle Touleron, professeur de français en CFA
Thierry Trigolet, formateur en travaux publics en CFA
Béatrice Vaille-Cullière, professeur de français en CFA
Aurélie Verdier, professeur de français en collège
Dominique Veyrier, professeur des écoles
Michaël Viggiano, professeur de français-histoire-géographie en CFA
Christine Vimard, directrice adjointe de collège
Catherine-Léon Yaker, professeur de mathématiques en collège

Pédagogies

Collection dirigée par Philippe Meirieu

La collection PÉDAGOGIES propose aux enseignants, formateurs, animateurs, éducateurs et parents, des œuvres de référence associant étroitement la réflexion théorique et le souci de l'instrumentation pratique.

Hommes et femmes de recherche et de terrain, les auteurs de ces livres ont, en effet, la conviction que toute technique pédagogique ou didactique doit être référée à un projet d'éducation. Pour eux, l'efficacité dans les apprentissages et l'accession aux savoirs sont profondément liées à l'ensemble de la démarche éducative, et toute éducation passe par l'appropriation d'objets culturels pour laquelle il convient d'inventer sans cesse de nouvelles médiations.

Les ouvrages de cette collection, outils d'intelligibilité de la « chose éducative », donnent aux acteurs de l'éducation les moyens de comprendre les situations auxquelles ils se trouvent confrontés, et d'agir sur elles dans la claire conscience des enjeux. Ils contribuent ainsi à introduire davantage de cohérence dans un domaine où coexistent trop souvent la générosité dans les intentions et l'improvisation dans les pratiques. Ils associent enfin la force de l'argumentation et le plaisir de la lecture.

Car c'est sans doute par l'alliance, sans cesse à renouveler, de l'outil et du sens que l'entreprise éducative devient vraiment créatrice d'humanité.

Pédagogies/Outils : des instruments de travail au quotidien pour les enseignants, formateurs, étudiants, chercheurs. L'état des connaissances facilement accessibles. Des grilles méthodologiques directement utilisables dans les pratiques.

*

* *

Voir en fin d'ouvrage la liste des titres disponibles
et sur le site www.esf-editeur.fr

Table des matières

Introduction

Dans le domaine de l'éducation comme dans toute relation humaine, la communication claire, franche et directe est certes une excellente chose. De même, les règles humanistes de tolérance et de respect de l'autre ont une valeur profonde qui ne saurait être remise en cause. Il arrive cependant que, malgré le concert des bonnes volontés éducatives, le courant ne passe pas. Les difficultés de l'apprentissage, les malentendus ou les incompatibilités d'humeur font parfois que la communication claire, franche et directe s'avère inopérante, que la volonté de dialogue et d'écoute (quand toutefois elle existe chez l'enseignant) se heurte de manière plus ou moins abrupte au mur du non-dialogue. L'expérience de Serge Boimare, à ses débuts, est révélatrice de cette difficulté du dialogue avec certains élèves en échec : « Je me souviens d'un accord qui avait eu lieu pendant un certain temps, sur une phrase que les enfants reprenaient en chœur lorsque j'avais le souci de les entraîner vers un apprentissage nouveau et que je croyais bon de l'annoncer, c'était : "Ta gueule, vas-y tout seul." » [1]

La relation pédagogique peut donc s'avérer rugueuse, occasionner des blocages, des échecs et des refus de coopérer. Si les élèves reprochent aux enseignants de ne pas être à l'écoute et d'abuser de leur pouvoir, les enseignants constatent que les élèves sont agités, rechignent à l'effort, oublient régulièrement leurs affaires, cultivent l'impertinence, arrivent sans vergogne en retard... Face à ces difficultés, les adultes sont souvent démunis. Certains, jeunes ou moins jeunes, ont du mal à garder leur sang-froid dans les situations d'affrontement et se sentent en difficulté pour gérer les résistances, ce qui augmente encore chez eux le stress et la souffrance.

Comment s'y prendre, par exemple, pour gérer ce genre de situation ?

J'avais 24 ans quand j'ai commencé à enseigner, j'avais été plutôt bonne élève et mon premier jour devant une classe d'adolescents a été atroce. Dès l'entrée c'est difficile. On ne se sent pas naturelle, on étudie ses gestes et ils se rendent bien compte qu'on n'est pas à l'aise. J'étais habillée en tailleur beige strict avec une jupe droite. Au bout d'un moment, je me mets à écrire au tableau et j'entends derrière moi : « Tu crois qu'elle porte un string ? On voit pas les marques de la culotte. » Un autre enchaîne : « Non, c'est peut-être un boxer, on voit pas les marques non plus avec un boxer »... Et ça continue comme ça entre le string et le boxer.

---

1. S. Boimare, *L'enfant et la peur d'apprendre*, Dunod, 2000.

Ils auraient pu le dire discrètement, mais ils parlaient à la bonne hauteur de ton pour que j'entende. Ça n'en finissait plus et je ne savais pas comment intervenir parce que je n'osais plus me retourner: j'étais rouge, angoissée, morte de honte. En plus j'avais chaud, je ne pouvais pas enlever la veste, ça aurait été la fin de tout. J'ai fini par aller très vite au fond de la classe en rasant les murs. L'horreur! Et je suis restée comme ça derrière leur dos pendant toute la fin du cours et j'en envoyais un au tableau de temps en temps pour qu'il focalise les regards.

J'ai mis d'autres vêtements pour l'après midi et je me suis fait couper les cheveux pour changer de tête. Pendant les 2 années avec ce groupe, ça a été pénible. J'ai racheté des jupes plus longues, des cols fermés. Je rentrais dans cette classe avec appréhension, il m'arrivait de pleurer avant les cours ou le soir. Pour réagir, j'avais pris une attitude dictatoriale et ça ne marchait pas du tout sur le plan pédagogique.

Personne ne vous aide dans ces cas-là. La direction vous dit que c'est à vous de vous imposer, mais quand ça démarre mal, c'est très difficile de redresser la barre. Les collègues ne comprennent pas, ils rigolent, ils disent que c'est pas méchant. Oui, avec le recul, on peut en rire. Mais sur le moment, c'est épouvantable.

Je n'ai plus jamais reporté cette jupe en cours et quand il m'arrive de la mettre en dehors du CFA je repense à cette histoire, vieille de 6 ans déjà.

Cette jeune femme aurait-elle dû utiliser l'autorité? Faire appel à la raison? Appeler des secours? Utiliser la ruse?...

La ruse... Certes, elle a une image négative, et même une connotation quelque peu diabolique. Elle a perdu depuis l'antiquité grecque la signification de « prudence avisée » qu'elle possédait quand la déesse Mètis, fille de l'Océan, lui donnait son nom avant d'être avalée par plus rusé qu'elle, son époux Zeus, maître en duperies et autres subterfuges. Elle donnait alors à l'artisan la domination de la matière, au guerrier la suprématie des armes ou au marin la maîtrise des vents... Toutes les activités humaines réclamant de l'astuce étaient concernées. Depuis lors, comme le notent Detienne et Vernant, la mètis a été oubliée, mise à l'écart par la philosophie officielle: « Dans le tableau de la pensée et du savoir qu'ont dressé ces professionnels de l'intelligence que sont les philosophes, toutes les qualités d'esprit dont est faite la mètis, ses tours de main, ses adresses, ses stratagèmes, sont le plus souvent rejetés dans l'ombre, effacés du domaine de la connaissance véritable et ramenés, suivant les cas, au niveau de la routine, de l'inspiration hasardeuse, de l'opinion inconstante, ou de la pure et simple charlatanerie. » [2]

Une autre manière de disqualifier la ruse consiste à la ranger dans la rubrique « ficelles » et autres « recettes ». Certes, une recette mal maîtrisée, appliquée bêtement à un contexte inapproprié risque fort de ne pas produire de résultat miraculeux. Mais la critique vise d'abord la bêtise, pas forcément la recette que l'on

2. M. Detienne, J-P. Vernant, *Les ruses de l'intelligence, la mètis des grecs*, Flammarion, 1978.

peut éventuellement appliquer intelligemment, en l'adaptant aux situations que l'on rencontre. Cette critique des recettes est d'ailleurs largement suspecte. On pense aux recettes de cuisine, aux « recettes de bonne femme », et donc à des pratiques féminines supposées ne pas requérir un haut degré d'intelligence. En revanche, lorsque l'on parle de tactique et de stratégie, la connotation guerrière et donc masculine de ces notions leur confère une certaine noblesse.

Ces jugements négatifs sur la ruse contribuent à en donner une image tronquée : elle n'apparaît que comme *un artifice pour tromper*. Certes il est vrai qu'elle est souvent synonyme d'escroquerie, d'imposture, de perfidie, d'hypocrisie. Son objectif est alors la domination, voire l'écrasement de l'autre et vu sous cet angle, on voit mal comment un enseignant pourrait construire son action sur la base du mensonge et de la tromperie.

Cependant, la ruse n'est pas systématiquement malveillante. Elle n'est maléfique que si telle est la finalité qu'on lui assigne. Une définition moins satanique (et plus proche de la mètis artisanale) la désigne comme une *démarche indirecte pour obtenir un résultat*. Georges Balandier écrit : « Dans toutes les circonstances, la ruse révèle une façon d'appliquer l'intelligence à une situation et à un objectif : le recours à des procédés indirects, à des apparences destinées à faire croire et agir, à la dissimulation et au secret – à un point tel que son degré extrême ou son état de perfection est atteint lorsqu'elle fait oublier sa présence. La force contraint directement, la ruse contraint par un détour, et souvent en emportant le consentement ou la conviction. » [3]

Les procédés indirects, les stratégies souterraines, la dissimulation et le secret qui sont les ressorts de la ruse ne disent cependant rien sur les buts poursuivis en contexte éducatif qui peuvent être parfaitement vertueux. Ainsi, quand les parents emploient des ruses avec les petits enfants, pour les faire manger ou dormir, on peut supposer qu'ils cherchent leur bien. Quand ils égarent leur raison avec des histoires à dormir debout (fées, héros invincibles, le Père Noël...), ils n'ont sans doute pas l'intention délibérée de leur nuire ni d'abrutir leur intelligence, mais bien de leur offrir du rêve et de l'émerveillement. Il existe donc une ***ruse bienveillante***. Dans le domaine de l'éducation, la ruse bienveillante s'emploie à combiner efficacité pragmatique et principes éthiques. Elle ne vise pas à flouer l'enfant mais se met au contraire à son service : il s'agit de déjouer en souplesse les résistances afin de faciliter la coopération éducative. S'appuyant sur des qualités intellectuelles comme la capacité d'observation et la présence d'esprit, elle s'apparente alors à l'intelligence, à la finesse, à l'ingéniosité, à l'adresse, à l'inventivité, à la sagacité, au sens de l'opportunité.

La ruse éducative présente l'avantage de déverrouiller des situations bloquées sans utiliser l'autorité, de sortir de conflits stériles en surmontant les oppositions

3. G. Balandier, Le détour, *Pouvoir et modernité*, Fayard, 1985.

qui se manifestent inévitablement dans la vie d'une classe. Elle contribue également à changer le regard des élèves sur le travail scolaire et à stimuler leur motivation en inventant des solutions pédagogiques originales et inattendues. On voit qu'il ne s'agit évidemment pas, comme avec la mètis guerrière des Grecs, de ruses de combat visant la défaite de l'enfant. Tout au contraire, la ruse éducative vise son bien, elle contribue à œuvrer pour le maintien d'un climat coopératif sans lequel il n'y a pas d'apprentissage possible. Elle ne perd donc jamais de vue que l'acte éducatif s'inscrit toujours, au-delà des difficultés et les frictions ponctuelles, dans une stratégie d'alliance. Certes, elle est un outil particulièrement efficace pour gérer les conflits, mais elle ne saurait viser simplement une victoire à court terme car, au-delà du conflit, l'enseignant doit nécessairement obtenir, dans la durée, la coopération de l'élève.

Pour autant, proposer une réflexion sur la ruse ne garantit pas que son utilisation sera toujours bienveillante. Il existe inévitablement des risques de donner des armes à la manipulation malveillante et de renforcer des conduites illégitimes. Mais on pourra relativiser ce risque en admettant que les ruses malveillantes demeurent rarement invisibles dans la durée et de ce fait, elles sont démasquées comme pratiques nuisibles. Abraham Lincoln disait : « Il est possible de tromper une personne tout le temps. Il est possible de tromper tout le monde pendant un certain temps. Mais il n'est pas possible de tromper tout le monde tout le temps ». Cette remarque ne concerne pas les ruses bienveillantes qui perdent certes de leur efficacité lorsqu'elles sont dévoilées, sans pour autant invalider la relation : les élèves savent faire la part des choses entre bienveillance et malveillance.

Deux courants théoriques sont sollicités pour alimenter ce travail sur la ruse. Il s'agit pour le premier des recherches en psychologie sociale sur le pouvoir, l'influence, la manipulation (Erickson, Goffman, Watzlawick, Cialdini, Joule et Beauvois...) ; le second se réfère à la réflexion pédagogique qui va de Rousseau à la pédagogie institutionnelle et qui explore les ressources de la manipulation expérimentale, du détour ou de l'autodidactie. Il ne s'agit pas d'un travail exhaustif ni d'une tentative d'harmonisation de ces courants, mais d'emprunts ciblés qui éclairent des pratiques, insolites pour les unes, largement répandues pour d'autres.

L'appréhension de la ruse est donc très vaste puisqu'elle englobe aussi bien le mensonge pédagogique qu'utilise Rousseau, que les médiations culturelles proposées aujourd'hui par Serge Boimare, ou la remise en cause du rapport traditionnel maître-élève dénoncé par Joseph Jacotot au début du XIXe siècle. Toutes ces pratiques prennent le contre-pied de l'idée d'une transmission directe du savoir, qui proviendrait d'un maître-émetteur pour s'adresser aux élèves-récepteurs. Il s'agit pour l'enseignant d'exploiter les ressources du sac à malices pédagogique constitué à force de réflexion et d'expérience, afin d'explorer des techniques innovantes, subtiles et inventives.

1
Les jeux de pouvoir dans la classe

Dans la mesure où la société fixe des objectifs éducatifs, impose des programmes et organise une sélection, l'apprenant ne peut pas faire exactement ce qu'il veut à l'école. Son action est dirigée par l'enseignant qui exerce sur lui un pouvoir hiérarchique, défini et délimité par le système éducatif qui assigne à chacun des places et des rôles distincts et dissymétriques. Mais obéir au système et endosser docilement le rôle de l'élève n'est pas forcément du goût de tous les enfants ou adolescents. Certes, un très grand nombre d'entre eux se montrent coopératifs et acceptent la nécessité d'aller à l'école. Mais beaucoup adoptent des attitudes de résistance, de manière ouverte ou larvée. Et même ceux qui coopèrent habituellement connaissent occasionnellement des moments de fronde.

L'enseignant a pour mission de faire face aux résistances sans perdre de vue l'objectif éducatif. C'est dire qu'il doit agir, par-delà les difficultés et les conflits ponctuels, dans l'intérêt de ceux qui résistent.

Le cadre hiérarchique

La classe est un système hiérarchique qui met en jeu des rapports de pouvoir en sensible évolution depuis plusieurs décennies. Si la fonction du pouvoir demeure inchangée, les instruments de pouvoir et la manière de les utiliser soulèvent aujourd'hui beaucoup d'interrogations au sein des équipes éducatives.

Le pouvoir désigne *la capacité d'agir sur quelque chose ou sur quelqu'un*. Une approche plus scientifique le définit comme « *un mécanisme quotidien et incontournable qui médiatise et régule les échanges de comportements indispensables au maintien, voire à la réussite d'un ensemble humain* » [1]. Ainsi, le pouvoir de l'enseignant a pour fonction la gestion de la classe, qu'il s'agisse de l'organisation du travail ou de la

1. E. Friedberg, L'analyse sociologique des organisations, *revue Pour* n° 28, L'Harmattan, 1988.

régulation des comportements. Pour être plus précis, on peut relever que le pouvoir de l'enseignant s'exerce dans plusieurs directions : c'est d'abord un pouvoir de décision (sur les contenus et les méthodes pédagogiques, l'orientation, les sanctions...) ; c'est aussi un pouvoir de contrôle et d'évaluation (sur le travail et les comportements) ; c'est enfin un pouvoir d'influence qui va susciter le désir d'apprendre ou au contraire le décourager.

L'usage légitime du pouvoir

Le mot pouvoir sent le souffre et nombre d'enseignants réfutent d'emblée l'idée qu'ils puissent exercer un quelconque pouvoir. Ils préfèrent définir leur relation avec les élèves soit en termes d'autorité soit en termes de dialogue et de confiance... autant de mots qui, dans un contexte hiérarchique, désignent (ou masquent) un rapport de pouvoir.

Par ailleurs, on entretient souvent la confusion fréquente entre pouvoir et autorité. Si on se réfère à la définition du paragraphe précédent, disons que seul le pouvoir est « quotidien et incontournable », pas l'autorité qui est un instrument ponctuel de pouvoir. Pour « réguler les échanges de comportements », il est possible de faire appel à d'autres instruments : la force, la gentillesse, la ruse, les cris et les pleurs quand on est bébé... Mais qu'il soit autoritaire ou non, le pouvoir de l'adulte a pour objectif d'obtenir de l'enfant qu'il fasse ce que la société attend de lui, à savoir qu'il s'instruise. En termes de valeur, on tend aujourd'hui à considérer qu'un pouvoir respectueux des personnes sera plus à même de produire une éducation citoyenne porteuse de vertus démocratiques : liberté, responsabilité, solidarité, etc. En termes d'efficience, on peut aussi faire l'hypothèse qu'un pouvoir bienveillant est plus motivant qu'un pouvoir écrasant, pour instaurer un climat de coopération entre l'adulte et l'enfant.

La distinction entre pouvoir autoritaire et pouvoir souple appelle une autre réflexion sur la confusion souvent faite entre pouvoir et abus de pouvoir, confusion entretenue par une approche idéologique très répandue, qui considère le pouvoir comme maléfique par nature et qui de ce fait, en rejette toutes les formes, au nom de principes démocratiques aussi idylliques qu'illusoires. Certes, il est vrai que le pouvoir évoque les rapports de domination ainsi que tous les abus qui marquent les histoires personnelles et l'histoire collective. Il est également vrai que dans la classe, la domination abusive est ici et là une réalité qui doit être dénoncée. Mais on ne saurait réduire l'exercice du pouvoir aux diverses manifestations d'abus de pouvoir : il existe une pratique légitime du pouvoir, fidèle aux principes démocratiques et respectueuse des droits et des intérêts des personnes, qui est irremplaçable pour organiser l'action collective et, dans le domaine scolaire, la coopération pédagogique.

Le pouvoir d'influence

La réflexion sur le thème du pouvoir porte principalement dans ce livre sur les techniques d'influence qui agissent de deux manières : une manière ostensible, directe, visible et une manière souterraine, détournée, invisible. L'influence ostensible s'exerce principalement au travers de la persuasion et de l'autorité : donner des ordres ou des conseils, démontrer par la preuve, faire valoir des arguments sont autant de pratiques d'influence qui doivent être visibles pour être comprises. À l'inverse, l'influence souterraine s'appuie sur la ruse qui, pour être efficace, doit rester invisible pour le destinataire.

En pratique, il n'y a cependant pas toujours de séparation très nette entre ces trois techniques. La persuasion est souvent plus efficace quand elle émane d'une personne ayant autorité et l'autorité cherche aussi à utiliser des arguments persuasifs. Quant à la ruse, elle s'infiltre partout : pour conforter l'autorité (au travers, par exemple, de ruses de mise en scène) ou pour se glisser dans l'argumentation et la rendre plus persuasive.

S'il est nécessaire d'influencer l'enfant, c'est que son adhésion au projet éducatif qu'a concocté pour lui la société ne va pas de soi. Apprendre est certes une aspiration humaine universelle, mais c'est aussi un travail qui réclame des efforts et du temps, qui fait courir le risque de l'échec, qui induit des compétitions dont on ne sort pas toujours vainqueur. Apprendre à l'école, c'est aussi subir l'ennui en cours et la pesanteur austère de certains enseignants. « L'élève considère que son professeur est déconnecté de son époque. La parole de l'enseignant ennuie parce qu'elle est d'avance disqualifiée. Mais il ne suffit pas de se faire l'écho de la culture et de la sensibilité ambiante : l'institution scolaire aura beau viser à être aussi vivante que le monde extérieur, il demeurera toujours un écart qui la rendra plus ennuyeuse que lui[2]. » Cette remarque qui porte sur l'ennui à l'école au XIXe siècle reste, on le voit, toujours d'actualité.

Ainsi, le désir d'apprendre incite très certainement les enfants à coopérer avec les enseignants, mais les contraintes intellectuelles, psychologiques ou organisationnelles qui se greffent à l'acte d'apprendre et dont l'enfant fait l'expérience à l'école, l'amènent aussi à renâcler contre l'emprise du système et à élaborer des stratégies de résistance.

2. A. Vaillant, L'ennui à l'école au XIXe siècle, l'écrivain ou le sublime potache, in *L'ennui à l'école*, SCEREN-CNDP, Albin Michel, 2003.

Du côté des élèves : le bonheur de la résistance

Dès le plus jeune âge, l'enfant résiste et l'un des premiers mots qu'il prononce quand il s'initie tout juste au langage, c'est *Non!* Que ce soit pour jouer ou sous l'emprise de la colère, la résistance est une caractéristique universelle de l'enfance qui donne l'accès à la conscience de soi. Elle n'est pas seulement un moyen de défense pour faire face au pouvoir des adultes quand il devient menaçant, elle procure aussi le plaisir de s'affirmer contre : c'est un bonheur parce qu'elle est une source grisante d'identité. En classe, certaines résistances unanimes contre l'enseignant désigné comme bouc émissaire, sont aussi un moyen de cimenter le groupe. Elles procurent à chacun cette exaltation juvénile qui naît du sentiment de solidarité réactive face au monde des adultes.

Bien entendu, la résistance n'empêche pas, la plupart du temps, les moments de coopération avec l'adulte. Elle se combine aussi avec des élans d'affectivité positive : il arrive aux bébés d'aimer leurs parents et aux élèves d'apprécier leurs enseignants. Mais il n'y a jamais de relation, aussi idyllique soit-elle, qui ne soit ponctuée par des épisodes d'opposition et de conflit.

La résistance au savoir

Le bonheur à l'école, c'est d'abord de résister au savoir. Il existe en effet chez beaucoup d'enfants un désir d'esquiver l'effort d'apprendre, d'afficher un mépris pour la connaissance et de fuir l'école. Ce refus du savoir semble dans certains cas permanent, il peut aussi se manifester ponctuellement et contredire le désir global d'apprendre et de poursuivre des études. C'est pourquoi les élèves qui viennent à l'école, relativement de plein gré dans le but de suivre des cours, explosent souvent de joie lorsqu'ils apprennent que le professeur est absent. Le bonheur le plus enthousiaste que procure l'école, c'est l'annulation des cours!

La résistance au savoir fait volontiers appel à toutes sortes de tactiques d'évitement, sources d'innombrables plaisirs : manœuvres de freinage pour se soustraire aux demandes de l'enseignant, tentatives de négociations permanentes visant à en faire le moins possible, oubli plus ou moins volontaire du matériel ou des travaux personnels. Enfin, l'art du simulacre est une source de joie profonde car il ajoute au plaisir de l'esquive la satisfaction secrète de tromper l'adulte.

Si les élèves résistent au savoir c'est d'abord parce que très fréquemment l'école les en a dégoûtés. L'absence de plaisir dans les apprentissages, le manque apparent d'intérêt, de sens ou d'utilité des notions apprises ont fini par tuer tout désir. Et nombre d'enfants enthousiastes en CP ou en 6e se retrouvent découragés au bout de quelques mois parce que leur investissement initial ne leur semble pas payé de retour. À moins qu'ils se sentent menacés par un environnement hostile et choisissent le retrait, comme le jeune Marcel Pagnol découvrant l'univers du lycée : « J'étais cerné par un grand nombre de personnages tous différents les uns des autres, mais coalisés contre moi pour me pousser sur le chemin du savoir. Cette organisation me faisait peur. Ils étaient vraiment trop nombreux, on ne pouvait ni les comprendre, ni les aimer, ni les séduire » [3].

3. M. Pagnol, *Le temps des secrets*, Fallois, 1900.

Plus profondément, au cœur même de l'acte d'apprendre, la résistance au savoir provient du fait que les connaissances nouvelles entrent très souvent en conflit avec des conceptions bien ancrées dans le cerveau des apprenants. « Changer de conception n'est jamais un processus simple, direct et neutre. Chaque modification se solde par une expérience désagréable, vécue comme une menace pour l'apprenant. Elle change le sens de ses expériences passées et trouble la façon dont il interprétait la réalité, voire le sens qu'il donne à sa vie » [4], écrit André Giordan. La résistance au changement qui accompagne ainsi l'acquisition de nouvelles connaissances n'est pas le propre des élèves. De multiples découvertes scientifiques se sont heurtées au scepticisme de toute la société et à la hargne d'éminents spécialistes : Galilée et Pasteur, parmi bien d'autres, en ont fait l'expérience.

4. A. Giordan, *Apprendre !*, Belin, 1998.

Parfois, l'esquive ou la résistance résultent non pas d'une volonté mais d'une incapacité d'apprendre. Certains enfants se sont en effet murés dans un refus total de s'ouvrir à la connaissance. Ce sont généralement des enfants à l'équilibre psychique fragile. Ils se protègent de l'exercice de penser parce qu'ils ne supportent pas la suspension que suppose la réflexion. Ils ont besoin d'une appréhension immédiate, d'une maîtrise totale des choses, ils ne peuvent accepter la confrontation avec le doute et le manque [5].

5. Ce thème sera développé dans le chapitre 5 sur les tactiques de détour.

Toutes ces résistances sont préoccupantes quand elles signifient un rejet global du système éducatif. Nombre d'enfants ou d'adolescents placent ainsi l'école bien en deçà de la consommation des biens matériels dans l'échelle des valeurs. Ils pensent en effet qu'une œuvre littéraire ou une découverte scientifique ne valent pas grand-chose, comparées au bonheur d'acquérir une paire de baskets ou un téléphone portable. L'école ne représente plus alors un tremplin pour s'émanciper mais un lieu d'aliénation qui dispense un savoir inutile et poussiéreux. À l'inverse, la consommation est pressentie comme libératrice. Ce renversement des valeurs républicaines pose un véritable enjeu de société. Il dépasse largement le cadre des techniques d'influence dont il va être question par la suite, même si ces dernières peuvent occasionnellement jouer un rôle positif.

La résistance au pouvoir

La résistance au savoir est aussi une forme indirecte de la résistance au pouvoir. On sait en effet qu'une des premières motivations au travail de l'enfant réside dans le désir de faire plaisir aux parents et aux enseignants (quand la maîtresse est « gentille », l'enfant a tendance à travailler pour elle). À l'inverse, ne pas travailler pourrait avoir comme motivation profonde de leur exprimer de la rancune. Ce serait une sorte de punition vengeresse qui viendrait sanctionner leur emprise, leur attitude critique et leur manque d'égards. Quand les enseignants sont perçus comme des adversaires ou des ennemis, pourquoi leur offrir de bons résultats ?

La résistance au pouvoir de l'enseignant sait également se faire plus frontale, au travers des provocations, des comportements d'insoumission ou des stratégies de sabotage qui perturbent le déroulement des cours. Tant qu'il s'agit d'indisciplines ponctuelles qui ne remettent pas fondamentalement en cause le désir d'apprendre, ces manifestations de résistances restent mineures, même si elles accroissent la pénibilité du travail des enseignants.

Concernant ces résistances ponctuelles, il est curieux de constater qu'elles ne sont pas simplement dues à l'effervescence enfantine. Car il existe aussi un solide goût pour le chahut ou la rébellion dans les groupes d'adultes. Quand, par exemple, des enseignants participent à un stage professionnel, il y a presque systématiquement une personne qui, dès le démarrage, demande quelle est l'heure de la pause et qui fait mine de négocier pour clore la journée le plus tôt possible. Alors même que les participants sont volontaires, qu'ils ont choisi le thème du stage, qu'ils souhaitent approfondir une réflexion et échanger avec leurs collègues sur les pratiques pédagogiques. Même si cette requête est formulée avec humour afin d'établir un climat de convivialité, elle est trop systématique pour ne pas révéler un désir plus ou moins confus d'être ailleurs et d'affronter, ne serait-ce que par jeu, l'animateur qui semble détenir le pouvoir de retenir le groupe captif[6].

6. La gestion de cette situation est abordée dans le chapitre 7.

L'anecdote qui suit obéit à la même logique. Elle est présentée par Dominique Veyrier, professeur des écoles, et montre que les jeunes adultes en situation groupale, retrouvent rapidement les réflexes frondeurs de l'adolescence quand ils se replongent dans le contexte de la classe.

J'étais en formation à l'IUFM dans un groupe de 12 étudiants (élèves-maîtres) âgés de 20 à 25 ans, nous recevions ce jour-là un instituteur chevronné (et proche de la retraite), invité par notre professeur d'Arts plastiques, à nous présenter le travail qu'il effectuait avec ses élèves de CM2. Sans préambule, sans aucune ironie ni autodérision, il commença par nous avertir du caractère « spectaculaire » et impressionnant des diapositives qu'il allait nous projeter, cherchant peut-être ainsi à nous dire : « Ne vous laissez pas décourager, il y a un travail invisible en amont des résultats que je vous présente, et chacun de vous peut donc y arriver ». Il réussit surtout à nous faire entendre un « Vous allez voir ce que vous allez voir ! » qui nous plaisait évidemment beaucoup moins.

À partir de là, le jeu (implicite puis explicite) consista à passer devant l'écran pour sortir (puis au retour pour entrer) le plus grand nombre de fois possible. Pour aller aux toilettes, pour un coup de téléphone urgent, pour avertir X au retour du coup de téléphone qu'il était convoqué chez le surveillant, pour retourner aux toilettes ou pour une subite envie de vomir, par peur du noir... Jules Ferry (Dieu !) seul sait le nombre de raisons qui peuvent demander à un élève de sortir d'une classe devant un enseignant dans le noir, sans se préoccuper de son public. Arriva inévitablement le point de rupture après vingt minutes de ce « traitement » (le record alors homologué était de 8 passages pour un même individu) et l'instituteur hors de lui interrompit la séance. Après un sermon sévère que nous écoutâmes dans le silence parfait et hypocrite de ceux qui ne comprennent pas une si subite colère, notre intervenant dégoûté remballa ses affaires, salua notre professeur visiblement contrariée, passa devant l'écran et se retourna sur le seuil pour nous lancer : « Je suis intransigeant, mais pas vindicatif. Si vous êtes prêts à vous tenir correctement, je veux bien terminer la séance ». Il venait de nous tendre une perche que nous n'espérions pas, et sortit sous une volée d'insultes et de quolibets... Notre professeur ne nous tint pas rigueur de notre comportement, mais j'ignore encore aujourd'hui pourquoi. Avait-elle compris les raisons et les enjeux qui se cachaient derrière notre jeu stupide ?

Chacun des enseignants-stagiaires a très certainement conscience qu'il s'agit effectivement d'un « jeu stupide ». Il n'empêche que la motivation de participer à une réflexion pédagogique ne résiste pas face au plaisir jubilatoire de faire tourner le professeur en bourrique. C'est aussi que le pouvoir est un enjeu majeur dans le fonctionnement des groupes et contester celui qui le détient est une tentation forte dès que l'occasion semble se présenter.

La résistance n'est cependant pas exclusivement frontale : il existe aussi une résistance plus souterraine qui s'apparente à la ruse. Comme le notait Rousseau, c'est souvent le pouvoir des enseignants, perçu à tort ou à raison comme arbitraire et injuste, qui pousse les élèves à résister par la ruse : « Vous leur apprenez à devenir dissimulés, faux, menteurs, pour extorquer des récompenses ou se dérober aux châtiments... Les accoutumant à couvrir toujours d'un motif apparent un motif secret, vous leur donnez vous-même le moyen de vous abuser sans cesse. » [7]

7. J.-J. Rousseau, *L'Émile ou l'éducation*, Classiques Garnier, 1964.

Mais s'insurger contre l'arbitraire est loin de constituer le seul motif de recours à la ruse. Elle intervient dans toutes sortes de situations, par exemple, pour séduire :

> J'ai trouvé une technique pour que le professeur de techno m'aime bien. En fait, il écoute un groupe de musique qui s'appelle Massalia Sound System, il aime trop ! Et mon frère m'a dit de ramener un CD, de le poser sur ma table, mine de rien... Alors j'ai ramené un CD dans un cahier, je l'ai posé sur la table, après j'ai fait genre qu'il avait glissé de mon cahier. Alors il a vu et il a dit : « Qui écoute ça ? C'est moi, c'est moi ! »... Et maintenant il m'aime bien ! Je trouve ça débile ! Il m'a dit qu'il était allé à deux concerts. Il m'a demandé si je pouvais ramener mes CD pour qu'il les grave ; Je les ai même pas rapportés. Et maintenant j'ai de bonnes notes, mais je les ai eues aussi grâce à ceux des autres classes qui ont fait les contrôles avant nous. Parce qu'il fait les mêmes contrôles où il faut cocher les réponses. Il suffit de les apprendre par cœur les réponses. Je pourrais être professeur de techno... [8]

8. M.-T. Cuny, S.Angel, *Ce que je ne peux pas vous dire*, Oh ! éditions, 2003.

La pointe de revanche méprisante qui perce dans le propos de l'élève s'accompagne du plaisir de se jouer d'un supérieur hiérarchique. La ruse permet ainsi d'éprouver sans risque un agréable sentiment de supériorité.

Cependant, si la résistance joue la plupart du temps contre la coopération pédagogique, il faut aussi noter qu'elle est parfois légitime et même féconde, soit qu'elle vise à prémunir l'élève contre un pouvoir abusif, soit qu'elle constitue par elle-même un moteur d'apprentissage.

Les bienfaits de la résistance

Les abus de pouvoir dont se rendent coupables certains enseignants, le sentiment de terreur qu'ils peuvent inspirer sont une violence qui marque parfois à vie les enfants et qui provoque des dégâts psychologiques difficiles à réparer. La peur, le mal-être, l'humiliation vécus au quotidien apparaissent comme assez terrifiants quand ils sont rapportés par ceux qui les ont vécus. Ainsi, ce témoignage :

Êtes-vous encore vivante ? Je sais qu'il y a prescription... Pourtant, dans ma mémoire les souvenirs s'écrivent au présent. Dès que je franchissais le seuil de votre classe, la vie ralentissait puis s'arrêtait. Votre heure de classe était une longue torture, une réclusion à perpétuité. Vous me faisiez peur, terriblement peur : peur de ne pas dormir, peur de ne pas pouvoir articuler un son. Comment une si petite personne pouvait-elle contenir autant de puissance ? Vous étiez un concentré d'acide et de tranchant. Vos gestes étaient toujours vifs et pointus. Vos paroles ne parlaient pas, elles enterraient ma vie. Et vos yeux surtout qui perçaient mon corps et mon esprit... vos yeux inquisiteurs qui cherchaient l'erreur, la faute à venir et qui tombaient sur moi lorsque je pensais m'échapper dans des rêves d'ailleurs. Les mathématiques, voilà ce que vous enseigniez [...] Étrangère à votre langue, inapte et irrécupérable, voilà ce que j'étais pour VOUS. Pourtant, de tout cela je vous remercie car vous m'avez sans le savoir donné envie de faire votre métier. Pour ne pas vous ressembler.

Maria [9]

La résistance s'opère ici après-coup, quand la personne grandit et se construit. Mais la peur a eu assez d'impact pour laisser des traces douloureuses. La résistance n'est plus alors de l'ordre du plaisir. Elle apparaît comme une arme de survie face à l'écrasement.

Dans des contextes moins dramatiques, la résistance est pour certains élèves une source puissante d'énergie au service de l'apprentissage. En effet, nombre d'enfants travaillent par défi, parce qu'ils ont été piqués au vif par un adulte, parent ou enseignant, qui leur a promis l'échec. Ils veulent alors montrer de quoi ils sont capables et décident de réussir contre les prédictions pessimistes qui leur sont faites. Ils vont s'attacher à prouver leur valeur et faire reconnaître qu'on les a mal jugés.

La réussite obtenue dans ces cas-là contre l'adulte est certes bénéfique pour l'enfant et certains enseignants utilisent d'ailleurs le défi pour créer une dynamique de succès. Il reste que ce genre de stratégie doit rester marginale car elle frôle en permanence le conflit et risque de provoquer non pas des réactions de résistance positive mais le découragement et la fuite. Pour les enfants les plus fragiles, ceux qui ne parviennent pas à relever le défi, c'est un passeport probable pour l'échec. La coopération positive reste donc largement préférable.

9. Témoignage de Maria, *Mémoire de maîtres, paroles d'élèves*, sous dir Jean-Pierre Guéno, Librio, 2001.

Du côté des professeurs : choix tactiques

Face aux résistances, mais aussi pour organiser le travail et instaurer un climat propice à la coopération, l'enseignant exerce son pouvoir hiérarchique en fonction de sa personnalité, de ses choix idéologiques, de son humeur du moment... Il lui incombe également d'opter pour l'outil d'influence (autorité, persuasion ou ruse) le plus adapté à la situation concrète qu'il doit gérer[10]. Chacun de ces outils se révélera efficace ou inopérant en fonction des contextes et de la maîtrise de l'utilisateur, mais il n'y a pas *a priori* un outil plus efficace ou plus noble qu'un autre. Chacun d'entre eux est en outre susceptible de dérives qu'il convient d'analyser.

10. D'autres techniques sont disponibles : le dialogue, l'écoute, la négociation... Elles seront traitées en tant que sous-domaines des techniques retenues.

L'autorité

Parmi la profusion de définitions de l'autorité que l'on trouve sur le marché, on peut, pour faire simple, en distinguer deux : *l'autorité morale et l'autorité contraignante*. L'autorité morale induit un rapport à l'autre fonctionnant sur le mode de l'adhésion, de la déférence admirative ou même craintive. Fondée sur les compétences ou le statut, l'autorité morale qui avait jadis une image positive apparaît mal en point dans la période d'indocilité généralisée qui est la nôtre : les chefs officiels ont perdu de leur charisme, y compris bien sûr à l'école. Si bien que l'autorité renvoie davantage à une définition qu'affectionnent plus couramment les dictionnaires, à savoir la *capacité à imposer l'obéissance*. Ces deux définitions s'appliquent à l'autorité éducative qui navigue en permanence entre recherche d'adhésion et contrainte mais on s'intéressera ici à la seconde, qui s'avère toutefois beaucoup plus efficace quand elle bénéficie du soutien de la première.

Sur le plan pédagogique, l'autorité contraignante vise à obtenir ou rétablir la coopération active de l'élève. Bien sûr, il est toujours préférable d'escompter une coopération volontaire et un engouement enthousiaste pour les connaissances nouvelles abordées en cours. Mais l'obligation de présence et la difficulté de l'effort rendent souvent indispensable une certaine directivité. De même, l'imposition autoritaire de normes comportementales a pour fonction d'empêcher en classe la dispersion des esprits (bavardages parasites, changements intempestifs d'activité...), afin de permettre à tous de travailler avec un minimum de sérénité et d'atteindre les objectifs pédagogiques. Lorsque la contrainte est perçue comme un instrument de travail et non pas comme un moyen arbitraire de brimade, les élèves manifestent pour la plupart une adhésion raisonnée à l'ordre scolaire et ils admettent (ou tolèrent) globalement le pouvoir hiérarchique de l'enseignant.

Sur le plan psychologique, l'autorité est également indispensable pour fixer des repères sociaux et constituer une défense contre la loi de la jungle, au moyen de règles et d'interdits qui assurent un espace de sécurité destiné à protéger les plus faibles face aux diverses pressions du groupe (moqueries, intimidations, violences). À l'inverse, l'effacement de l'autorité de l'adulte a un effet désécurisant, comme le souligne Hannah Arendt : « Affranchi de l'autorité des adultes, l'enfant n'a pas été libéré, mais soumis à une autorité bien plus effrayante [...]. Les enfants sont livrés à la tyrannie de leur groupe, contre lequel, du fait de sa supériorité numérique, ils ne peuvent se révolter, avec lequel ils ne peuvent discuter, et duquel ils ne peuvent s'échapper pour aucun autre monde ».[11]

11. H. Arendt, *La crise de la culture*, Folio, 1989.

Ainsi, l'absence d'autorité régulatrice ouvre la porte à d'incessants rapports de force, au chaos et à la tyrannie des caïds. En revanche, l'autorité légitime a une vertu libératrice, elle canalise l'effervescence adolescente en cherchant à établir un équilibre entre un ordre nécessaire et un désordre tolérable afin de garantir un espace qui autorise l'expression libre de tous.

Si l'usage de l'autorité est abondamment commenté, on aborde moins souvent la question de savoir *quelle place revient à la violence légitime dans l'exercice de l'autorité*. Dans un contexte démocratique, on répond communément que seule l'attitude non-violente est éducative. La violence physique est bien entendu interdite par la loi ; l'insulte, les brimades et les humiliations qui ne valent guère mieux ne sauraient être légitimées. Mais si l'autorité, c'est contraindre, c'est s'opposer au désir de l'autre, il y a nécessairement une forme de violence symbolique qui s'exerce. La séparation familiale forcée que l'école fait subir aux plus petits dès la crèche, la contrainte des corps assignés à la position assise dans la classe, la sélection ou les sanctions sont autant d'exemples de la violence faite aux enfants. Si dans une classe agitée, je crie à plein poumon : « Silence ! » en frappant la table de mon bureau, je fais preuve d'une violence qui peut être de l'ordre de la terreur pour certains élèves.

Ces violences sont-elle légitimes ? Quel est le point limite ?

Pour apporter des éléments de réponse, on peut s'intéresser à la pratique de *l'engueulade* qui est une forme courante de violence autoritaire. L'engueulade n'est pas toujours le meilleur moyen pour répondre aux dérives, c'est même un réflexe regrettable chez les individus trop impulsifs et la volonté de châtier dérape fréquemment vers des pratiques indéfendables : mépris, arbitraire, culpabilisation abusive... Il existe ainsi un sadisme de l'adulte visant à tenir l'enfant à sa merci dans le but d'éprouver une jouissance dominatrice. Et donc, comme le disent les livres, le dialogue et l'écoute sont bien souvent préférables à l'engueulade.

Cependant, l'engueulade peut paraître nécessaire en cas d'urgence afin d'imposer le respect de la règle, le respect de l'autre ou encore le respect des consignes de sécurité (on n'a pas le droit d'étrangler ses ennemis pendant la récré). Ainsi, l'engueulade est un électrochoc qui vise à canaliser les débordements de l'enfant, sa fascination pour le chaos (le chahut en classe, par exemple). De plus, l'enfant recherche parfois l'engueulade, par besoin de confrontation, pour donner davantage de piquant aux jeux de la transgression et de la provocation. Déclencher la colère du professeur pour le voir se mettre en rage est un bonheur pour beaucoup d'adolescents qui glanent volontiers des occasions d'exister en se frottant à la violence de l'adulte.

L'autorité contraignante recèle donc un noyau de violence. Elle peut certes être considérée comme indispensable dans certaines situations, mais elle n'apparaît pas comme l'instrument idéal pour provoquer l'adhésion, même si elle sait se prémunir des dérapages inacceptables que constituent l'écrasement et l'humiliation. Elle a en effet tendance à instituer des rapports de soumission qui ne cadrent pas avec l'idéal démocratique de notre société.

La persuasion

Bénéficiant d'une image plus positive que l'autorité, la persuasion[12] est certainement pour l'enseignant, l'outil d'influence privilégié. Elle fonctionne sur le principe de *l'adhésion*, et s'emploie (dans l'idéal) à faire coopérer l'élève sur la base d'une rationalité partagée dans le but d'atteindre les objectifs éducatifs. Un cours n'est pas simplement une transmission neutre d'informations. Le maître a un rôle d'incitation et la pédagogie s'apparente, dans une certaine mesure, à l'art de convaincre pour faire en sorte que l'élève ne reste pas hermétique aux connaissances nouvelles. Il ne s'agit pas pour autant d'amplifier démesurément la pression persuasive ni évidemment de proscrire le droit au doute ou à l'objection. Mais entre adhésion complète et hermétisme, il existe pour l'apprenant toute une gamme d'attitudes qui combinent, dans un jeu dialectique, adhésion et sens critique.

12. La nuance entre persuader et convaincre est si mince que l'on peut se permettre de considérer les deux termes comme synonymes. Certes, on soutient parfois que la persuasion penche davantage vers l'affectif et la conviction, vers le rationnel, mais comment expliquer alors que l'on puisse avoir des « convictions religieuses »?

La persuasion professorale suppose une combinaison de plusieurs éléments: la rationalité du message (dans la mesure où cette rationalité est accessible pour l'élève), l'image de compétence (réelle ou supposée) qu'offre l'enseignant, la qualité affective de la relation pédagogique (en règle générale, on accepte plus volontiers de se laisser convaincre par des personnes sympathiques).

Mais la rationalité du message et le charisme de l'enseignant ne suffisent pas toujours pour emporter l'adhésion. Particulièrement quand le message dément des croyances et des représentations fortement ancrées (croyances religieuses ou idéologiques, par exemple). Démontrer que l'homme a une lointaine parenté avec le singe a ainsi rencontré quelques farouches résistances. L'irrationnel, les croyances et les représentations imaginaires se montrent donc occasionnellement les plus convaincants et savent déployer une forte capacité de résistance à la preuve. Ainsi, quand l'enseignant heurte de front les arguments d'un élève, celui-ci a de bonnes chances de se replier sur ses convictions et s'il en a la capacité, de contre-argumenter en faisant éventuellement feu de tout bois. La volonté persuasive de l'adulte sera alors perçue, parfois sincèrement, comme une violence.

Mais il arrive également que sous couvert de rationalité, il s'agisse avant toute chose pour l'adulte d'avoir raison contre l'enfant et de le faire plier. La persuasion est donc occasionnellement un substitut déguisé de l'autorité : elle ne vise en réalité qu'à contraindre à l'obéissance. Sous couvert de recherche d'adhésion, elle peut ainsi se révéler un outil pernicieux de domination lorsque la volonté persuasive se dévoie en désir de transformer un ascendant intellectuel ou statutaire, en instrument de captation.

Dans le domaine spécifique de la régulation des comportements, la persuasion repose moins sur la pertinence des arguments que sur la qualité de la relation. C'est cette dernière qui va déterminer si oui ou non les arguments sont recevables. Ainsi, la leçon de morale concernant le manque de travail ou l'agitation en classe pourra éventuellement être efficace, à condition que la relation éducative soit globalement bonne. Mais elle sera sans effet si la relation est altérée : quels que soient les arguments de l'adulte, l'élève aura tendance à se renfermer et à rejeter toute idée ou prescription qui semblerait mettre en cause sa liberté et son identité.

Mais c'est surtout dans les relations conflictuelles que la persuasion a un caractère éminemment illusoire. Car le rapport de forces anéantit toute possibilité d'obtenir l'adhésion : l'argument de l'adulte est rejeté *a priori*, même quand il est objectivement sans faille. Le recours à la mauvaise foi (outil universellement utilisé pour se tirer d'un mauvais pas) est alors un bon moyen pour un élève objectivement fautif de préserver son point de vue et de sauver la face. Dans ce genre de situation, l'affirmation et l'argumentation semblent d'une piètre efficacité et il est plus avisé d'avoir alors recours au questionnement (mais on entre alors dans le domaine de la ruse).

Une critique plus radicale de la persuasion éducative est fournie par Joseph Jacotot, dont Jacques Rancière[13] reprend les théories (voir chapitre 6). Il s'agit d'une véritable dénonciation de l'explication persuasive, outil majeur de la pédagogie traditionnelle que ces auteurs appréhendent comme *principe d'abrutissement* et en définitive, comme vecteur de domination sociale.

13. J. Rancière, *Le maître ignorant*, éditions 10/18, 2004.

Jacotot soutient que l'explication établit une hiérarchie des intelligences : celui qui sait domine celui qui ne sait pas, d'abord en le faisant taire et en plaçant son intelligence sous surveillance. Ce faisant, il lui impose une attitude de passivité intellectuelle qui est source d'abrutissement. L'apprenant met son intelligence en sommeil, il attend de connaître les réponses du maître perçu comme un oracle, il est à la remorque d'une autre intelligence qui lui dicte le vrai et le faux. Placé de la sorte sous tutelle, il est incapable de comprendre sans les explications d'un maître et il finit par perdre toute confiance en sa propre intelligence. Ainsi, l'abrutissement explicatif serait en définitive un outil d'emprise sur la jeunesse.

Avant d'en conclure qu'il faut jeter le maître à la poubelle, il est sans doute nécessaire de se pencher davantage sur ces réflexions qui seront reconsidérées ultérieurement dans le chapitre sur le partage du pouvoir. Il reste qu'elles présentent l'intérêt d'alerter sur la violence potentielle de l'explication persuasive.

Toutes les analyses qui précèdent sur l'autorité et la persuasion visent à montrer que ce sont des outils complexes dont il convient de maîtriser l'usage. Dans un très grand nombre de situations où l'enseignant considère qu'il est nécessaire d'exercer une influence éducative positive, ils sont incontournables. Mais quand ils sont dévoyés au profit d'une domination illégitime, ils peuvent aussi se révéler parfaitement nuisibles.

Le même type d'analyse peut être conduit à propos de la ruse. Malgré la suspicion dont elle est entourée dans le monde éducatif, c'est un outil utilisé par tous, parents et enseignants, qui présente l'intérêt d'obtenir, sans violence, l'adhésion de l'enfant. Mais si elle est un outil non-violent, elle est pour sa part menacée par une autre dérive, la manipulation malveillante. C'est pourquoi, il convient d'entrée de jeu de circonscrire son usage : il sera exclusivement question dans les pages suivantes de ruse bienveillante.

Les ruses éducatives

Pour faire face aux résistances et plus généralement pour exercer une influence, le recours à la ruse est rendu nécessaire à chaque fois que l'autorité ou la persuasion s'avèrent inefficaces. Quand on ne parvient pas à se faire entendre de façon directe, il ne reste guère que deux solutions : renoncer à agir ou utiliser des ruses qui, dans une perspective éducative, se doivent de respecter quelques principes éthiques.

Le plus souvent, la ruse est l'arme de ceux qui ne bénéficient pas d'une position de force. « Le but est d'amener le plus fort à renoncer à sa force, à endormir sa méfiance, à le distraire de sa vigilance, à assoupir ses défenses. C'est le cas de la ruse des enfants à l'égard des parents, des femmes vis-à-vis des hommes, des inférieurs vis-à-vis des supérieurs » [14]. Lorsqu'ils souhaitent économiser du temps ou de l'énergie, les adultes l'utilisent également avec les enfants, en adoptant des tactiques masquées, dans le but de modifier leurs représentations et orienter leurs désirs. Pour tous, la ruse répond à la nécessité de faire face à des forces contraires trop puissantes pour être directement contrôlées, mais que l'on peut habilement manœuvrer pour en avoir raison en tirant parti des ressources de la situation. En ce sens, la ruse pourrait s'apparenter au judo : on évite la confrontation directe en cherchant à utiliser tout autant la force de l'autre que son inertie ou ses faiblesses. Mais contrairement au judo dont on peut analyser les prises après coup, la ruse doit rester indétectable.

14. R. Steichen, Plus de ruse que de raison, in *Les raisons de la ruse, une perspective anthropologique et psychanalytique*, sous la direction de Serge Latouche & Michael Singleton, La Découverte, 2004.

Il va sans dire qu'elle réclame chez l'utilisateur un certain nombre de qualités intellectuelles, que Détienne et Vernant [15] ont recensées à propos de la mètis guerrière ou de la mètis artisanale (évoquées dans l'introduction). Ces qualités demeurent primordiales concernant les ruses éducatives. Citons d'abord *le sens de l'anticipation* qui permet, comme aux échecs, de prévoir les réactions à venir et qui place la ruse aux antipodes de l'impulsivité. Vient ensuite *la capacité d'adaptation* supposant à la fois vigilance et souplesse tactique pour appréhender efficacement la succession souvent inattendue des événements. Enfin *l'art du camouflage* est essentiel car la ruse se donne toujours pour autre que ce qu'elle est.

15. M. Detienne, J-P. Vernant, *Les ruses de l'intelligence, la mètis des Grecs*, *op. cit.*

En classe, la ruse est un outil particulièrement approprié pour gérer les résistances. Elle est ainsi d'une grande utilité lorsque l'on renonce à l'autorité, de manière délibérée ou par crainte du rapport de force ; c'est, en particulier, une bonne tactique d'évitement du conflit quand l'enseignant juge que ce dernier ne sera pas approprié pour dénouer les tensions. La ruse est également précieuse quand on a épuisé toutes ses ressources persuasives ou quand on pressent un enlisement dans la surenchère argumentative qui transforme la joute intellectuelle en combat de gladiateurs. Enfin, en dehors des situations conflictuelles, elle participe à l'activation du désir d'apprendre, quand l'influence directe risque d'être perçue par le destinataire comme illégitimement intrusive et contrevenant par là, à l'exigence d'indépendance individuelle vis-à-vis de l'adulte, particulièrement vivace chez les adolescents.

La question de la légitimité

Pour de nombreux enseignants cependant, la ruse est largement suspecte et indigne. Elle semble suspecte parce que le mythe de la transparence communicationnelle ***totale*** garde encore une certaine vigueur dans les images d'Épinal éducatives. Elle semble indigne parce qu'elle est prioritairement considérée comme déloyale et sournoise (c'est par excellence, l'arme de résistance des élèves). Ce rejet s'appuie sur l'idée que la transmission du savoir est une mission trop noble pour s'abaisser à une pratique aussi « vulgaire » que la ruse que l'on camoufle dès lors, comme le sein fameux que Tartuffe ne saurait voir.

C'est sans doute pour ces raisons que les ruses pédagogiques sont relativement peu analysées. Pourtant, tous les enseignants l'utilisent sans nécessairement (pour ceux que le mot fâche) s'en rendre compte. Car « la ruse de la ruse est de s'insinuer partout, dans toutes les actions des hommes... Ce qui la rend difficilement saisissable », écrit Georges Balandier[16]. Elle fait partie de ces techniques trop incorporées aux habitudes ou trop inavouables, si bien qu'on les occulte plus ou moins consciemment et qu'on les théorise peu. Ce qui est particulièrement fâcheux car ce sont justement les pratiques souterraines qui mériteraient d'être davantage passées au crible de l'analyse critique, afin de faire la part de l'acceptable et de l'inacceptable.

16. G. Balandier, *La ruse*, UGE, 1977.

La légitimité des ruses éducatives réside dans leur caractère bienveillant. C'est ce qui les distingue de la mètis guerrière des Grecs dont l'objectif est de dominer ou de tuer. En classe, il peut arriver que la ruse ait pour but de dominer l'enfant, de conforter le pouvoir du maître et d'assurer sa tranquillité face aux difficultés du métier. Mais si tels sont ses objectifs, on ne pourrait prétendre en faire un instrument éducatif. La ruse bienveillante ne vise pas la puissance et le confort du maître, mais bien l'intérêt et la réussite de l'élève. Il s'agit d'obtenir sans contrainte visible son adhésion, de le faire coopérer en lui donnant le sentiment, sinon qu'il pense et agit en toute liberté, du moins qu'il prend ses décisions de manière relativement autonome. La ruse est ainsi génératrice de satisfaction, d'engagement et de responsabilisation.

Dans cette perspective, il convient de mieux marquer la frontière qui existe entre manipulation malveillante et tactique légitime d'influence, afin de s'assurer que l'objectif visé au travers de la ruse est véritablement éducatif et qu'on œuvre dans l'intérêt de l'enfant. Certes, les bonnes intentions ne garantissent pas toujours les bons résultats, et la ruse (comme du reste l'autorité ou la persuasion) peut occasionner des abus de pouvoirs et des dérapages qu'on n'a ni prévus ni souhaités. À ce propos, il faut noter que la bienveillance est un concept qui peut se révéler grandement subjectif : qui détient le pouvoir, a parfois tendance à se croire autorisé à des *actes bienveillants* qui, vus de l'extérieur, peuvent sembler contestables. Il apparaît donc nécessaire, au-delà des objectifs vertueux, d'étayer la ruse éducative au moyen de quelques principes éthiques.

1. *La limitation de l'emprise* : la ruse éducative s'emploie à influencer secrètement le désir de l'enfant, afin qu'il abandonne les comportements d'apathie ou de résistance, pour s'orienter vers la coopération. Mais cette influence a nécessairement des limites et ne doit pas engendrer une soumission servile au désir du maître. Le but visé est que la maturation intellectuelle prenne un jour le relais pour permettre une évolution libre vers le désir de coopérer. Certes, la frontière est parfois ténue entre influence légitime et emprise abusive. Il est donc essentiel d'agir en garantissant à l'enfant un espace de liberté. L'influence rusée n'est légitime que si elle demeure un moyen au service d'une fin : la construction de l'autonomie de l'élève.
2. *La rareté d'utilisation* : la ruse ne saurait être une technique permanente, car elle finirait inévitablement par devenir visible, et donc inefficace. De plus, une utilisation trop fréquente la rendrait moralement suspecte. La transparence communicationnelle et l'argumentation franche restent bien évidemment primordiales, en termes d'influence éducative. La ruse ne saurait être, dans la majorité des situations, qu'un outil accessoire. Pour gérer les conflits, en particulier, la ruse ne peut pas se substituer systématiquement au dialogue argumenté ou, quand il le faut, à l'autorité. Car le conflit est parfois inévitable et l'enseignant ne peut pas toujours faire l'économie de l'admonestation ou de la sanction quand le choc frontal s'avère nécessaire. Les stratégies d'évitement ne sont pas à confondre avec les stratégies de fuite.
3. *La maîtrise de soi* : si la maîtrise tactique est indispensable en termes d'efficacité, la maîtrise des affects est également nécessaire, car influencer autrui à son insu procure un plaisir un tantinet diabolique qui risque, si l'on n'y prend pas garde, de devenir une fin

> en soi. En effet, la ruse dispense à son utilisateur un jubilatoire sentiment de puissance qui flatte particulièrement l'ego. Il importe que l'enseignant reste vigilant pour ne pas privilégier ses satisfactions narcissiques, aux dépens de l'objectif éducatif.

Ces précautions d'utilisation ne sont pas retenues par Rousseau dans l'Émile. Il propose en effet que l'élève « croie toujours être le maître, et que ce soit toujours vous qui le soyez. Il n'y a point d'assujettissement si parfait que celui qui garde l'apparence de la liberté ; on captive ainsi la volonté même [...]. Sans doute, il ne doit faire que ce qu'il veut ; mais il ne doit vouloir que ce que vous voulez qu'il fasse ; il ne doit pas faire un pas que vous ne l'ayez prévu, il ne doit pas ouvrir la bouche que vous ne sachiez ce qu'il va dire. » Philippe Meirieu note avec raison qu'avec ce système, on ne « laisse exprimer la liberté de l'élève que pour mieux la circonvenir ; on lui propose de s'approprier des connaissances que l'on juge importantes pour lui, mais en renonçant à affirmer clairement cette importance ; on respecte une démarche individuelle que l'on manipule habilement et l'on ravale la culture, aux yeux de l'élève, à des apprentissages occasionnels, accidentels, en quelque sorte [...]. La ruse trompe la résistance de l'élève, elle n'en fait pas le centre vivant du travail pédagogique ; elle n'ouvre donc pas à une relation éthique d'interpellation et d'exigence réciproque. » [17]

17. P. Meirieu, *La pédagogie entre le dire et le faire*, ESF, 1995.

Ces remarques visent les ruses permanentes dont Rousseau fait l'épicentre de son système pédagogique et qui ont pour résultat une emprise très forte du maître sur l'élève. Elles ne concernent pas les ruses décrites dans cet ouvrage qui, restant ponctuelles, exercent une influence dont le but n'est pas l'assujettissement. La ruse n'est légitime, il faut le rappeler que si elle est un outil accessoire dans une relation pédagogique globalement transparente qui fait de l'élève « *le centre vivant du travail pédagogique.* »

Dans cette perspective, même si les dangers de la manipulation existent, on doit aussi les relativiser dans la mesure où les enfants possèdent généralement de solides compétences pour déjouer les ruses des adultes et pour utiliser des contre-ruses qui les protègent du pouvoir auquel ils sont soumis (quand ils ne tentent pas de le renverser). Ruses et contre-ruses peuvent ainsi occasionner des assauts de subtilité qui ne tournent pas forcément à l'avantage de l'enseignant. Ce livre tente d'apporter quelques pistes pour soutenir, dans le respect de l'éthique, son action.

Une pluralité de modes opératoires

En situation éducative, les ruses visent à accompagner le désir de l'élève plutôt que de s'y opposer, ou à lui faire entrevoir une autre réalité dans une situation donnée. Si on cherche à repérer les techniques récurrentes de ruse employées par les enseignants pour obtenir un changement comportemental, il semble possible d'en isoler trois, souvent utilisées de manière complémentaire : le sens de la mise en scène, le détournement de l'attention et la technique de l'amorçage.

Le sens de la mise en scène : capter l'adhésion

Dans toutes les situations d'interaction sociale, chaque individu se met en scène et s'efforce de donner à ses *représentations* en public un effet de réalité et de naturel, au moyen de signes appropriés qu'il s'attache à contrôler, et qui sont destinées à convaincre autrui. Quand il est conscient (mais il ne l'est pas toujours), le contrôle de soi requiert l'usage de multiples micro-ruses comportementales (regards, mimiques, paroles, vêtements...) qui ont, en particulier, pour fonction d'évacuer des représentations publiques les facéties du moi intime (pensées non communicables, sautes d'humeur...) qui risqueraient de perturber ou de contredire le masque des attitudes requises en société. Si bien que toute interaction devient un jeu constant de dissimulation d'une partie de soi, en même temps qu'un jeu de décryptage de l'autre. Certes, beaucoup de gens croient sincèrement que la réalité apparente des êtres correspond à la réalité véritable. Cependant, « il n'est pas nécessaire de croire sincèrement à son rôle pour le jouer de façon convaincante [...]. Cette duplicité existe et souvent elle se maintient avec succès pendant de longues périodes. On voit par là que, bien que les gens soient en général ce qu'ils ont l'apparence d'être, leur apparence pourrait bien, néanmoins, avoir été habilement arrangée. Il y a donc, entre les apparences et la réalité, une corrélation statistique et non pas une relation de nécessité. » [18]. L'idée que le monde est un théâtre est ainsi développée dans les ouvrages d'Erving Goffman pour qui chaque « acteur doit agir de façon à donner, intentionnellement ou non, une *expression* de lui-même, et les autres à leur tour doivent en retirer une certaine *impression*. » Le recours à la ruse résulte précisément de cette *intentionnalité*.

18. E. Goffman, *La mise en scène de la vie quotidienne*, Les Éditions de Minuit, 1987.

Un aspect important de ce processus consiste à montrer au monde une facette améliorée ou idéalisée de soi-même. Entre autres exemples, Goffman cite les cadres et les mendiants, qui affectent d'illustrer, aux yeux des spectateurs, les stéréotypes de la compétence pour les uns ou de la misère pour les autres. Ainsi, pour les cadres et les mendiants, « une activité en public orientée vers une tâche précise tend à se transformer en une activité orientée vers la communication [...]. Il s'en suit que la représentation d'une activité diffère dans une certaine mesure de l'activité elle-même et par suite la falsifie inévitablement. »

En classe, l'enseignant est également tenu de gérer son image. Il doit paraître suffisamment compétent et intéressé par son travail, capable de tenir son rôle hiérarchique en y intégrant une dose variable d'ouverture et de sens du dialogue. Cette *présentation* de soi implique de sa part des tactiques comportementales plus ou moins rusées (en particulier, les jours où, fatigué, il fait semblant d'être motivé) qui contribuent à façonner sa crédibilité, crédibilité nécessaire pour obtenir des élèves un assentiment au discours pédagogique et une acceptation de la relation d'autorité. Autrement dit, il s'agit de *rechercher l'adhésion* des élèves pour avoir la capacité d'exercer sur eux une influence. L'enseignant est par là-même engagé, d'une certaine manière, dans un rapport de séduction. Séduction intellectuelle certes, mais aussi séduction affective, puisque l'affectivité (positive ou négative) est inévitablement présente, à doses variables, dans tous les rapports humains. Bien évidemment, l'éthique doit fixer les limites de cette affectivité, afin que ne soit jamais perdue de vue la finalité éducative.

D'autres stratégies plus spécifiquement opératoires concernent les règles cérémonielles et autres rituels qui structurent l'action : rituels d'accueil, qui marquent la frontière entre jeu et travail, rituels de salutations qui contiennent des indices importants de l'état de la relation et indiquent le degré de coopération ou d'opposition qui sera la règle durant le cours. La *mise en scène* concerne aussi la gestion du temps pédagogique car il est nécessaire de donner au déroulement du cours un rythme (avec des temps forts et des ruptures) susceptible de soutenir l'attention de tous. On pourrait enfin évoquer les stratégies territoriales qui permettent le contrôle de la géographie de la classe (position des tables, appropriation de l'espace...), celles qui touchent au système de communication, généralement pyramidal, qui donne à l'enseignant le contrôle des prises de parole... Tous ces éléments de mise en scène ont pour vocation d'inviter implicitement les élèves à respecter des règles de vie collective et des normes de comportements sans qu'il soit besoin d'user de contrainte : ils intériorisent des codes sans toujours s'en rendre compte, grâce, en particulier, à une certaine imprégnation mimétique (chacun modelant en bonne partie son comportement sur celui des autres).

Certes, tout n'est pas calculé, et il y a toujours une part d'improvisation dans la gestion de la classe. Il semble cependant que l'improvisation totale et permanente n'existe pas (puisqu'il arrive en effet que l'enseignant ait préparé son cours). Il anticipe, opte pour une méthode didactique, imagine une progression... Bref, il utilise des stratégies dont il ne révèle pas systématiquement tous les aspects : certaines sont quasi-transparentes quand il s'agit, par exemple, d'interposer le jeu devant l'objectif pédagogique (voir le chapitre 5 sur le détour), d'autres sont totalement souterraines quand le désir de l'apprenant est orienté à son insu (voir ci-après la technique de l'amorçage). Ainsi donc, il ruse. Et l'une des caractéristiques majeures de la ruse consiste à habiller ses mises en scène sous l'apparence de la spontanéité et du naturel : il ne faut pas qu'on les détecte, ni même qu'on ait le soupçon qu'il ruse. Car dès que le doute s'installe à ce propos, la méfiance s'éveille et parasite la communication. La ruse, pour être la ruse, doit demeurer invisible.

Le détournement de l'attention : recadrer le réel

Une autre technique fondamentale consiste à attirer le regard du sujet là où on le souhaite, pour *détourner son attention*. C'est le talent du prestidigitateur. C'est aussi l'astuce (non bienveillante mais très emblématique) du renard qui guigne le fromage du corbeau dans la fable de La Fontaine : pour que la ruse fonctionne, il faut impérativement que le corbeau ait l'esprit suffisamment orienté par le renard (en l'occurrence au moyen de la flatterie) pour en arriver à ne plus penser au fromage. En classe, il s'agira de faire oublier à l'élève ses préoccupations personnelles du moment, de même que ses réflexes de passivité ou de résistance, en parvenant à attirer son regard vers quelque chose de suffisamment attractif : un gain narcissique (comme pour le corbeau), un modèle de comportement (exemples dans le chapitre 2 : la dynamique mimétique) un challenge captivant (exemples dans le chapitre 4 : la stimulation par l'obstacle), une obligation sociale puissante (exemples dans le chapitre 3 : l'influence par le don)...

Une manière plus insidieuse de détourner l'attention consiste à brouiller les pistes, à injecter de l'incertitude ou de l'absurde dans le jeu relationnel. En créant de la confusion au moyen d'attitudes ou d'affirmations énigmatiques et intrigantes, on contraint le sujet à accroître sa vigilance et à chercher des repères permettant de comprendre de quoi il retourne pour qu'il soit amené, en toute liberté apparente, à se repositionner face à une réalité devenue obscure. Le comportement antérieur (résistance, passivité...) perd alors sa raison d'être, il ne semble plus justifié. Il n'apparaît plus comme une réponse adéquate à la situation qui a changé de signification pour le sujet : *elle a été recadrée*, la réalité perçue a changé de nature. « Recadrer signifie modifier le contexte conceptuel et/ou émotionnel d'une situation, ou le point de vue selon lequel elle est vécue, en la plaçant dans un autre cadre, qui correspond aussi bien, ou même mieux, aux « faits » de cette situation concrète, dont le sens, par conséquent, change complètement... Ce qu'on modifie en recadrant, c'est le sens accordé à la situation » explique Paul

19. P. Watzlawick, J. Weakland, R. Fisch, *Changements, paradoxes et psychothérapie*, Seuil, 1981.

Watzlawick[19]. Cette modification rend l'ancien jeu caduc et implique d'en jouer un nouveau.

Le recadrage est très efficace quand on parvient à « manipuler » l'esprit de contradiction d'un sujet. Par exemple, face à l'autorité ou à la persuasion trop insistante, la réaction réflexe consiste souvent à faire ou à penser exactement le contraire de ce qui est prescrit. Dans certaines circonstances, il est donc judicieux de faire semblant d'encourager un comportement réfractaire qu'on souhaite modifier pour que, par esprit de contradiction, le sujet renonce à ce comportement. C'est le principe du *Faire avec pour aller contre*.

De nombreux exemples de stratégies utilisant le recadrage du réel sont fournis dans le livre *Changements, paradoxes et psychothérapie*. Pour n'en retenir qu'un, on peut citer celui du jeune couple excédé par des parents envahissants et surprotecteurs, qui, lors de visites interminables, règnent sur la maison et se chargent de toutes les tâches ménagères dans le but de rendre service. Le thérapeute, appelé à la rescousse, prescrit aux jeunes gens de ne plus chercher à revendiquer leur indépendance en tentant de s'expliquer avec les parents, mais au contraire de leur confier l'entière responsabilité de la cuisine ou du bricolage. D'en rajouter en quelque sorte. Par exemple, « le mari lirait ou regarderait la télévision pendant que son père se donnerait du mal dans le garage ou le jardin. De temps en temps, il devait même jeter un coup d'œil dehors, regarder où le travail en était, et demander gaiement : « Salut papa, ça marche ? »... Ils accepteraient tout ce que les parents faisaient pour eux comme si cela allait de soi et ne les remercieraient que très négligemment ». Les auteurs nomment cette stratégie la « prescription du symptôme » : il s'agit de conforter exagérément l'autre dans son opinion ou ses désirs pour l'amener paradoxalement à changer sa vision de la réalité et pour l'inciter consécutivement à changer de comportement. (Les applications de ce type de ruse en contexte scolaire sont étudiées dans le chapitre 7 sur les techniques paradoxales).

Enfin, le recadrage peut consister non pas à brouiller les pistes mais au contraire à rendre le jeu trop clair, à partir du moment où on en dévoile les règles implicites : si, par exemple, on parvient à prédire à un sujet son comportement, on a une chance, en focalisant son attention sur sa conduite prévisible (et donc potentiellement contrôlable), de détourner cette fois son intention préalable d'agir.

La technique de l'amorçage : orienter l'engagement du sujet

Les techniques de recadrage analysées précédemment agissent comme un élément déclencheur exerçant sur le sujet une pression invisible qui l'incite à opérer un changement comportemental. Celui-ci *s'engage* dans une direction qu'il n'aurait pas choisie de lui-même sans amorçage. Ainsi, le corbeau, dont l'attention est détournée du fromage, se laisse conduire à son insu par le renard illusionniste qui a su trouver l'amorçage adéquat.

L'engagement initial obtenu a généralement de bonnes chances de se révéler persistant, parce que toute personne a tendance à se conformer au *principe de cohérence comportementale* que Robert Cialdini définit comme « le désir quasi obsessionnel d'être et de paraître cohérents dans notre comportement. Dès que nous avons pris position ou opté pour une certaine attitude, nous nous trouvons soumis à des pressions intérieures et extérieures qui nous obligent à agir dans la ligne de notre position première : nous réagirons de façon à justifier nos décisions antérieures. » [20]. Ce souci de cohérence comportementale explique grandement pourquoi il est difficile de faire changer d'attitude un élève agité ou démotivé, qui reste figé dans son rôle quand il est en groupe, même si durant un entretien particulier, il adopte un comportement différent. En groupe, les autres exercent sur lui une pression en termes d'attentes de rôle et pour défendre son image, il se sent contraint de persévérer dans son attitude coutumière.

20. R. Cialdini, *Influence et manipulation*, First Éditions, 2004.

R.-V. Joule et J.-L. Beauvois développent des analyses similaires. Ils définissent l'engagement comme l'adhésion (intellectuelle et affective) d'un sujet à ses actes. Nous serions donc beaucoup moins engagés par nos idées ou par nos sentiments que par nos conduites effectives, spécialement quand nous agissons devant témoins. Ces deux auteurs observent que les conséquences de l'engagement sont doubles : « D'abord il rend la conduite concernée plus stable ou plus résistante dans le temps, ensuite il rend plus probable l'émission de nouvelles conduites allant dans le même sens. » [21] Cette stabilité produite par l'engagement, qualifiée « d'effet de gel », se construit donc à partir de l'attitude initiale qu'un sujet adopte dans des circonstances qui peuvent être insidieusement « manipulées ».

21. R.-V. Joule et J.-L. Beauvois, *Petit traité de manipulation à l'usage des honnêtes gens*, Presses universitaires de Grenoble, 1990.

Le processus de l'engagement est très présent dans le domaine de la vente. Les multiples cadeaux, échantillons gratuits et autres concours par tirage au sort qu'organisent les commerçants sont des amorces visant à lier le consommateur qui ne trouve pas le moyen de reculer une fois qu'il s'est prêté au jeu : le don reçu, même s'il est prétendument « sans engagement », engage en réalité à la réciprocité et donc pousse à l'achat.

Dans un domaine différent, Robert Cialdini relate une recherche de deux psychologues américains, Jonathan Freedman et Scott Fraser qui demandent aux riverains d'une route nationale d'apposer dans leur jardin, une affichette qui mentionne : « SOYEZ DE BONS CONDUCTEURS ». Presque toutes les personnes contactées acceptent cette requête minime. Dans un deuxième temps, ces mêmes personnes sont sollicitées pour placer dans leur jardin un grand panneau publicitaire indiquant « PRUDENCE AU VOLANT ». Cette seconde requête, exorbitante, est acceptée par plus de soixante-dix pour cent d'entre elles, alors qu'elle est refusée par la quasi-totalité des personnes quand elles n'ont pas été préalablement contactées pour la requête minime. Cette technique est appelée le « pied-dans-la-porte » : la requête minime initiale est une amorce pour faire accepter la requête importante, en application du principe de cohérence comportementale. Les chercheurs expliquent ces phénomènes ainsi : « Ce qui se produit sans doute, c'est un changement dans les sentiments de l'individu vis-à-vis de l'engagement et de l'action positive. Une fois qu'il a accepté la (première) proposition, il devient à ses propres yeux le genre de personne qui s'engage de la sorte... qui s'engage pour obéir à ses convictions, qui soutient des causes justes. » [22]

22. R. Cialdini, *op. cit.*

Ces techniques d'influence, remarquent R.-V. Joule et J.-L. Beauvois, « ne procèdent pas de stratégies persuasives mais de stratégies qu'on peut qualifier de comportementales, dans la mesure où l'obtention du comportement escompté au temps t2 passe toujours par l'extorsion d'un comportement préparatoire au temps t1. ». Ils insistent aussi sur le fait que dans les expériences d'amorçage « seules les décisions s'accompagnant d'un sentiment de liberté (condition de libre décision) donnent lieu à des effets de persévération ». La pression persuasive ou la contrainte autoritaire, trop aisément repérables, ne sauraient produire les mêmes effets de « soumission librement consentie ».

Compte tenu de ces précisions tactiques, l'amorçage peut être exploité à l'école, mais cette fois sous forme de ruse bienveillante. Elle nécessitera de trouver un élément déclencheur qui servira de point de départ à l'engagement positif : par exemple, recevoir un don (chapitre 3), relever un défi (chapitre 4), exercer un pouvoir (chapitre 6)...

Une fois qu'un élève a été ainsi amené à s'engager dans une action qui donne de lui-même une image positive, il a de bonnes chances de continuer à agir, conformément à cette image que le regard des autres conforte. Ce qui peut se révéler être le garant d'une stabilisation positive du comportement.

Le caractère à la fois indécelable et imprévisible de ces techniques garantit, comme on l'a vu, leur efficacité. Car dès qu'une ruse est repérée par le destinataire, elle devient généralement inopérante. La dissimulation est donc essentielle, dans le respect de l'éthique éducative. Il reste que, pour beaucoup de gens, la dissimulation consciente est contraire à l'éthique. C'est pourquoi on endort souvent sa conscience en préférant ruser sans préméditation ou en se dissimulant à soi-même, dans une multitude de situations sociales, ses propres stratégies secrètes. Les ruses spontanées (qui alimentent, par exemple, l'hypocrisie cordiale de la politesse, du tact ou de la déférence rituelle qu'on doit à un interlocuteur) apparaissent de la sorte moins machiavéliques que les ruses préméditées car elles offrent l'excuse des contraintes imposées par la bienséance : dans l'urgence de l'interaction, il faut bien faire bonne figure en gérant avec les moyens du bord les situations de communication parfois complexes. Avec au besoin le secours de ce maître suprême de la ruse qu'est l'inconscient (qui sait se charger discrètement des affaires scabreuses pour en soulager la conscience). Mais qu'elles soient spontanées ou préméditées, les ruses obéissent aux mêmes mécanismes.

2
La dynamique mimétique

L'imitation est un phénomène humain universel. Qu'il s'agisse de mode vestimentaire ou de mode de vie, qu'il s'agisse de la manière de se comporter ou de se forger des opinions, chacun opère des choix en fonction de modèles sociaux préalablement repérés, soit consciemment soit en parfaite inconscience.

René Girard systématise cette constatation banale en affirmant que tout désir est d'ordre mimétique : « Il n'y a rien ou presque dans les comportements humains qui ne soit appris, et tout apprentissage se ramène à l'imitation. Si les hommes tout à coup cessaient d'imiter, toutes les formes culturelles s'évanouiraient. Les neurologues nous rappellent fréquemment que le cerveau humain est une énorme machine à imiter » [1], écrit-il. Le caractère mimétique des désirs, non seulement matériels, mais aussi intellectuels, spirituels et affectifs, est généralement nié par les individus qui, obéissant massivement au dogme de la spontanéité, aiment à se persuader de leur originalité. Mais la sensation d'autonomie, flatteuse pour le narcissisme individuel, apparaît plus illusoire quand on observe d'autres groupes sociaux ou d'autres peuples : on voit mieux chez les autres qu'en soi-même le travail de l'imprégnation mimétique.

1. R. Girard, *Des choses cachées depuis la fondation du monde*, Grasset, 1978.

Fondamentalement, c'est le sentiment d'incomplétude qu'éprouve tout individu qui lui dicte d'imiter le désir de l'autre, René Girard soutient que le fondement du désir mimétique, c'est le désir d'être : « L'homme désire intensément, mais il ne sait pas exactement quoi, car c'est l'être qu'il désire, un être dont il se sent privé et dont quelqu'un d'autre lui paraît pourvu. Le sujet attend de cet autre ce qu'il faut désirer, pour acquérir cet être. Si le modèle, déjà doté, semble-t-il, d'un être supérieur désire quelque chose, il ne peut s'agir que d'un objet capable de conférer une plénitude d'être encore plus totale ». [2]

2. R. Girard, *La violence et le sacré*, Grasset, 1972.

Ces remarques de portée générale, concernent évidemment les enfants dont les apprentissages obéissent à ce même principe d'imitation. La maîtrise de la langue maternelle ou l'adoption de comportements sociaux passent en premier lieu par l'intériorisation de modèles familiaux. Par la suite, c'est le désir de réussite scolaire éprouvé par les parents, qui peut se révéler un tremplin pour le désir de savoir de l'enfant, et à l'inverse, les critiques familiales sur l'école justifient souvent le désengagement des enfants « a-scolaires ». Mais les choses ne sont jamais si simplement mécaniques car d'autres modèles interfèrent et rendent largement imprévisibles les processus mimétiques.

Les autres modèles dont l'élève dispose sont en effet nombreux. Il y a l'enseignant qui joue ce rôle, les personnes de l'entourage et bien entendu le groupe-classe. Chez les adolescents, en particulier, les normes groupales commandent en grande partie les conduites à tenir. Les échanges entre pairs, sous-tendus par le désir d'appartenance, font émerger une certaine conformité entre les comportements, les opinions et jusqu'à la manière de s'exprimer de chacun. Les normes groupales exercent ainsi une pression à la conformité, principalement par imprégnation mimétique, mais aussi occasionnellement par contrainte : on sait que les groupes d'enfants ou d'adolescents sont particulièrement durs dans leurs manières de traiter ceux qu'ils considèrent comme déviants.

En classe, lorsque la norme est à la non-participation, il est difficile de ne pas s'y plier, sous peine d'être considéré par ses pairs comme un traître, un « fayot ». Ceux qui voudraient malgré tout coopérer, à l'oral, par exemple, hésitent à se singulariser, ou bien ils se désignent à contrecœur, quand la pression de l'enseignant se fait trop forte. Les élèves préfèrent souvent que l'enseignant nomme un « volontaire » plutôt que de se risquer à ce moment d'individualisation menaçante que constitue la prise de parole sous le feu des regards des autres.

Il est très pénible pour l'enseignant de lutter contre les normes de freinage ou d'apathie lorsqu'elles sont établies. S'il fait appel aux arguments de la raison, il risque de dépenser une grande énergie sans pour autant parvenir à « motiver » la classe, car l'argument ne fera pas le poids face à la solidarité groupale. En revanche, il peut être avantageux de déclencher des processus mimétiques positifs, en mettant en place des organisations et des stratégies plus ou moins souterraines, qui vont faciliter l'émergence de normes participatives, permettant à chacun de *s'engager positivement*.

Le désir peut également être « orienté » au moyen de l'émulation qui naît de la rivalité mimétique. Les situations de compétition mises en place par l'enseignant produisent généralement du désir car chacun se sent aiguillonné par les rivaux. La rivalité mimétique fonctionne ainsi dans de très nombreux domaines, qu'il s'agisse des jeux de cartes ou des compétitions sportives, mais également des compétitions intellectuelles ou des rivalités affectives... Ces situations de compétition produisent de la motivation en faisant jouer le mécanisme du *détournement d'attention* évoqué dans le chapitre précédent : c'est l'observation du désir de l'autre qui éveille et conforte le désir de chacun. C'est en désirant vaincre que le rival désigne au sujet la victoire comme désirable. Ou sur un plan plus directement scolaire, c'est en étant soit démotivé, soit motivé que le rival désigne au sujet la démotivation ou la motivation comme désirable.

Si, correctement orchestrée par l'enseignant, la rivalité mimétique a la capacité de faire émerger de la motivation, il faut cependant veiller à ce qu'elle n'occasionne pas des conflits et des violences, ou qu'elle provoque du stress quand la compétition scolaire est trop âpre ou conduit à l'échec.

L'engagement réciproque

Dans son rapport au savoir, l'élève prend appui sur le désir du maître qui joue ainsi un rôle de modèle (ou d'anti-modèle). C'est lui qui détermine, dans une certaine mesure, l'intérêt ou le désintérêt pour sa discipline, en fonction de ses compétences didactiques mais aussi de ses compétences relationnelles. Pourtant, cette influence n'a rien d'automatique. Elle est en grande partie produite par le hasard, ne fonctionne que de manière aléatoire et n'agit pas uniformément pour tous les élèves : elle peut déclencher une passion chez certains d'entre eux et rester sans effets pour d'autres. Le processus du désir mimétique ne saurait donc être vraiment contrôlé par l'adulte, ce serait compter sans les capacités de résistance au contrôle de l'enfant.

Cependant, si l'enseignant ne maîtrise pas les mécanismes intimes de l'identification, il a la possibilité de mettre en place les conditions favorables pour son émergence, en s'engageant lui-même dans son rôle, en s'attachant à produire des effets de conviction, voire de passion pour ce qu'il enseigne. Cet engagement ostensible peut être sincère ou simulé (les enseignants passionnés ne le sont pas forcément tous les jours, ils connaissent des passages à vide qu'ils masquent en faisant, un peu, semblant). Il est en tout cas nécessaire pour que les élèves adhèrent à l'impression de réalité qu'il produit. La *mise en scène de l'engagement* a pour vocation de provoquer, par effet d'amorçage, un engagement réciproque et d'inciter l'enfant à susciter le désir de l'adulte. S'il s'avère insuffisant pour déclencher l'adhésion enthousiaste de tous, il est au moins utile pour autoriser chez certains un intérêt minimal.

Les ressorts du mimétisme sont bien souvent de l'ordre de la séduction intellectuelle ou affective. Mais ils sont parfois plus ambigus et s'appuient sur d'autres éléments, comme la contrainte ou même l'abnégation.

Ruse n° 1 : l'implication de l'enseignant

Le maître entretient avec la classe des rapports intellectuels et affectifs complexes qui nécessitent de sa part une variation permanente de position, parfois proche, parfois plus lointaine, avec les élèves. La proximité permet la mise en confiance qui favorise la coopération. La distance est une barrière qui marque la protection de l'espace intime et la liberté intérieure des personnes.

C'est sur cette variation de la distance que joue Dominique Basciä, professeur de français en CFA : elle s'implique occasionnellement dans le travail qu'elle demande en appliquant elle-même les consignes qu'elle donne à la classe. La tactique de rapprochement est quelquefois payante, à condition toutefois que le hasard s'en mêle.

En français, j'ai eu un apprenti insupportable qui jouait les caïds et impressionnait les autres, tout en ayant des résultats satisfaisants. Du coup, à chaque incident, il me rétorquait : « Vous ne pouvez rien me reprocher, je n'ai que des bonnes notes. » Je ne savais plus comment le gérer jusqu'au jour où j'ai donné une rédaction dont le sujet était : « Faites le portrait d'une personne qui a marqué votre enfance. » J'ai l'habitude de travailler avec eux sur les sujets que je donne et j'avais écrit quelques lignes sur ma nourrice dont je garde un souvenir très fort. Quand nous avons échangé nos textes pour en discuter, le garçon en question est tombé sur le mien. Lui aussi avait fait un texte sur sa nourrice, il m'a regardé assez surpris, et à partir de ce jour, il a complètement changé de comportement. Nous avions quelque chose en commun et ça a suffi pour qu'il cesse toutes ses provocations.

L'identification accidentelle qui se produit dans cet exemple à partir d'une histoire personnelle partagée ne saurait être tactiquement préméditée. Il y a par ailleurs, quelque danger parfois à « raconter sa vie » à des élèves qui peuvent s'imaginer que toute distance hiérarchique est abolie, ce qui compromettrait la juste part de directivité pédagogique indispensable à la conduite de la classe. Mais inversement, l'enfermement dans un rôle hiérarchique distant rend aride la relation pédagogique dont la richesse est aussi fonction, complémentairement aux contenus, d'une qualité de rencontre humaine.

Ruse n° 2 : la passion mimétique

Une foule de gens se sont pris d'intérêt, voire de passion pour une discipline, parce qu'ils ont rencontré, quand ils étaient élèves, un enseignant passionné. Et cette passion imitative a pu exercer une influence telle, qu'elle a déterminé leurs choix professionnels ou bien contribué à façonner leur personnalité.

Le mécanisme du désir mimétique est pour Daniel Pennac[3] une clé pour donner aux élèves l'envie de lire. Il part du constat que le plaisir de lire, très vif chez les jeunes enfants, s'évanouit au fil du temps qui passe, terrassé d'abord par la difficulté écrasante de l'apprentissage. Plus tard, le manque d'aisance pour déchiffrer les textes conduit tout droit au découragement. « *La lecture est le fléau de l'enfance et presque la seule occupation qu'on sait lui donner* » écrivait Rousseau. Reprenant le flambeau, Daniel Pennac fustige l'apprentissage des techniques qui étouffent le plaisir de lire, le devoir rébarbatif de la glose et du commentaire, la corvée de la fiche de lecture.

3. D. Pennac, *Comme un roman*, Gallimard, 1992.

Professeur de français, il met de côté tout l'appareillage explicatif que l'école impose pour donner à entendre et à voir des romans qu'il lit à haute voix devant la classe, afin de réconcilier l'adolescent avec le livre.

Lire des romans aux adolescents : voilà le secret !

L'initiateur de cette pratique de lecture à haute voix, est le poète Georges Perros qui enseignait à Rennes. Daniel Pennac cite une ancienne étudiante qui rapporte que cette heure de lecture hebdomadaire, *c'était la vie*. Georges Perros offrait ses lectures comme des cadeaux sans rien demander en échange.

« Il était, dit-elle, la caisse de résonance naturelle de tous les livres, l'incarnation du texte, le livre fait homme. Par sa voix, nous découvrions soudain que tout cela avait été écrit pour nous. Cette découverte intervenait après une interminable scolarité où l'enseignement des Lettres nous avait tenus à distance respectueuse des livres... Et nous comprenions tout ce qu'il nous lisait. Nous l'entendions. Pas de plus lumineuse explication de texte que le son de sa voix quand il anticipait l'intention de l'auteur, révélait un sous-entendu, dévoilait une allusion... Il rendait le contre-sens impossible. »

Tous les auteurs sont invités : Shakespeare, Proust, Kafka, Strinberg... « En dix ans, je n'en avais pas entendu le dixième... Je me rappelle notre déception, au début, quand il aborda les ténors, ceux dont nos professeurs nous avaient tout de même parlé, les rares que nous imaginions bien connaître : La Fontaine, Molière... En une heure, ils perdirent leur statut de divinités scolaires pour nous devenir intimes et mystérieux – c'est-à-dire indispensables. »

Daniel Pennac précise qu'il y a en réalité autour de la lecture tout un travail de mise en scène qui consiste à exposer les situations, planter les décors, incarner les personnages. Sans oublier que l'effort de décryptage est ainsi écarté, ce qui contribue grandement à la réconciliation avec le texte.

« Une seule condition à cette réconciliation avec la lecture : ne rien demander en échange. Absolument rien. N'élever aucun rempart de connaissances préliminaires autour du livre. Ne pas poser la moindre question. Ne pas donner le plus petit devoir. Ne pas ajouter un seul mot à ceux des pages lues. Pas de jugement de valeur, pas d'explication de vocabulaire, pas d'analyse de texte, pas d'indication biographique... s'interdire absolument de parler autour. » Mais... « attendre l'avalanche des questions. »

Ensuite seulement, il conviendra de s'attaquer au programme, de se plonger dans l'analyse des textes, d'affronter les techniques de dissertation et de commentaire, d'utiliser sa compétence de lecteur pour se bricoler une stratégie de bon élève qui sait repérer les attentes des correcteurs au moment des examens.

Au travers de cette approche dépouillée des techniques scolaires qui encadrent habituellement la lecture, Daniel Pennac rejoint Jacques Rancière et sa dénonciation de « l'abrutissement explicatif » (cf. chapitre 6). Il donne à voir des textes mis en scène de manière attractive ; c'est une forme de don d'autant plus apprécié par les spectateurs qu'il se défend de réclamer toute contrepartie. La résistance à la lecture qui a cours chez les adolescents (résistance mimétique pour une bonne part) s'en trouve déstabilisée. Puisqu'il ne s'agit pas d'un « travail », chacun s'autorise alors à aimer écouter une histoire. Grâce à ce biais, il devient possible de sensibiliser à des œuvres les adolescents réfractaires à l'approche scolaire traditionnelle.

Ruse n° 3 : provoquer (le désir) sans agresser

La spontanéité enthousiaste du désir mimétique pouvant se révéler aléatoire, l'enseignant cherche souvent à forcer le désir des élèves : il exerce sur eux une pression plus ou moins appuyée du regard, de la voix et du geste, pour obtenir qu'ils s'engagent en retour. Il investit alors de force leur champ psychique, il les provoque dans une sorte de combat symbolique, comme l'ont expérimenté Isabelle Dumont et Julie Ghibellini qui ont temporairement enseigné le français aux États-Unis quand elles étaient étudiantes.

Nous avons eu l'occasion d'enseigner le français à Harvard pendant un an, grâce aux échanges institutionnels qui se pratiquent avec l'Ecole Normale Supérieure où nous terminions nos études. Le public est constitué d'étudiants volontaires, les effectifs sont restreints. Les conditions d'enseignement sont donc optimales, mais le plus intéressant, ce sont les techniques pédagogiques qu'on nous demandait d'appliquer.

Bien que les étudiants soient motivés, il faut néanmoins les solliciter individuellement en permanence pour qu'ils répondent en français aux questions posées à un rythme très soutenu. Il n'y a pas de temps morts. On s'adresse à eux en les désignant du regard (souriant) et du geste. Il ne faut pas les pointer du doigt car, nous disait-on, cette attitude peut être interprétée comme agressive. On les désigne donc de la main, la paume tournée vers le haut, dans un geste d'invitation très explicite et relativement pressant, une sorte de provocation rituelle qui s'apparente à un jeu de séduction et qui ne laisse pas le choix de l'esquive à l'interlocuteur. On est donc sans arrêt en mouvement, en train de jouer ce jeu avec les mains, à la manière d'un chef d'orchestre.

Cette technique nous avait tout d'abord laissées sceptiques. En France, nos études nous avaient convaincues que l'apprentissage n'est fécond que dans la souffrance et qu'une certaine tension doit imprégner la relation pédagogique. En prépa, la phrase d'accueil, c'était : « Ceux qui veulent partir sont les bienvenus ». À Harvard, l'obligation de convivialité, l'aplatissement hiérarchique et cette pédagogie ludique nous privaient du soupçon de plaisir sadique qui pimente la majesté professorale et on avait le sentiment d'être prises pour des clowns. Mais on a vite été conquises car la coopération avec les étudiants était excellente et le plaisir d'enseigner très exaltant. Nous avions l'impression d'une espèce de danse frénétique qui, au bout de cinquante-cinq minutes, nous laissait totalement épuisées.

La proximité entre le geste agressif (doigt pointé) et le geste d'invitation (main tendue) évoque curieusement ces rites d'alliance que décrit René Girard (citant Conrad Lorenz) dans le monde animal. « C'est aux conduites agressives, paradoxalement, que ces rites d'alliance ressemblent le plus. Ils reproduisent mimétiquement celles-ci ; l'invitation prend la forme d'une attaque dirigée contre celui dont l'assaillant veut faire un ami, mais au dernier instant, cet assaillant se détourne de ce but pour lui substituer un tiers ou même un objet inanimé » [4]. Le partenaire répond à ce simulacre de violence soit par la fuite, soit par l'attaque, soit par un simulacre d'attaque qui marque l'acceptation d'une coopération ludique. On pourrait s'amuser à voir dans ces conduites animales une métaphore de la relation pédagogique. À la provocation de l'enseignant, détournée vers le savoir, l'élève répond de quatre manières :

- il peut chercher à échapper à la provocation par des attitudes de fuite ou de protection (corps tassé protégé par le blouson, casquette vissée sur le crâne) ;
- ou bien, il répond par la violence, qui n'est jamais totalement absente : soit que l'élève se sente agressé par l'invitation à coopérer

4. R. Girard, *Des choses cachées depuis la fondation du monde, op. cit.*

alors qu'il souhaite rester à l'écart, soit que l'enseignant réagisse de manière virulente à un refus de coopérer ;

- ou bien encore, il accepte le jeu, à la fois par plaisir et parce qu'il n'a pas trop le choix, comme dans l'exemple précédent ;
- enfin par résignation, comme dans l'exemple suivant.

Ruse n° 4 : l'appel à la pitié

Dans son livre *Apprendre... oui, mais comment*, Philippe Meirieu rapporte cet extrait de *Ferdydurke*, roman de W. Gombrowicz. L'appel à la pitié, mis en scène ici, peut être interprété comme un aveu spontané d'impuissance, mais aussi comme une instrumentalisation rusée de l'impuissance. Ou bien encore, s'agit-il d'un trait humoristique visant à embrouiller la situation pour mieux désarmer l'opposant.

Veuillez prendre note de ce sujet pour un devoir à faire à la maison : « Pourquoi les poésies de Jules Slowaki, ce grand poète, contiennent-elles une beauté immortelle qui éveille l'enthousiasme ? »

À cet endroit du cours, un des élèves se tortille nerveusement et gémit :

– Mais puisque moi je ne m'enthousiasme pas du tout ! Je ne suis pas du tout enthousiasmé ! Ça ne m'intéresse pas ! Je ne peux pas en lire plus de deux strophes, et même pas ça ; ça ne m'intéresse pas [...].

– Comment cela peut-il ne pas vous enthousiasmer, puisque je vous ai expliqué mille fois que cela vous enthousiasmait ?

– Mais moi, ça ne m'enthousiasme pas.

– Ça ne regarde que vous, Galkiewicz. Il semble que vous manquiez d'intelligence. Les autres sont enthousiasmés.

– Parole d'honneur, personne ne s'enthousiasme. Comment est-ce que ce serait possible puisque personne ne lit ça à part nous, à l'école, et encore parce qu'on nous y oblige [...].

– Galkiewicz, j'ai une femme et un enfant ! Ayez au moins pitié de l'enfant !

Dans le quotidien scolaire sans doute, les propos du maître sont rarement aussi pitoyablement explicites. Cependant, si l'humour fonctionne dans ce texte, c'est que la situation n'est pas si éloignée de la réalité. En effet, l'engagement réciproque que le maître réclame, fait bien souvent appel, outre à l'obligation, à un réel effort d'abnégation de la part des élèves, toutes les fois que le désir d'apprendre est absent. L'appel à la pitié, ou plus communément à la bonne volonté, fait de l'école un curieux théâtre d'hypocrisie, de simulation mimétique pourrait-on dire, qui permet tant bien que mal au système de fonctionner en l'absence de réelle motivation : l'enseignant fait semblant de croire que les élèves sont participatifs et ces derniers font, en réponse, semblant de travailler pour avoir la paix, en respectant cette norme de bienséance prédominante dans les organisations sociales que Goffman appelle « semblant-de-travail ».

Pour en revenir à l'enthousiasme, on voit bien que, dans l'extrait cité, le désir de l'enseignant ne suffit pas à lui seul à déclencher de manière automatique un désir mimétique. Il faudrait pour cela trouver une accroche dans la conscience de l'élève. Mais il faudrait également que les normes du groupe autorisent cet enthousiasme. Faute de quoi, l'enseignant restera seul avec son enthousiasme sur les bras et ne récoltera au mieux qu'une adhésion factice.

Pour conclure

Toutes ces remarques sur l'engagement réciproque (quand il est effectif) ne doivent pas faire oublier les dangers que représenterait une identification trop exclusive qui nuirait au développement de l'autonomie de l'apprenant. La séduction pédagogique et la proximité affective doivent nécessairement être contrebalancées par une mise à distance qui proscrit évidemment la séduction amoureuse. Ces scrupules déontologiques ne doivent cependant pas faire oublier que, dans la plupart des cas, l'influence éducative des enseignants est moins nocive que celle de l'irrationalité ou de la consommation obsessionnelle, qui apparaissent aujourd'hui à une grande partie de la jeunesse comme porteuses de transcendance ou d'épanouissement. Il existe ainsi une concurrence des influences dans laquelle l'école, porteuse des valeurs démocratiques et investie de la mission essentielle de libérer l'enfant par le savoir, a évidemment un rôle majeur à jouer.

Le mimétisme groupal

Le processus mimétique ne concerne pas uniquement les rapports que la classe entretient avec l'enseignant. En dehors de lui, et parfois contre lui, le groupe exerce une influence sur chaque élève. C'est en effet le groupe qui fixe de manière relativement implicite des normes plus ou moins fluctuantes de travail et de comportement qui peuvent sans doute être transgressées ponctuellement par tel ou tel, mais qui demeurent un repère contraignant pour la majorité.

Pour autant, l'enseignant peut intervenir et mettre en place des stratégies spécifiques afin d'éviter que cette influence du groupe soit orientée vers le freinage et la contestation, et pour, à l'inverse, focaliser l'attention de tous sur les opportunités de coopération.

Ruse n° 5 : le désir d'appartenance

Le sentiment d'appartenance à un groupe social, professionnel ou amical, est un besoin fort pour beaucoup de gens. Pour les élèves, le sentiment d'appartenance se construit d'abord dans la relation avec les pairs, plus rarement par rapport à l'établissement scolaire, qui la plupart du temps, ne prévoit aucune disposition pour le faire émerger. Seuls certains établissements semblent s'intéresser à cette question, par exemple, au moment du premier accueil des élèves. Il apparaît que l'accueil qui se limite à une diffusion d'informations ne produit guère d'intégration. On peut penser en effet que prendre connaissance des règles, des interdits et des contraintes imposés par une structure n'a guère de chances de provoquer un attrait particulier sur les personnes qu'on reçoit en commençant par les faire taire pour les faire écouter. En revanche, mettre d'entrée de jeu en action et en relation les personnes est une procédure d'accueil qui implique des prises de repères relationnels, un processus de reconnaissances mutuelles qui favorise l'intégration.

Ce type d'accueil est, par exemple, pratiqué par l'école des Télécom à Paris. La première semaine se déroule non pas dans l'établissement mais sur une base de loisirs. Les activités sont essentiellement sportives et ludiques. Les réunions d'information sont réduites au minimum. Les élèves ont été recrutés en fonction de leur classement aux concours d'entrée des grandes écoles. Beaucoup n'avaient pas choisi Télécom Paris et ils s'y retrouvent par défaut. Mais quand on les interroge en fin de semaine, la quasi-totalité d'entre eux veulent rester : ils ont tissé des liens avec les autres élèves et avec les enseignants présents, ils commencent à se sentir chez eux dans cette école.

Jean Maisonneuve explique ce phénomène par « l'identification des membres à leur groupe » [5], étayé selon les cas par le sentiment de puissance, de fierté ou de sécurité. « Il est probable, ajoute-t-il, que par-delà ces affects le mobile fondamental est celui de communiquer, de s'unir de quelque façon à autrui en échappant à l'anxiété de la solitude. » En quelques jours, il semble que le mimétisme groupal ait exercé une influence sur leurs désirs premiers et ils modifient en conséquence leurs perspectives de carrière.

5. **J. Maisonneuve, *La dynamique des groupes*, Que sais-je, 1968.**

Ruse n° 6 : l'appropriation de la règle

L'enseignant a trop souvent l'idée que sa position hiérarchique dans la classe le place en situation d'être le seul capable de faire respecter les règles. Cette conception de l'exercice solitaire du pouvoir déresponsabilise les élèves et, d'une certaine manière, les encourage à la contestation. Lorsqu'ils ne sont pas impliqués dans l'élaboration des règles, ils ont *a priori* tendance à les juger arbitraires et inutilement contraignantes. Certes, ils signent le règlement intérieur, mais c'est un acte solitaire qui ne saurait impliquer le moindre engagement personnel lorsque l'environnement groupal s'avère résistant. Or un groupe a une capacité positive d'autorégulation, à la condition qu'on lui en donne l'opportunité. C'est ce que fait systématiquement avec chacune de ses classes Thierry Trigolet, formateur en travaux publics en CFA, dont l'ambition, dit-il, est de « donner aux apprentis l'envie de réussir dans la vie. »

Je consacre du temps en début de formation pour que chaque groupe que j'encadre décide des règles à suivre, pour rendre les relations aussi harmonieuses que possible. Il s'agit d'élaborer une sorte de charte que j'appelle « les règles d'or ». J'utilise cette technique aussi bien avec les adolescents qu'avec les jeunes adultes (avec qui les problèmes comportementaux restent difficiles à gérer).

Dans un premier temps, les jeunes apprentis réalisent un blason qui permet à chacun de se découvrir un peu plus, puis je demande de faire en groupe un journal des travaux publics ou une affiche qui représenterait ce métier. Après quoi, j'expose mon avis et explique que cette réalisation est surtout utile pour que chacun prenne conscience de la nécessité de respecter quelques règles pour réussir un travail de groupe. À partir de là, je les invite à écrire leurs propres règles pour les neuf semaines qu'ils doivent passer au centre.

En 2006, par exemple, j'ai appliqué cette démarche avec des jeunes d'une vingtaine d'années. Après quelques instants, tous acceptèrent de participer à ce guide et les idées fusèrent. Je leur ai proposé d'écrire eux-mêmes toutes les recommandations. Voici donc les règles d'or élaborées par le groupe :

Ponctualité ; respect mutuel ; politesse avec le personnel ; humour ; propreté du chantier ; respect des lieux ; s'entraider ; respect des consignes de sécurité ; communication ; écoute ; partager ; poser des questions ; réfléchir à ce que l'on va faire ; curiosité ; courage ; motivation ; sérieux ; contrôler sa nervosité ; initiative personnelle ; hygiène ; qualité du travail ; patience ; ne pas baisser les bras ; tenue.

Il y a un mot qui me plaît beaucoup, c'est « l'humour ». Eh oui, dans le fonctionnement d'un groupe, l'humour fait partie intégrante des règles et il est clair que du point de vue d'un règlement intérieur, on ne voit pas souvent ce mot.

La liste terminée, j'ai demandé si tout le monde était d'accord et prêt à s'engager sur cette charte sans omettre de dire que si au sein du groupe une personne déraillait, ce serait au groupe de rappeler les règles écrites. Dans le cas où tout le groupe déraillait, ce serait à moi de rappeler les règles. Tous étaient d'accord, et à mon grand étonnement, ils m'ont même demandé de mettre la date du jour et signer cette charte. J'ai juste accepté de mettre la date, sans mentionner les signatures de chacun rappelant qu'ils avaient déjà eux-mêmes écrit les règles.

Cette charte a donc été affichée dans leur salle et les premiers effets bénéfiques n'ont pas tardé à apparaître. En effet, suite à la pause de l'après-midi, un jeune est allé déranger le personnel administratif féminin dans un but bien précis. Au retour dans la salle, ses collègues lui ont tous dit : « Fais gaffe, t'as écrit des choses alors tu les respectes ». À la fin de l'après-midi, une autre remarque sur l'absence de travail a mis une personne peu motivée face à la réalité. Là encore, un simple rappel de la part des collègues a suffi.

Voilà en deux mots une petite expérience à suivre. Pour ma part, j'en tire la conclusion qu'après une mise en confiance du public et un travail de communication et d'écoute importants, on obtient un groupe qui devient très vite homogène et qui adhère aux mêmes règles. Le fait de laisser ces règles à leur vue permet d'insister sur leur importance. De plus cette façon de procéder me décharge du rôle de gendarme car le groupe se prend vraiment en charge et je deviens une sorte d'arbitre. Malgré tout, le climat du groupe peut parfois être tendu, mais on évite la plupart du temps la montée en puissance d'un éventuel leader. Je pense que ce système peut être utilisé en tout début de formation, avant que certains s'affirment négativement. Le groupe se sent alors autorisé à réagir face à la dérive d'un collègue.

Concernant ce groupe, j'ai moi-même été rappelé à l'ordre. Après avoir fait des photocopies avec beaucoup de mal, je suis revenu en salle en expliquant que le photocopieur m'avait énervé. Là un jeune m'a dit : « Monsieur regardez les règles, on ne doit pas s'énerver ». J'ai tout de suite admis qu'il avait parfaitement raison de me le rappeler.

Il est très probable que dans cet exemple, l'adhésion à la règle qui est d'ordinaire si difficile à obtenir, est rendu possible, car chacun a le loisir d'observer que les autres semblent manifester le désir d'y adhérer également. Petit à petit, le groupe autorise ainsi l'émergence d'une norme coopérative à partir du moment où il est suffisamment mis en confiance, pour laisser de côté le réflexe mimétique de contestation de l'autorité institutionnelle.

Au passage, on peut noter qu'il existe dans les groupes un désir latent, presque honteux parfois, parce qu'il est perçu comme ayant une valeur moins noble que la contestation, pour que la loi existe effectivement et s'impose à tous (et surtout peut-être aux autres). Ce désir est souvent étouffé par les éléments les plus rebelles quand on laisse la contestation devenir la norme. Mais il suffit de créer les conditions d'émergence de règles coopératives pour qu'elles se mettent en place.

Ruse n° 7 : le mimétisme d'apprentissage

Les élèves ont coutume de s'abriter derrière l'inertie du groupe pour résister aux consignes pédagogiques nouvelles qui demandent une remise en cause des habitudes. Pour parvenir à fissurer la norme de non-application des consignes, Sébastien Touchard, professeur de français en CFA, a recours à une technique de grignotage qui, en premier lieu, vise à gagner à sa méthode un apprenti qui sera susceptible de servir de modèle aux autres.

Dans le cadre de l'apprentissage de la synthèse de textes, il est très difficile de faire comprendre aux apprentis l'utilité d'élaborer un plan. En général, ils se lancent directement dans la rédaction, sans réfléchir au préalable à la structure d'ensemble. Évidemment, les résultats ne sont pas terribles. Mais à force d'insister sur la nécessité du plan, j'arrive parfois à convaincre l'un d'eux de respecter la consigne. Au cours de la correction, je m'appuie à l'extrême sur son plan de synthèse, je le sur-note et l'envoie au tableau en le valorisant. Comme ils ont aussi l'habitude de comparer leurs notes et leurs appréciations, ils sont très intéressés par le travail que j'ai distingué. À la suite de ce scénario, trois ou quatre vont se décider, par imitation, à faire un plan. Pour la correction, j'envoie l'un de ceux-là au tableau et ainsi, la plupart adoptent progressivement la technique du plan.

L'effet « tache d'huile » ainsi obtenu repose sur une survalorisation bien ciblée. C'est donc la conjonction du mimétisme et du gain narcissique qui fait la réussite tactique de cette séquence pédagogique.

Ruse n° 8 : la crainte mimétique

Le fait d'inspirer de la crainte à ses élèves est un sujet tabou. L'idéal de liberté républicaine recommande en effet de fonder le lien éducatif non pas sur la crainte mais sur l'adhésion et l'estime. Les exemples présents ou passés de maîtres tyrans condamnent sans appel la pédagogie par la terreur.

Mais l'absence totale de crainte éprouvée pour l'enseignant, conduit souvent à des dérapages en termes d'irrespect ou d'agressivité. Les inévitables oppositions qui se manifestent, nécessitent donc de la part du maître, l'exercice d'un pouvoir qui fait jouer occasionnellement la crainte de la sanction ou de l'admonestation. Ainsi, beaucoup d'enseignants se livrent à des démonstrations de puissance aux vertus supposées dissuasives, spécialement en début d'année scolaire, pour fixer des règles strictes qui pourront éventuellement se relâcher au bout de quelques semaines. Sans chercher à évaluer le degré de légitimité de ces pratiques, on peut simplement observer qu'elles apparaissent plus acceptables lorsqu'elles sont utilisées comme des ruses qui fonctionnent sur le caractère communicatif de la crainte.

Elles consisteront ici à créer des effets de surprise déclencheurs d'incertitude qui évoquent dans l'esprit des élèves la possibilité d'un risque. Par exemple, lorsqu'un événement inattendu survient dans un groupe, il appelle une réaction qui n'a pas encore été codifiée, ce qui provoque un moment de flottement. Chacun se demande alors comment vont réagir les autres, et il s'opère un échange de regards furtifs alentour, pour chercher à savoir à quelle règle de comportement collectif il convient d'obéir. Le temps de suspension de l'action peut alors être mis à profit par l'enseignant pour réorienter les esprits dans la direction qu'il souhaite. C'est ce que pratique Jeanine Le Brun, professeur de français en CFA.

Lorsque l'une de mes classes est agitée et que je n'ai pas envie d'user d'autorité pour obtenir l'ambiance de travail qui me paraît nécessaire, j'ai coutume d'arrêter subitement ce que j'étais en train de faire pour aller ouvrir la porte de la salle sans expliquer pourquoi j'agis ainsi. Parfois, je le fais sans rien dire, parfois, je m'exprime sur un sujet quelconque qui n'a aucun rapport avec le fait que j'ouvre la porte. Immanquablement, un apprenti me demande : « Pourquoi vous ouvrez la porte ? » Je réponds alors : « Vous verrez... » Et bizarrement, l'agitation et le niveau sonore régressent. Cette porte ouverte les déstabilise. Ce n'est pas seulement parce que quelqu'un (le directeur, par exemple) pourrait jeter un œil dans la classe. Il me semble surtout qu'ils cherchent à comprendre où je veux en venir, quelle est la signification de ce geste inattendu, déconnecté de la relation pédagogique présente. Du coup, ils deviennent automatiquement plus concentrés, ils m'observent attentivement pendant qu'ils s'interrogent et le cours reprend sans qu'ils aient conscience du changement qui s'est opéré sur des bases plus studieuses.

Le détournement de l'attention est ici extrêmement ténu. Mais la recherche d'interprétation qu'il suscite dans les esprits suffit à modifier le climat de la classe.

Pour conclure

D'une certaine manière, tous les exemples qui viennent d'être donnés ont en commun de montrer qu'au centre de la vie de la classe, il y a la crainte. Crainte de s'écarter des normes établies implicitement par tous, crainte liée à l'incertitude provoquée par une situation inhabituelle, crainte du changement... Le contexte de la classe apparaît ainsi comme menaçant et c'est pour éviter d'être mis en difficulté devant le groupe ou devant le maître évaluateur que chacun recherche instinctivement une protection en adoptant un comportement similaire à celui des autres, pour préserver son anonymat et ne pas courir le risque d'une individualisation susceptible d'être jugée négativement.

Face à ces craintes qui justifient volontiers les résistances, la persuasion ou l'autorité sont d'une efficacité réduite. En revanche, la stratégie des dominos utilisée dans les témoignages cités opère sans le recours à un discours persuasif explicite ou à une directivité contraignante, mais utilise des biais divers qui exercent une pression invisible en faveur de la coopération, tout en ne laissant apparaître qu'un libre jeu d'influences entre les individus.

La rivalité mimétique

La pression à l'uniformité observable dans les groupes n'empêche nullement qu'à certains moments, le besoin d'individualisation apparaisse sous forme de rivalité mimétique. Cette rivalité qui suscite la compétition entre élèves, est plutôt mal vue à l'école. Il est vrai que la compétition présente le risque d'instaurer des hiérarchies discriminantes entre « bons » et « mauvais » élèves, hiérarchies qui se révèlent la plupart du temps désastreuses pour ces derniers en termes d'image de soi et de motivation au travail. Plus généralement, il faut noter que dans la société, la rivalité mimétique est partout, et qu'elle conduit tout droit, en l'absence de procédures de régulation, à la violence réciproque: « Plus les rivalités s'exaspèrent, plus les rivaux tendent à oublier les objets qui, en principe la causent, plus ils sont fascinés les uns par les autres. La rivalité se purifie de tous les enjeux extérieurs, en somme, elle se fait rivalité pure ou de prestige. Chaque rival devient pour l'autre le modèle-obstacle adorable et haïssable, celui qu'il faut à la fois abattre et absorber. » [6]

Mais dans la mesure où elle est régulée, la rivalité mimétique c'est aussi le jeu, l'affrontement « pour de rire », qui font oublier aux élèves qu'ils sont en train de travailler. Ainsi le challenge ludique développe l'envie de réussir et le désir de briller qui constituent de puissants stimulants. Il convient donc d'utiliser le challenge en sachant l'organiser pour en tirer parti sur le plan de la motivation tout en prenant soin de ne pas dévaloriser et marginaliser les élèves les moins « compétitifs » qui risqueraient d'être toujours perdants. Au besoin, il peut être souhaitable de pratiquer une discrimination positive pour soutenir les plus faibles, afin de leur offrir des occasions de sortir victorieux de certaines compétitions.

6. R. Girard, *Des choses cachées depuis la fondation du monde*, *op. cit.*

Ruse n° 9 : « Coincer l'autre » en informatique

Correctement régulée, la compétition entre pairs aiguillonne l'intellect. Elle stimule les capacités de concentration et d'astuce, elle déclenche une envie de gagner ou de prendre sa revanche. On lira ci-après le récit d'une séance de révision en informatique animée par Alexandra Cros, professeur de français en CFA, qui montre accessoirement que la difficulté peut se révéler plus motivante que la facilité, lorsqu'elle est sous-tendue par un challenge.

J'avais peu de temps puisque cette révision précédait une évaluation et que la durée était d'une heure. Sous forme de demi-groupe d'une dizaine de personnes (je tiens quand même à préciser que ce sont des adultes), je leur ai proposé de réviser de façon ludique.

Les révisions étant basées sur l'utilisation de la barre d'outils Dessin de l'écran de l'ordinateur, je leur ai proposé de choisir un sujet qui leur tenait à cœur, en rapport ou non avec leur futur métier (Auxiliaire Spécialisé Vétérinaire), et d'essayer de réaliser un schéma, en utilisant toutes les options possibles dans la barre d'outils : insertion de formes automatiques (lignes, courbes, flèches, formes de bases), rotation et retournement d'éléments, groupement d'un schéma, insertion d'un objet Word Art, application d'une épaisseur et d'un style de trait, un remplissage, une ombre ou un élément en 3D. Cela pendant à peu près 20 minutes. Puis j'ai ramassé les feuilles et je les ai redistribuées au hasard pour que chacun essaye de reproduire un des schémas réalisés par un autre stagiaire.

Au départ, certains étaient assez réticents, ils avaient peur de ne pas être inspirés ou de mal faire, mais l'enjeu de devoir ensuite donner sa feuille à un autre stagiaire a été totalement stimulant, si bien que certains n'ont pas hésité à utiliser des options assez difficiles, sous prétexte de « coincer » son partenaire-adversaire.

Après l'exercice, à la fin de la séance, une des stagiaires m'a même dit : « C'était vraiment génial cet exercice, ça nous a obligés à utiliser dans son intégralité la barre d'outils et à essayer de nous creuser la tête »... Inutile de vous préciser à quel point j'étais rassurée de voir que cela leur avait été bénéfique et surtout qu'ils s'en étaient rendu compte !!!

J'ai su par ailleurs qu'ils en avaient discuté à l'extérieur, puisque le groupe de l'après-midi était au courant et a désiré voir à la fin, le travail des autres. De plus, les sujets étaient divers et assez intéressants malgré le peu de temps imparti. On peut dire que j'ai été vraiment surprise, et de manière positive.

Je pense réitérer cette technique, mais je l'intégrerai dans une séquence plus longue car avec plus de temps, je suis certaine que les résultats ne peuvent être que meilleurs.

Certes, en cherchant à faire « sécher » l'autre, on reproduit ici un travers fréquemment dénoncé du système éducatif : la pédagogie de l'échec. Mais ce travers est relativement minime puisqu'il s'agit d'un jeu entre pairs et donc d'une chose beaucoup moins sérieuse que l'évaluation scolaire. Au demeurant, apprendre à perdre, à condition que l'enseignant reste attentif aux éventuelles dérives et qu'il contribue à dédramatiser l'échec, fait partie de la formation intellectuelle.

Ruse n° 10 : associer le challenge et la coopération

Jean-Paul Ramousse, formateur en dessin de construction en CFA, organise également des challenges en les associant à un travail d'équipe. La compétition, qui se combine alors avec la coopération, présente moins de risque de dévalorisation pour les moins performants. Ceux qui perdent ne restent pas en tête-à-tête avec leur échec, ils ont en compensation le soutien moral de leurs équipiers.

Je demande aux apprentis de former des équipes de 3. Je donne à chaque équipe un plan de bâtiment en grand format et je pose une quinzaine de questions, successivement, par écrit. Par exemple : « Sur quelle façade se trouve la porte principale ? » ou « Combien comptez-vous d'escaliers ? ». Le premier groupe qui trouve la réponse à la question vient me voir avec la réponse et je donne 5 points si elle est exacte. Pour le second groupe qui trouve, 4 points, etc.

Les groupes se forment librement, en général par niveau de motivation. Les moins motivés se retrouvent ensemble et se désintéressent ostensiblement de l'exercice jugé trop puéril pour eux. Au démarrage, la compétition n'a donc lieu qu'entre 3 ou 4 groupes, les autres suivent mollement. Mais à force de voir que ceux qui se prennent au jeu manifestent du plaisir, les plus démotivés se laissent progressivement entraîner. Assez rapidement, la compétition devient générale et ils se répartissent le travail dans chaque groupe en fonction de leurs compétences respectives pour aller plus vite. L'un va plus spécialement étudier le plan, un autre qui écrit bien se charge de la rédaction, le troisième m'apporte la réponse en courant pour être le premier. L'ambiance devient chaude et il y a une véritable émulation pour gagner.

Quand ceux qui étaient les moins motivés au départ parviennent à battre les plus participatifs, ils en sont très fiers. Les perdants sont piqués et redoublent d'effort. Au final, je fais au tableau le compte des points en prenant soin de féliciter tous les groupes au passage, afin de ne dévaloriser personne. J'utilise cet exercice de préférence en fin de journée, quand ils sont peu dynamiques pour un travail traditionnel et que je sais qu'ils vont être pénibles à gérer. Mais grâce à la compétition, ils ne voient pas l'heure passer.

Moi non plus !

Les compétitions successives donnent à chaque groupe la possibilité de « se refaire », comme dans les jeux de hasard, à chaque nouvelle question, ce qui relance la motivation concurrentielle. Mais l'avantage majeur de ce système réside dans la possibilité pour les moins performants en dessin, de s'associer aux meilleurs et de participer ainsi à un savoir-faire collectif. C'est un excellent moyen d'apprendre pour ceux qui ont des difficultés à suivre un cours ordinaire.

Ruse n° 11 : le rallye

L'organisation d'un rallye peut être l'occasion de dynamiser des groupes tout en montrant que le travail n'est pas forcément synonyme de souffrance et d'ennui. Aïcha Amini, formatrice en action commerciale en CFA et ses collègues en organisent quelquefois à Lille à l'approche des fêtes de Noël.

Le rallye concerne plusieurs sections d'apprentis des métiers de bouche (boulangers, bouchers...). Trois types de difficultés sont à surmonter par équipe : l'orientation dans quatre quartiers différents, les réponses aux questions (questions historiques sur quelques monuments et questions liées à l'activité commerciale) et la gestion du temps (de 10 heures à 16 heures). Un classement des équipes est effectué en fin de journée.

Les groupes sont totalement autonomes, mais les enseignants patrouillent sur les lieux en cas de difficulté imprévue ou d'incident. On prend des photos des apprentis pendant leur parcours. Nous voir impliqués dans l'action est en effet nécessaire pour soutenir leur motivation.

La composition des groupes est un point à ne pas négliger, on y passe du temps. On opte pour des groupes de 4 constitués par nos soins, en tenant compte des affinités tout en mélangeant les niveaux scolaires et les compétences estimées des jeunes : par exemple, les capacités relationnelles, l'assurance, la connaissance de Lille pour faciliter la lecture du plan de la ville. Mélanger ainsi les forces donne à ceux qui sont en difficulté une occasion de gagner et même s'ils ne sont pas tous motivés au départ, ils s'impliquent par mimétisme et parce qu'ils ont en charge un rôle dans le groupe.

Les jeunes sont impliqués en amont pour le choix de la ville et ils sont chargés de demander des devis aux transporteurs potentiels. Ce travail préparatoire a pour effet de renforcer l'attraction pour le rallye. Au matin du grand jour, on constitue les équipes qui, dans le car, se concertent sur une stratégie (prévision d'itinéraire, répartition des rôles...). Au retour, l'excitation est vive, pour savoir qui va gagner.

La répartition des rôles dans les groupes avant le lancement du rallye est un élément-clé pour la réussite de l'exercice. Chacun est amené à exercer une compétence s'inscrivant dans une dynamique qui est, comme dans l'exemple précédent, à la fois coopérative et compétitive.

Ruse n° 12 : battre la professeur d'EPS

Le challenge est sans doute encore plus attractif lorsque c'est l'enseignant qui est désigné comme l'adversaire à battre. Le contexte sportif est particulièrement adapté à ce type de rivalité mimétique relaté par Cécile Sors, professeur d'EPS en ZEP.

J'ai une classe de 4e particulièrement difficile en EPS, dans une ZEP classique de Marseille. La plupart des élèves sont « a-scolaires » : soit complètement apathiques et repliés dans leur coquille, soit au contraire agités, agressifs, grossiers. Les injures à caractère raciste ou sexiste sont permanentes, on dirait que la violence est leur mode normal de fonctionnement. Pendant un cours sur le saut en longueur où ils n'écoutaient rien et où les consignes n'étaient pas respectées, j'ai moi-même effectué un saut de démonstration, avec l'idée de les provoquer un peu. Ils ont alors commencé à s'intéresser au cours parce qu'ils avaient envie de me battre. Ceux qui rechignaient à se bouger auparavant se chamaillaient maintenant pour passer quatre ou cinq fois. Mais malgré leur avantage sur moi en termes de taille, ils ne parvenaient pas à surpasser ma performance (je l'avais prévu) et ça piquait leur orgueil de jeunes mâles. À ce moment-là, les consignes ont pris de la valeur, ils se sont concentrés et ont cherché sérieusement à les appliquer. Au final, le saut en longueur est devenu à leurs yeux un exercice très motivant et ils ont pu progresser. Au fond, ils sont gentils, c'est juste qu'ils sont insupportables.

L'enseignante est une adversaire particulièrement prisée parce qu'elle est en même temps le modèle. Un modèle féminin au demeurant, qui surclasse tout le monde dans un domaine majeur pour des garçons en échec scolaire : celui de la performance physique. Le saut en longueur devient ici une intéressante leçon sur la relativité des qualités viriles.

Pour conclure

La rivalité mimétique se révèle être un moteur éducatif puissant et particulièrement bénéfique quand la compétition est subtilement équilibrée par des situations de coopération. Elle occasionne d'étonnants retournements d'attitudes chez les élèves les moins coopératifs qui se mettent à oublier leur démotivation pour emprunter, sans s'en rendre compte, le désir de ceux qui coopèrent. Et cela, sans intervention apparente de l'enseignant qui se cantonne dans un rôle d'organisateur. Dans les classes rebelles, la rivalité unanime qui se manifeste contre lui est alors détournée (on retrouve ici la technique du détournement de l'attention) vers les rivalités réciproques fructueuses quand elles sont bien cadrées.

L'esquive mimétique

Toutes les remarques précédentes sont orientées vers une utilisation du mimétisme à des fins coopératives et éducatives. Mais il est parfois nécessaire de savoir couper court à l'engrenage mimétique, spécialement dans la gestion des comportements difficiles, qui provoque souvent une montée d'agressivité réciproque, répondant à une logique de rivalité : l'adulte et l'enfant voulant, chacun dans leur rôle, garder la face, le ton monte et l'on s'achemine inévitablement vers la rupture, la sanction, les rancœurs...

Ruse n° 13 : de la rivalité mimétique au mimétisme d'alliance

Christine Vimard, directrice adjointe de collège, s'attache à esquiver l'escalade mimétique par souci d'efficacité éducative. Elle varie habilement la proximité et la distance pour tenter d'avoir une influence positive sur les élèves rebelles. Elle propose un autre mode de relation que l'affrontement et tout en restant résolument insensible au mimétisme de rivalité, elle exerce une pression en demi-teinte pour créer les conditions d'un mimétisme d'alliance.

Ma ruse principale quand j'aborde un entretien de régulation avec un élève agité qui s'est fait exclure de cours, c'est d'abord de m'assurer une position inattaquable, surtout si la relation est tendue : je ne suis jamais agressive, je n'élève pas la voix et malgré ses airs de révolte et ses regards insolents, je me force à lui sourire tout le temps, même si c'est difficile parce qu'en apparence j'ai l'air de me placer en position basse. En réalité, c'est une position de force parce qu'au bout d'un moment, je peux répondre à son agressivité en lui disant : « Tu n'as rien à me reprocher : tu es agressif, moi pas. En revanche, moi je peux te reprocher ça, ça, et ça... »

Il continue généralement à me lancer des regards noirs en m'expliquant que les professeurs sont méchants, qu'ils ne l'aiment pas... et je continue à rester souriante, respectueuse, ouverte ; je garde un ton posé et je lui dis que je ne suis pas son ennemie, que s'il l'accepte, je peux l'aider. En agissant comme ça, je lui coupe l'herbe sous le pied : il ne peut plus justifier son agressivité en s'appuyant sur celle de l'adulte.

Au bout de dix minutes, fermé sur sa colère, il ne va plus m'écouter et je choisis ce moment pour opérer un retournement de position inattendu : « Mais en fait, si tu ne veux pas que je t'aide, c'est ta vie, c'est pas la mienne. Si tu veux la gâcher, vas-y, continue comme ça. Fais comme tu veux! Je ne sais pas pourquoi je me casse la tête avec toi ! Moi, je n'ai rien à perdre dans cette affaire, toi si. »

À ce moment-là, il se passe souvent quelque chose. Ceux qui ne veulent pas de mon aide quand je la leur offre sont parfois un peu déstabilisés quand je la retire et j'arrive ainsi à les faire changer d'attitude. Ça ne marche pas à tous les coups et je connais des échecs avec ceux qui se sont totalement enfermés dans la révolte. Mais le sentiment d'abandon qu'éprouvent quelques-uns les rend soudain beaucoup plus coopératifs.

Il faut insister sur le fait qu'un adolescent en échec scolaire doit absolument, pour changer de comportement, trouver un allié adulte dans l'établissement. Un allié de confiance, avec qui il aurait pris l'habitude de trouver un appui. Il faut donc sans hésiter lui faire intégrer que cet allié le comprend. Cette main qu'on lui tend va peu à peu devenir indispensable, à la condition d'arriver en même temps à l'isoler de ses copains par rapport auxquels il ne veut pas perdre la face.

Les tactiques de ruptures successives mises en œuvre dans ce récit, obligent les adolescents à réadapter en permanence leurs positions. Rester insensible à la violence de l'élève a pour effet de le placer dans une situation inconfortable : face à un adulte qui ne joue pas le jeu habituel de l'autorité et à la condition d'avoir été isolé, il lui est plus difficile de tenir son rôle de rebelle, généralement justifié et légitimé par les attitudes agressives et répressives (réelles ou supposées) des adultes. Mais l'alliance proposée en contrepartie doit avoir de solides attraits car renoncer au bonheur de la rébellion, ciment puissant de la construction identitaire, est un sacrifice énorme pour un jeune en échec scolaire, dans la mesure où la rébellion est bien souvent une compensation valorisante de l'échec.

Par ailleurs, il convient, dans une telle démarche, de rester attentif à ne pas briser une certaine unité d'action au sein de l'équipe pédagogique. Des positions totalement contradictoires entre enseignants et direction apparaissent souvent en effet comme un gage d'inefficacité. Il est inévitable que les approches des uns et des autres diffèrent sur des détails, il reste qu'une coordination des interventions est essentielle.

Ruse n° 14 : fais-nous rire !

L'esquive mimétique est également une tactique efficace pour déjouer les provocations d'un amuseur public lorsque celui-ci perturbe trop systématiquement la classe. Plutôt que de le sermonner ou le sanctionner, ce qui place l'enseignant et l'élève sur le terrain de l'affrontement mimétique (chacun voulant avoir le dernier mot et sortir vainqueur du duel), l'enseignant peut choisir de ne pas endosser l'attitude normative du gendarme attendue par l'élève, afin de casser l'habituelle complémentarité des rôles. Brigitte Béligon, professeur de français, agit ainsi en CFA.

> Face à un provocateur agressif, j'ai coutume de rétorquer : « Dis-nous quelque chose de vraiment drôle, ce que tu dis là, j'ai déjà entendu. Essaie de te montrer un peu plus original pour nous faire rire. »
>
> En agissant ainsi, je n'ai pas besoin de me mettre en colère ou de menacer. Je reste calme et souriante, l'apprenti ne trouve plus rien à dire justement parce que tout le monde attend qu'il s'exprime : son pouvoir de provocation ne fonctionne plus parce que sa spontanéité est entravée...

Cette technique d'esquive s'apparente aux techniques paradoxales dont il sera question dans le chapitre 7 : le jeu ordinaire de l'affrontement est déréglé et l'effet de déstabilisation ainsi créé suffit pour apaiser la situation.

Conclusion

Les approches tactiques évoquées dans ce chapitre peuvent apparaître comme une manipulation du désir. Cette manipulation est certes condamnable si elle vise à égarer le sujet et à le détourner de ses intérêts. Mais si l'on pense que le désir est inévitablement influencé par des modèles, que la spontanéité naturelle du désir est, selon René Girard, une « notion proprement mythologique », la question de la liberté apparaît dans toute sa relativité. Elle ne saurait être que la résultante de la profusion des influences et des modèles. Les questions clés qui se posent alors sont celles de la finalité de l'influence et la manière de l'exercer sur le sujet. Les enjeux sont importants puisqu'il s'agit du désir d'apprendre ou de la construction identitaire de l'enfant.

Aujourd'hui, la concurrence des modèles est rude. L'école a, en particulier, à faire face aux influences concurrentielles du groupe ou de la télévision, dont l'emprise est d'autant plus forte qu'elle reste grandement inconsciente. On subit ces influences en pensant agir librement, et parce que, contrairement à l'école, elles proposent des satisfactions hédonistes immédiates, par exemple, au moyen de la consommation (vêtement, portable...) censée incarner la liberté, alors que l'école, il est vrai, apparaît comme un lieu d'incertitude, de risque et d'angoisse (difficulté de l'effort, évaluation permanente, échec) qui engendre chez beaucoup d'enfants une difficulté d'être. Dans ce contexte, il semble à beaucoup que la connaissance et la réflexion ne représentent que des contraintes insupportables, juste bonnes pour cette catégorie humaine inférieure et décriée dans les cours de récré, celle des « intellos ».

Or, le rôle de l'école reste évidemment entier pour libérer des déterminismes sociaux, afin d'ouvrir un espace de liberté qui s'appuie sur le savoir et la formation intellectuelle. Mais dans le conflit d'influence qui se joue entre le savoir et la consommation, ainsi qu'entre la rationalité et l'irrationnel, l'école est tellement persuadée de la légitimité de sa mission qu'elle fait sans doute un peu trop confiance au discours de « bon sens » ou à défaut, se repose sur l'emploi de la contrainte, parfois nécessaire en contexte hiérarchique, mais aussi utilisée souvent de manière inopportune et contre-productive. La ruse est dans bien des circonstances, une alternative judicieuse à la persuasion directe ou à la contrainte, parce qu'elle amène celui ou celle qui l'utilise à une réflexion stratégique portant sur l'adéquation entre les moyens employés et les fins éducatives visées, réflexion dont se dispense fréquemment la force, qu'elle soit contraignante ou persuasive.

3
L'influence par le don

La problématique du désir mimétique est encore présente quand on aborde le thème du don. En effet, le don est susceptible d'enclencher un processus de réciprocité mimétique : le don appelle le contre-don, et il peut de ce fait être utilisé comme outil d'influence. Ainsi, tel enseignant qui donne son estime et son attention a sans doute davantage de chances de récolter l'estime et la disponibilité au travail que tel autre qui adopte une attitude méprisante et se laisse aller à des pratiques d'humiliation. Plus ponctuellement, quand l'élève demande à son enseignant avec un brin de provocation : « Qu'est-ce que vous me donnez si je travaille ? », il déclare qu'il attend en échange quelque chose de plus immédiat qu'une future insertion sociale ou professionnelle, et de plus palpable que l'apprentissage de la rationalité. Il attend confusément un contre-don en échange du coût que représentent pour lui le temps passé à travailler, les efforts consentis, les contraintes subies.

Le sociologue Marcel Mauss affirme que le processus don/contre-don est vécu comme une contrainte sociale qui assigne à tout individu une triple obligation : « l'obligation de donner, l'obligation de recevoir et l'obligation de rendre ». L'obligation de recevoir est la clé du processus de réciprocité : chacun sait qu'il est difficile de refuser un don, surtout si celui-ci s'inscrit dans une relation sociale positive. Le don provoque un sentiment de dette qui lui-même déclenche l'obligation de rendre. Ainsi un cadeau reçu, avec ou sans plaisir, place le bénéficiaire dans l'obligation de s'acquitter des remerciements rituels et la plupart du temps le contraint à offrir un cadeau en retour. Ce système de don/contre-don est susceptible d'être exploité tactiquement car on peut décider de donner dans la perspective d'obtenir la réciproque. Il s'agit donc d'une ruse qui, en focalisant l'attention sur le don, *recadre la relation* en la structurant sur le mode de l'échange. Dans le même temps, il s'exerce une pression en faveur de l'engagement, pression provoquée par l'obligation de rendre.

En classe cependant, surtout si la norme groupale valorise la résistance et la contestation, cette dimension d'obligation réciproque ne semble pas très respectée car le « don du savoir » ou la bienveillance de l'enseignant sont assez fréquemment refusés parce que considérés comme sans valeur, ou même carrément déshonorants quand on tient à préserver sa réputation de rebelle. D'autant plus que les élèves savent parfaitement se préserver du sentiment de dette qui, puisqu'il est synonyme de contrainte, est fréquemment ressenti comme un sentiment désagréable.

Pour que l'engagement réciproque fonctionne, il est donc nécessaire que le don soit estimé par celui qui le reçoit comme un gain véritable, symbolique ou matériel. L'élève doit pouvoir en tirer un bénéfice tangible, que ce soit sur le plan intellectuel ou narcissique. Certes, les gains potentiels habituellement dispensés par l'école (accès au savoir et au sens, épanouissement personnel, apprentissage de la citoyenneté...) sont en réalité des droits fondamentaux dont tout enfant doit bénéficier dans une société démocratique. Ces droits cependant, ont parfois tendance à être banalisés, à ne pas être appréciés à leur juste valeur par leurs bénéficiaires, la règle commune voulant qu'on ne mesure vraiment toute la valeur des choses que lorsque l'on en est privé. Ils considèrent leurs droits comme des dus qui leur reviennent sans aucune contrepartie de leur part, et cela a pour conséquence parfois de transformer la relation pédagogique en une relation d'assistanat. Il semble donc avantageux d'introduire la pratique du don, de manière non systématique, mais occasionnelle et bien ciblée, afin d'en préserver la valeur au fil du temps.

Cette pratique du don présente également l'intérêt d'améliorer la relation affective entre le maître et l'élève, et donc de créer un climat de convivialité propice à l'investissement dans le travail scolaire.

Certains pointeront sans doute l'écueil démagogique qui guette l'utilisation du don. Cet écueil est véritable à chaque fois qu'est oubliée la finalité éducative de la relation et le don dévoyé en instrument ,n'ayant d'autre fin que la séduction ne saurait être cautionné. Mais à l'inverse, ne rien donner, ni un compliment, ni un sourire, ni un encouragement, et opter pour la sécheresse affective n'est pas forcément le garant de résultats éducatifs mirifiques... Il y a donc une juste mesure à adopter dans la distribution des gains.

Le premier gain que peuvent récolter les élèves, c'est de la satisfaction, provenant, par exemple, du sentiment de bénéficier d'une marque de sympathie, d'une attention spécifique ou d'un avantage particulier. Bien entendu, il convient de veiller à une approche aussi peu inégalitaire que possible, afin d'éviter de donner prise au sentiment d'injustice extrêmement vivace chez les enfants. C'est à partir de cette satisfaction du don reçu que pourra se déclencher, dans les exemples qui suivent, le processus de réciprocité qui se traduira par une coopération accrue.

L'écoute

L'écoute est couramment présentée comme l'outil de communication humaniste par excellence, dans la mesure où c'est une technique qui met en avant l'ouverture à la parole de l'autre, la prise en compte de son point de vue. Les ouvrages qui traitent de l'écoute, que ce soit dans le domaine des sciences humaines, celui du management ou du travail social, insistent sur les compétences de décentration de soi et d'attention à l'autre, sur les capacités de reformulation qui fondent l'écoute empathique censée être la clef d'une bonne compréhension. Tout ceci est bel et bon, et nul ne saurait affirmer que l'écoute n'est pas un excellent outil de communication.

Mais le discours humaniste occulte la plupart du temps que l'écoute, utilisée comme un outil visant une fin, comporte une part de dissimulation tactique et s'apparente de ce fait à une ruse. C'est particulièrement vrai quand on cherche à influencer autrui : l'écoute sert alors à repérer dans le discours de l'autre des fragilités à partir desquelles il est possible de contre-argumenter. Plus subtilement, l'écoute a pour fonction d'atténuer ou de court-circuiter les attitudes de résistance ou de défiance qui peuvent survenir dans l'échange verbal. Elle apparaît comme une invitation au dialogue et favorise l'instauration d'un rapport de confiance parce qu'elle s'apparente à un don : on accorde son écoute, c'est-à-dire son temps, son attention, son intérêt. En classe, une utilisation bienveillante de l'écoute présente des avantages certains pour réduire les blocages et favoriser la coopération.

Ruse n° 15 : influencer sans parler

Quand les relations sont tendues avec les élèves, l'écoute en entretien individuel devrait être le premier réflexe de l'enseignant. Faire parler un jeune l'amène en effet à exprimer des sentiments complexes qui peuvent se traduire dans le quotidien par de la provocation ou de la démotivation au travail. Le dévoilement qu'implique l'expression montre alors une fragilité masquée sous les apparences de la bravade. En entretien individuel, les adolescents ont tendance à redevenir des enfants en quête d'affection (il arrive que les « durs » se mettent à pleurer) et l'écoute a la propriété de recadrer la relation dans le sens d'un rétablissement de l'alliance, pour peu que l'adulte sache se montrer insensible à la violence éventuelle du jeune. C'est ce que pratique Nathalie Nieva, professeur de français et d'histoire en CFA.

L'année dernière nous avons eu un apprenti électricien assez difficile. Il dominait la classe en agressant ses collègues, en se montrant raciste. En bref, il faisait peur à tout le monde ! Un de mes collègues le craignait aussi et l'apprenti en question le sentait. Il en a donc profité pour faire régner sa loi dans son cours. L'exclusion était proche pour ce jeune. J'ai alors pris du temps pour écouter ce qu'il avait à dire, j'ai posé quelques questions et ce dernier a fini par lâcher toute la colère qu'il avait, une colère générale, sur les gens, les événements de sa vie. Et là, l'apprenti en question a réalisé que ce n'était pas son formateur qui était en cause mais que peut-être cet affrontement était causé par sa propre attitude.

Il s'est senti accepté je crois, chose qu'il attendait de toute évidence. Le formateur qu'il avait pris pour cible n'était en fait (enfin je crois) qu'une proie facile pour se défouler. Cet apprenti a pris de l'assurance, il est devenu un meneur positif dans le groupe.

Bien que ce genre de retournement de situation soit fréquent, les enseignants négligent d'organiser des entretiens individuels, par manque de temps ou par méconnaissance des vertus de l'écoute. Certes, ils ne sont pas des spécialistes de l'exercice qui peut au demeurant se révéler éprouvant lorsque les jeunes vivent des événements dramatiques. Pour relativiser, il faut se dire qu'il n'y a pas nécessairement de réponse à apporter et que chaque personne est capable d'engager un dialogue dont la règle première sera de laisser parler l'autre.

Ruse n° 16 : désamorcer les récriminations du groupe

Les dysfonctionnements ou les conflits qui apparaissent au sein de tous les groupes risquent toujours de cristalliser les oppositions et les rancœurs qui finissent par devenir ingérables quand les « meneurs » parviennent à déclencher un phénomène de résistance mimétique très difficile à contrer parce que dans ces cas-là, les personnes neutres ne s'expriment pas forcément. Pour circonscrire rationnellement les difficultés et tenter de les résoudre, il est pertinent d'accepter d'écouter les critiques, comme le font D. Diaz-Veyrier et V. Peschard, formatrices en soins infirmiers.

Nous avons cette année un groupe d'infirmiers et infirmières en 2e année de formation qui nous pose des problèmes. Le courant passe mal, ils se sentent persécutés par les formateurs. « Vous ne nous aimez pas ! » nous ont-ils dit. De notre côté, on a du mal à les cerner. Ils sont plus de 60, c'est un groupe très hétérogène, les âges varient de 18 à 45 ans, certains n'ont pas le bac, d'autres ont déjà fait des études supérieures. Des séances de régulation ont lieu toutes les 6 semaines pour aborder les problèmes divers qui se posent et tenter de les résoudre. Les séances sont obligatoires, nous sommes 3 animatrices. Depuis le début de l'année, ces séances se passent mal, c'est un jeu de ping-pong. Ce sont les plus infantiles qui s'expriment, les plus réservés ne disent rien et se mettent en retrait. Ils nous laissent gérer les plus immatures et certains viennent après-coup nous dire qu'ils ne sont pas forcément d'accord avec les autres.

C'est vrai qu'on y va comme à la bataille. Les jeux du cirque ! On essaye surtout de faire en sorte que les choses ne s'emballent pas. Les remarques sont lues par des rapporteurs (toujours les mêmes) après concertation en petit groupe.

Exemple de reproches formulés :
« On voudrait une fontaine à eau, un placard pour ranger nos affaires ».

On a beau expliquer qu'on fait remonter leurs remarques, mais que la gestion financière est lourde dans notre structure, ils considèrent qu'on ne les écoute pas.

« Certains cours ne sont pas intéressants ».

On a répondu que ça pouvait arriver, qu'au lycée aussi ils avaient eu parfois des cours sans intérêt. « Non, au lycée, tous les cours étaient intéressants !!! ».

« On a remarqué un flottement dans l'équipe des formateurs ».

On a demandé ce que ça voulait dire, on n'a pas eu de précision.

Comme on vivait mal ces séquences et qu'on se sentait nous-mêmes agressées, on a changé de méthode : on a décidé d'inscrire les remarques au tableau. On a présenté la séance en expliquant que c'était plus facile pour qu'ils s'approprient la régulation, ça permettait à chacun de mieux suivre. Une étudiante a tout de suite proposé de se charger d'écrire :
1. Quand aura-t-on les résultats des partiels ?
2. Est-ce normal que le deuxième cours sur le diabète soit un TD ?
3. On a manqué de temps pour le module de psycho.
4. C'est super le classeur de photocopies.
5. Serait-il possible que les TTE correspondent aux heures d'ouverture de la bibliothèque ?
Etc.

En fait, cette technique permet de poser les choses. Écrites, les remarques sont dites moins rapidement, davantage de personnes parlent et de vrais discussions s'engagent entre eux. Avec les questions sous les yeux, chacun prend le temps de réfléchir au problème avant d'intervenir, il n'y a plus de réactions d'humeur excessives, c'est beaucoup moins électrique. Les gens ont complété, questionné, ce qui ne se faisait pas avant. Les regards étaient accrochés par le tableau, ils se sont montrés plus impliqués. Quant à nous, nous avons eu la possibilité de répondre plus sereinement aux questions.

On a eu, pour la première fois, des retours positifs et les remarques négatives ont été formulées avec précaution, plutôt sous forme de souhaits que de critiques. Chose exceptionnelle, personne n'est parti avant la fin, on a même dépassé l'horaire prévu.

L'écoute permet ainsi d'éviter de greffer sur des difficultés organisationnelles des rancœurs affectives (« Vous ne nous aimez pas ! »), en particulier, parce que c'est le tableau qui focalise l'attention en plaçant au second plan la tentation du règlement de compte.

Même quand les critiques portent moins sur les relations (comme dans l'exemple qui suit), et s'ancrent dans des représentations négatives qui risquent de perturber la coopération pédagogique, l'écoute est précieuse.

Ruse n° 17 : agir sur les représentations négatives

Donner des cours de psychosociologie dans une école d'ingénieurs parisienne ne déclenche pas un enthousiasme débordant de la part des élèves. Ils considèrent généralement ces cours comme superflus et il est très difficile de leur vanter le premier jour les mérites des *sciences molles*, alors qu'ils se flattent de leur appartenance à la noblesse des sciences dures, affalés sur leurs chaises avec à la main un stylo qui tourne comme un hélicoptère. Comme précédemment, l'écoute organisée facilite l'expression des points de vues divergents et par conséquent, permet de fissurer le bloc cohésif contre.

Pour désamorcer les critiques, il m'est apparu judicieux de démarrer la première séance en les invitant à exprimer leurs représentations négatives de la psychosociologie. On remplit alors tout un tableau avec leurs remarques : « ça ne sert à rien... c'est de la manipulation... on va couper les cheveux en quatre pour pas grand-chose... c'est du pipeau... c'est pas prouvé... c'est chiant... »

L'utilisation du tableau est importante car l'écrit, dans ce contexte, présente divers avantages : l'écrit témoigne aux yeux de tous de la prise en considération des propos de chacun ; tout ce qui est inscrit n'a plus à être répété et on refrène ainsi la pagaille des surenchères ; l'écrit garde la trace de ce qui se dit et les élèves s'obligent à plus de circonspection avant de s'exprimer ; enfin et surtout, le désir de s'affirmer en s'opposant n'est plus dirigé contre l'enseignant mais contre les critiques émises, ce qui empêche la cristallisation d'une unanimité négative. Ainsi, quelques-uns finissent par dire que la psychologie, c'est quand même intéressant, qu'un ingénieur est aussi un cadre qui doit travailler avec les autres, etc.

En procédant ainsi, il est possible de « vendre » la psychosociologie en s'appuyant sur des alliés, tout en reconnaissant aux autres le droit d'avoir un avis différent. Cette technique fait tomber les résistances parce que l'enseignant n'argumente pas contre l'avis des opposants, il laisse à chacun une liberté d'expression qui fait sauter les blocages *a priori*.

Dans les exemples cités, l'écoute apparaît comme un don qui ne saurait être refusé parce qu'il consiste à offrir à ceux qui parlent un gain précieux entre tous, très convoité, sans doute universel: l'opportunité de montrer qu'on a raison en étant contre. Ce gain à forte valeur narcissique entraîne, par réciprocité, une coopération quasi automatique qui serait beaucoup plus difficile à obtenir si l'expression collective portait, non pas sur les désaccords, mais sur les convergences de vues.

Par ailleurs, il faut noter que l'écrit joue un rôle d'appui capital pour organiser l'écoute. En effet, les récriminations d'un groupe risquent toujours, si on n'y prend garde, de s'enliser dans les surenchères et dégénérer en chaos. L'écrit a pour rôle de calmer le jeu, de limiter les interventions répétitives et d'inciter chacun à la mesure, du fait que les paroles prononcées laissent une trace visible par tous. L'écrit présente également l'avantage de limiter le mimétisme négatif. Il y a en effet un phénomène de résistance mimétique qui s'empare de beaucoup de groupes et les fédère, à partir de l'expression de quelques opposants. Une écoute s'appuyant sur l'écrit a pour intérêt de morceler l'unanimité de surface et de faire émerger une palette d'avis divergents car les plus coopératifs, qui, par manque d'implication, se mettent d'ordinaire en retrait quand parlent les opposants, acceptent moins volontiers de cautionner des opinions écrites qu'ils ne partagent pas lorsqu'elles apparaissent comme reflétant, à la vue de tous, la position du groupe. On peut alors, en évitant de heurter de front les opposants, s'appuyer sur les éléments les plus coopératifs, dans la perspective d'amorcer un dialogue.

Le troc pédagogique

Parmi la palette des techniques relationnelles, le troc pédagogique ou la négociation ne sont certainement pas des outils privilégiés pour les enseignants. En effet, négocier semble être interprété par beaucoup comme une perte de prestige, une faiblesse qui obligerait à batailler avec les élèves au risque de perdre toute autorité et de prêter inconsidérément le flanc aux stratégies de freinage ou autres manœuvres de diversion qui font les beaux jours des classes rebelles. Ces écueils sont réels et ils sont particulièrement dangereux quand l'enseignant négocie en position de faiblesse. C'est au contraire quand il se trouve en position de force, qu'il peut tirer parti de la négociation.

En négociant avec les élèves, on leur donne un certain pouvoir de décision, qui présente plusieurs avantages[1]. C'est d'abord, en instaurant un dialogue, une manière d'atténuer la domination hiérarchique qui induit les attitudes de résistance ou de fermeture, habituelles sources d'affirmation identitaire des élèves. Pouvoir décider, faire un choix, c'est *prendre une responsabilité* qui, face au groupe et à l'enseignant, *engage l'élève*. C'est aussi un moyen pour lui d'affirmer son identité en confrontant son point de vue à celui des autres. Ainsi, dans la mesure où les élèves sont invités à quitter le refuge démobilisateur de la passivité pour prendre un rôle actif, la négociation s'avère être un outil de motivation.

1. Le thème du partage du pouvoir est abordé suivant une autre approche dans le chapitre 6.

Mais le pouvoir de décision de l'élève ne saurait s'imposer à l'enseignant, qui garde ses responsabilités et ses prérogatives, sans rien abandonner du pouvoir qu'il entend conserver pour assumer sa fonction. C'est lui qui détermine quel type de décisions peuvent prendre les élèves et il garde, en particulier, un droit de veto pour parer à d'éventuels dérapages. Il ne s'agit pas de s'enliser dans des discussions interminables ou de remettre régulièrement en cause les décisions prises. Il ne s'agit pas non plus de saper le pouvoir légitime de l'enseignant et il ne saurait être question de laisser la classe (ou tel caïd) décider de tout sans fixer un cadre et des limites.

La négociation concernera certains aspects de la vie pratique de la classe. Par exemple, les élèves peuvent participer à l'élaboration des règles, se concerter sur le mode de prise de parole, de déplacement...

Mais il est souhaitable aussi d'engager des négociations sur les contenus pour inciter les élèves à s'impliquer davantage dans les apprentissages. Encore une fois, il ne s'agit pas de les laisser décider de tout sans cadrage. L'enseignant joue toujours son rôle en informant, en conseillant, en fixant des impératifs et des interdits. Il pourra, par exemple, négocier sur :

- *Les objectifs* : définition des priorités, niveau d'exigence pour chaque séquence ;
- *Les méthodes* : travail individuel ou collectif, utilisation de supports, organisation de certaines séquences...
- *Les rythmes* : plages de travail intenses ou ludiques, aménagement du calendrier des devoirs et des contrôles...
- *L'évaluation* : possibilité ou non de rattrapage, barèmes de notation...

Beaucoup d'aspects de la vie scolaire sont donc négociables. Il faut pour cela qu'existe un enjeu attractif, c'est-à-dire un gain potentiel ou à l'inverse, une perte. En effet, il n'y aurait aucune raison de négocier s'il n'y avait rien à gagner ni rien à perdre.

Les gains des élèves porteront sur des aménagements du travail ou sur un léger infléchissement des contenus. En contrepartie, l'enseignant sera en mesure d'exiger une coopération accrue du groupe ou d'un élève particulier. Ainsi conçue, la négociation n'est pas un signe de faiblesse et l'enseignant doit savoir utiliser si nécessaire l'autorité pour affirmer son point de vue et ses exigences : il négocie en acceptant, sans se renier, d'accéder à certaines demandes et en gardant la maîtrise de la décision sur ce qui est négociable et sur ce qui ne l'est pas. Parce que bien entendu, il existe des domaines non-négociables. Le vol, les injures ou la violence ne sauraient être l'objet de négociations. L'intransigeance de l'enseignant sur le non-négociable doit être forte, car s'il est trop conciliant, il risque de subir des remises en cause perpétuelles. C'est d'ailleurs cette intransigeance bien comprise qui lui permettra de circonscrire clairement le négociable et qui contribuera à donner à cette pratique une valeur éducative.

Ruse n° 18 : « Le tunnel des chatouilles »

Rose-Marie Cabanier, professeur des écoles en maternelle, imagine une technique d'incitation propre à vaincre bien des réticences. Elle vérifie ainsi que l'appât du gain est un moteur extrêmement puissant pour l'action quand il parvient à détourner l'attention de la peur initiale.

> Pour inciter les tout-petits à surmonter leurs peurs lorsqu'ils sont confrontés à des activités nouvelles, il est nécessaire de doper leur motivation à l'aide de récompenses de toutes sortes. Par exemple, l'apprentissage de l'environnement spatial se fait au moyen d'une approche corporelle qui facilite la compréhension des notions « dessus, dessous, devant, derrière, etc. ». Pour apprendre « dessous », je les fais passer dans un tunnel en plastique et certains d'entre eux sont pris d'angoisse à l'idée de ramper. Mais quand le tunnel s'appelle « le tunnel des chatouilles » et que je les papouille au passage, l'envie de ramper devient *irrésistible*.

Les chatouilles ne semblant pas spécialement adaptées pour des élèves plus grands, les enseignants auront intérêt à utiliser d'autres techniques de troc, en proposant des gains sensiblement plus intellectuels.

Ruse n° 19 : tes chansons m'intéressent

La technique de la réciprocité est également utilisée par Michael Viggiano, professeur de français en CFA. L'apprenti rétif aux textes scolaires finit par s'intéresser au cours à partir du moment où l'enseignant montre qu'il s'intéresse aux textes de chansons qu'il possède.

J'ai eu des soucis avec un apprenti qui ne fichait rien en français, qui me rendait des copies blanches pour les exercices.

– Tu sais quelle note je vais te mettre ?

– Oui, mais je m'en fous !

Il n'était pas agressif et il essayait même de me rassurer : « C'est pas grave, vous savez. Je ne vous embête pas, je reste tranquille. Laissez-moi de côté ».

J'avais repéré qu'il avait des textes de chansons et je lui ai proposé de travailler sur ces textes plutôt que sur ceux que je donnais aux autres. Je lui ai demandé de m'apporter trois chansons, pour que je choisisse moi-même. À partir de là, il a commencé à vaguement s'intéresser aux textes littéraires. Il essayait de négocier pour faire une chanson à la place, mais on arrivait généralement à s'entendre sur un compromis.

Le difficile processus d'alliance qui semble s'établir dans ce cas repose, outre sur la réciprocité, sur la parcelle de pouvoir de décision accordée à l'apprenti qui recadre la relation avec l'enseignant : la coopération n'apparaît plus comme le fruit d'une docilité déshonorante mais comme un acte volontaire.

Ruse n° 20 : un troc inavouable

Parfois, la ruse apparaît comme inavouable, tellement elle va à l'encontre du discours pédagogiquement correct. Ainsi, le témoignage qui suit restera anonyme pour éviter à son auteur d'avoir à gérer l'incompréhension bien-pensante de ses collègues (ils te regardent avec un air suspicieux, ce mot de « ruse » leur donnant l'air de curés à qui on parlerait du « complexe d'Œdipe »). Le troc proposé est ici : football contre présence à l'école.

Fond de tiroir de ma mémoire : 1982. Le Plan d'Aou à Marseille (quartiers Nord). École réputée difficile, fuie par les enseignants et par les élèves... Nous (pas moi, non, des gens dont j'ai oublié le nom !) instaurons plus ou moins explicitement un rythme scolaire aménagé selon lequel l'après-midi est presque exclusivement consacrée aux matchs de foot dans les deux cours de l'école (je me demande aujourd'hui ce que faisaient les filles qui ne jouaient pas au foot...), mais seuls ceux qui étaient présents le matin dans les classes pouvaient prétendre jouer... Résultat : en quelques semaines, le taux d'absentéisme chute, quelques enfants en retard allant jusqu'à faire le mur pour entrer dans l'école ! Cette ruse (qui n'était pas conçue comme telle au départ) a forcément ses limites, et n'est guère plus avouable qu'un bout de chocolat qu'on offrirait à des affamés à condition qu'ils nous récitent leurs tables de multiplication, non ?... Bien évidemment, je ne t'ai rien dit...

À chacun d'apprécier à sa façon la pertinence du troc : compromission inacceptable ou moyen habile d'attirer à l'école des enfants rebelles. Mais si on fait le premier choix, comment faire revenir à l'école des enfants qui ont choisi de ne plus y mettre les pieds ? Par la didactique qui les a fait fuir ? Bien entendu, le marchandage évoqué ici se conçoit par rapport à une situation très particulière de déscolarisation. Il n'aurait pas sa place dans un contexte de coopération volontaire, où l'apprentissage apparaît aux élèves comme un but désirable en soi. Il reste le problème des filles : le lecteur se fera un plaisir d'imaginer des solutions.

Ruse n° 21 : donner raison à l'erreur

Traditionnellement, lors de l'apprentissage de la lecture, l'enseignant cautionne ce qui est lu correctement et il signale les erreurs. Cette approche de bon sens se révèle parfois bloquante alors que le mensonge apparaît plus efficace. Donner raison à l'erreur, c'est aussi donner confiance. Ce troc implicite est analysé ici par Dominique Veyrier, professeur des écoles.

Anecdote 1 : Alain Bentolila lors d'une conférence (1995) fait une remarque étonnante : en situation d'évaluation lecture (un texte lu silencieusement, puis un entretien avec l'évaluateur concernant le contenu du texte), quel que soit son niveau de lecture, l'évalué parle de ce qu'il prétend avoir lu, même s'il n'a été capable de ne prélever que quelques mots (« pharmacie » et « cinéma » étant les mots les plus facilement identifiés dans le texte de l'expérience). Les meilleurs lecteurs rapportent précisément le contenu, en tenant compte des adjectifs, des verbes utilisés, etc. Puis, chez de moins bons lecteurs, il ne reste que les substantifs, le reste étant totalement imaginé, mais rapporté de façon tout aussi sérieuse. Enfin, les moins bons lecteurs ne se servent que des quelques mots identifiés et inventent un contenu sans aucun scrupule, comme si lire consistait avant tout à « donner du sens » à tout prix, la conformité de ce sens avec celui voulu par l'auteur étant secondaire.

Anecdote 2 : Chloé, petite fille de 3 ans en vacances dit qu'elle sait lire. Je prends un pot de yaourt et lui demande : « Que lis-tu ici ? » (Yoplait allégé nature, par exemple) et elle me répond très appliquée : « Un ya-ourt qu'on peut man-ger a-vec du sucre ».

Ces deux anecdotes m'interrogent sur ce que je nommerai en forçant un peu le trait la « permanence du mensonge » : l'homme semble immédiatement faire parler le monde (Chloé) qu'on lui présente. Mais il invente d'abord la totalité du discours (comme ces enfants qui baragouinent au téléphone avant de savoir parler, avant de pouvoir superposer le langage sur leur mélodie). Ensuite, l'enseignant semble là pour apporter une exigence supplémentaire, afin que le texte lu corresponde au texte écrit, mais cette exigence ne pouvant sans doute être atteinte que si l'élève conserve intact un pouvoir sur ce texte. Comme s'il s'agissait de repousser le sens premier (erroné mais propre à l'individu) sans le détruire. Ainsi, les substantifs seraient reconnus en premier à la condition que l'enfant garde un champ de liberté (ou de « mensonge ») constitué des verbes ou des adjectifs. Puis, les verbes et adjectifs prendraient leur place, à condition que l'élève puisse investir un autre champ de liberté face à ce texte (par la poésie, ou parce que son niveau de langage lui assure de pouvoir le commenter ou l'interpréter). Comme si « lire » n'était possible qu'avec la garantie de pouvoir continuer à « agir sur ».

Le sens objectif ne serait atteint qu'au terme d'un échange, d'un marché avec l'imaginaire, l'exigence du maître n'étant prise en compte par l'élève qu'à la condition d'un deal l'autorisant à exprimer son imaginaire. Ainsi, le comédien-génial révélant un texte sur scène (superposant « son » sens à celui du texte initial), ou le conférencier qui se permet de redéfinir chaque terme, de réinventer le sens de chaque mot utilisé dans son discours, ne sont-ils pas ceux qui ont repoussé le plus loin ce « mensonge » originel, mais en le conservant intact dans la poésie pour le premier, dans la rhétorique pour le second ?

Serait-il possible de dire qu'un individu n'ait accès à la connaissance (lecture du monde) que dans la mesure où on lui permet de conserver intacte sa liberté de « mentir », c'est-à-dire d'affirmer son identité face à ce monde, l'échec étant alors lié à la suppression de cette liberté. L'important n'est pas que le lecteur ou « l'apprenant » puisse inventer un mensonge, mais que le sens qu'on lui propose de trouver ne le mette pas en situation de se voir « effacé » derrière l'objet.

Le mensonge ainsi porté au rang de vertu pédagogique est un outil précieux. En effet, on ne peut guère convaincre autrui en lui disant qu'il a tort, cela heurte trop violemment ses certitudes et son désir d'avoir raison. Mais il va sans dire que le mensonge est un outil délicat à manier et sujet à dérives. Son utilisation se doit pour le moins d'être à la fois bienveillante et homéopathique.

Pour conclure

Dans certains cas, le désir de négocier n'exclut pas le rapport de force résultant des différences de points de vue et d'intérêts. Si bien que le troc suppose, de la part de l'enseignant, outre un minimum de sens tactique, une certaine fermeté sans laquelle il risquerait de se laisser manipuler. Il convient en effet de veiller à ce que le pouvoir accordé aux élèves soit au service de la motivation au travail, sans être détourné, pour encourager les résistances.

Mais la fermeté ne saurait éclipser l'ouverture, la souplesse et l'écoute sans lesquelles aucun accord ne saurait être trouvé. Transmettre à l'élève le sentiment que ses craintes et ses désirs sont compris est un premier pas pour surmonter les blocages dus à la barrière hiérarchique ou aux positions *a priori* antagonistes.

C'est sur ces bases que, par effet mimétique, le troc peut donner des résultats positifs. Encore faut-il que l'enseignant ait identifié un minimum de volonté d'aboutir de la part des élèves. Idéalement, l'arrangement permettra à chaque partenaire d'accorder beaucoup sur les points qui lui coûtent peu, et qui sont au contraire, fortement valorisés par l'autre.

L'échantillon gratuit

Le don peut aussi être accordé sans contrepartie. Sans contrepartie négociée du moins, comme c'était explicitement ou implicitement le cas dans les exemples précédents. L'échantillon gratuit est comme chacun sait, une technique de vente éprouvée, qui vise à faire tester pour faire acheter, et qui s'inscrit de ce fait dans un processus de don/contre-don. Les enseignants qui accordent de petites attentions gratuites, témoignent par là même d'un intérêt pour les bénéficiaires, d'une volonté de leur faire plaisir. Ceux qui offrent occasionnellement des bonbons, par exemple, sont toujours surpris de la vive satisfaction ressentie par les élèves. C'est que les bonbons offerts par le professeur n'ont pas simplement une valeur d'objet. Ils ont aussi et surtout une valeur symbolique qui atteste que l'enseignant porte encore en lui quelques vestiges du caractère sacré qui le caractérisait jadis : ce qu'il donne est précieux et est rarement reçu avec indifférence, surtout s'il s'agit d'un don gratuit qui se situe, de préférence, en dehors du contexte pédagogique ordinaire. En retour, on peut s'attendre à une amélioration de la relation qui débouchera (éventuellement, restons prudent !) sur une accentuation de la coopération.

Ruse n° 22 : le coloriage de l'alliance

C'est dans une optique combative que Valérie Chevallier, professeur de français en CFA, accorde un jour un don ironique à un apprenti récalcitrant. Mais ce dernier ne perçoit pas l'ironie (qui l'aurait sans doute braqué) et reçoit naïvement le don, ce qui l'amène à concéder un contre-don.

J'avais un apprenti qui ne fichait rien depuis le début de l'année. Il était plutôt perturbateur et je ne savais plus comment le gérer. Comme il passait une partie de son temps à dessiner, je lui ai dit un jour que j'allais lui apporter une image à colorier. Il avait 16 ans, je pensais le piquer pour le faire réagir. Mais il a pris ma proposition très au sérieux et il m'a même demandé si je pouvais lui trouver des personnages du dessin animé « South Park » qu'il regardait à la télévision. J'ai donc cherché chez moi sur Internet et j'ai trouvé deux des personnages qu'il m'avait indiqués. Je lui en ai fait cadeau et je pensais qu'il allait se mettre à dessiner. Mais pas du tout ! Il les a rangés précieusement dans son sac et il s'est mis à participer activement au cours. Je n'en revenais pas ! J'ai cru d'abord qu'il préparait une farce, qu'il allait très vite reprendre son rôle antérieur, mais il a continué à travailler, à poser des questions. Mon petit cadeau l'avait complètement transformé.

Comme on le voit dans cet exemple, il ne faut parfois pas grand-chose pour retourner une relation éducative difficile. Il suffit d'un tout petit geste, d'un déclic, pour que l'image de l'enseignant passe du négatif au positif et que la coopération devienne possible. Les choses ne sont pas toujours si faciles évidemment, encore faut-il tenter ce genre de tactique.

Ruse n° 23 : le joker

Michaël Viggiano, professeur de français-histoire-géographie en CFA, accorde comme récompense un droit au non-travail pour les élèves qui, soit en permanence, soit ponctuellement, fournissent un travail de qualité. Il active ainsi une rivalité mimétique entre apprentis qui produit non seulement de l'émulation, mais aussi, et paradoxalement, un désir de travail chez ceux qui en sont dispensés grâce au joker.

Quand un apprenti travaille de manière particulièrement positive, par exemple, lorsqu'il obtient une excellente note, il m'arrive de lui offrir en récompense, un joker, qui lui permettra de ne pas faire un contrôle de son choix dans l'année. C'est toujours accepté avec plaisir, et quand vient le jour de l'utilisation du joker, je l'autorise donc à ne rien faire. Étant élève, j'aurais moi-même adoré bénéficier de ce genre de privilège, j'aurais pu regarder les autres travailler avec l'accord du professeur, en étant un peu à égalité avec lui. Ç'aurait été un bonheur. Mais curieusement, mon apprenti se sent alors exclu du groupe et veut faire le contrôle quand même, en prenant toutefois le soin de négocier : « Si la note n'est pas bonne, elle ne compte pas M'sieur ? ». Je me fais un plaisir d'accepter la requête. Pour ne pas privilégier trop les meilleurs, je fais la même chose quand un apprenti d'ordinaire peu participatif, se met soudainement à travailler. Je lui donne son joker et du coup, il devient généralement plus actif en cours.

Cet encouragement au non-travail peut apparaître anti-pédagogique. En réalité, le caractère ludique et anticonformiste de la technique a pour effet d'inciter l'apprenti à la coopération afin, en particulier, de ne pas se sentir placé à l'écart du groupe.

Pour conclure

La technique de l'échantillon gratuit, comme d'ailleurs la plupart de celles qui s'appuient sur le don, n'est pleinement efficace qu'à la condition de se maintenir à un niveau de rareté qui lui donne du prix. Il convient en effet de préserver le caractère exceptionnel du don, d'une part pour en garantir la valeur (trop donner conduirait à instaurer une relation d'assistanat démobilisateur), d'autre part pour éviter l'écueil de la démagogie qui ferait passer les objectifs de convivialité relationnelle avant les objectifs pédagogiques qui restent bien évidemment premiers. Si le don permet, certes, de faire fructifier le capital de sympathie nécessaire à la coopération entre professeur et élèves, il n'en demeure pas moins un moyen (parmi d'autres) au service d'une fin éducative.

La sur-valorisation

La valorisation est une pratique nécessaire pour donner à l'enfant une bonne image de lui-même à travers ses productions. La récompense narcissique obtenue ou escomptée est alors un moteur pour la coopération et la poursuite des apprentissages.

La sur-valorisation, c'est-à-dire la valorisation exagérée, et donc mensongère, produit le même effet, à condition toutefois qu'elle soit crédible.

Cette sur-valorisation est indispensable pour les petits en maternelle quand ils ont réalisé un collier de nouilles ou qu'ils apprennent à lire : si l'adulte émet une évaluation insuffisamment positive, il risque fort de torpiller le désir de faire. En primaire ou dans le secondaire, ce genre de tactique peut également se révéler bénéfique avec des élèves en difficulté.

Ruse n° 24 : l'effet Pygmalion revisité

Pygmalion est ce sculpteur misogyne qui, dans l'antiquité, désespérant de trouver une femme vivante digne d'intérêt, s'était fabriqué pour un usage personnel une statue de femme parfaite. Comme de bien entendu, il en tombe amoureux et Vénus se fait un devoir d'accorder la vie à la statue de pierre afin que le sculpteur et son œuvre bénéficient d'une plus grande commodité, pour convoler en justes noces.

Deux psychologues américains, Rosenthal et Jakobson, reprennent curieusement ce mythe quelque peu scabreux appliqué à un contexte pédagogique. Ils n'en conservent cependant que l'aspect symbolique : de même que l'espoir de Pygmalion de voir s'animer sa statue lui donne en définitive la vie, de même les attentes positives et la confiance envers les capacités scolaires des élèves favorisent leur réussite. Pour vérifier cette hypothèse, les chercheurs informent (mensongèrement) les instituteurs d'une école de la banlieue défavorisée de San Francisco ,qu'une partie de leurs élèves sont surdoués et qu'ils devraient en toute logique obtenir d'excellents résultats. En réalité, les élèves en question sont choisis au hasard mais il apparaît par la suite que leurs résultats se révèlent effectivement supérieurs à la moyenne : c'est le regard positif des instituteurs sur ces enfants qui explique leur envie de se conformer à l'image qu'on se fait d'eux et consécutivement de réussir.

Michael Viggiano, cité précédemment, a expérimenté l'effet Pygmalion avec un apprenti en difficulté, alors même qu'il avait décidé d'adopter à son égard une attitude ironique. Il abandonne l'ironie, quand il constate l'effet étonnamment positif de la valorisation, et il met du même coup en application cette réflexion de Sacha Guitry : « L'un des mensonges les plus fructueux, les plus intéressants qui soient, et l'un des plus faciles en outre, est celui qui consiste à faire croire à quelqu'un qui vous ment qu'on le croit. »

Un apprenti en échec scolaire m'apporte un jour un dossier de géographie parfaitement réalisé, intelligemment construit et bien documenté. C'est un travail superbe et manifestement, il ne peut en être l'auteur, vu le travail bâclé qu'il fournit habituellement. Mais je fais comme si de rien n'était, je m'extasie sur la qualité de son dossier et je le félicite vivement. Les autres se mettent à protester en l'accusant de tricher. Je le défends fermement et je dis même qu'il va être mon assistant sur le thème traité, qu'un groupe va travailler avec lui. Du coup, il y a une émulation qui s'instaure, d'autres veulent prouver qu'ils peuvent faire aussi bien. Mais le plus curieux, c'est que l'apprenti en question cherche par la suite à se montrer à la hauteur de sa nouvelle image de garçon intéressé par la géographie. « Je n'aime pas trop l'histoire, me dit-il, mais la géographie, ça m'intéresse. » Il s'invente dès lors une curiosité intellectuelle qu'il n'avait jamais manifestée. Et cette curiosité va persister en seconde année de CAP.

La persistance du changement d'attitude de l'apprenti s'explique sans doute par le désir de faire fructifier le gain narcissique obtenu. Le principe de cohérence comportementale joue également un rôle ici : le regard des autres oblige le sujet à se mettre en cohérence avec sa nouvelle image.

L'évaluation est ainsi un outil puissant de valorisation ou de dévalorisation et à ce titre, elle conditionne la motivation au travail ou constitue un frein à l'apprentissage. Il est donc intéressant de se servir de l'évaluation positive, perçue par l'élève comme un signe d'approbation, qui a pour effet d'accroître sa confiance en ses capacités de réussite.

Ruse n° 25 : gonfler les notes

L'approche suivante est du même ordre, même si elle se présente de manière moins facétieuse : il s'agit d'une tactique de surévaluation des notes pratiquée par Laetitia Chacornac, professeur de français en CFA. L'objectif, pour les jeunes apprentis, est bien souvent de restaurer une confiance en soi que les mauvais résultats obtenus au collège ont complètement détériorée.

Une première ruse employée est celle de la « sur-valorisation ». En début de formation, j'ai l'habitude, pour des apprentis en difficulté ou qui tout simplement manquent de confiance en eux, de surélever les notes pour leur montrer qu'ils sont capables de réussir. Et cela fonctionne ! Par exemple, j'ai eu un apprenti qui refusait totalement de collaborer, et n'était pas du tout autonome. Il ne s'investissait pas, ne prenait pas d'initiative et se contentait de regarder l'heure passer ou alors faisait le chahut. Il travaillait uniquement lorsque j'étais à côté de lui. À sa première appréciation positive, il a d'abord été surpris : « Moi, j'ai eu Maîtrisé ? C'est la première fois que ça m'arrive ! »

Ce garçon est comme beaucoup d'apprentis en échec, qui prennent plus au sérieux leur scolarité après avoir reçu une bonne note ; ils entament alors une formation qui peut avoir quelques chances de rester sérieuse pendant deux ans.

On voit que l'enseignante reste prudente sur les effets bénéfiques de la surévaluation des notes. Le pari sera gagné si la restauration de la confiance accentue le désir d'obtenir, par un travail accru, des résultats positifs qui paraissent dorénavant accessibles.

Ruse n° 26 : les bilans truqués

Laetitia Chacornac persiste et signe en étendant la sur-valorisation aux bilans hebdomadaires, qu'elle inscrit dans le carnet de liaison de ses apprentis. Même si dans le cas présent, l'apprenti ne semble pas vraiment dupe, ses remerciements (qui sont un contre-don) peuvent laisser espérer de sa part une disposition d'esprit plus favorable à la coopération pédagogique.

Je veille à entretenir une bonne estime de soi chez les jeunes. Ainsi, je tiens à leur distribuer, à chaque fin de stage, une fiche qu'on appelle dans mon CFA « Fiche d'apprentissage », sur laquelle je rédige un bilan écrit sur leur travail et leur comportement, bilan qu'ils doivent faire valider par leur patron. Par exemple, « Bon travail, apprenti sérieux et motivé, des progrès ont été faits, continuez ainsi, etc. ». Il m'arrive même de mentionner « travail correct » alors que celui-ci est loin d'être acceptable en termes de technicité de la langue. Le jeune montre alors fièrement l'appréciation à son voisin et la lui fait lire en rajoutant pour moi : « Merci madame ». Je lui réponds : « Ne me dis pas merci, ce n'est pas moi qu'il faut remercier mais c'est toi qui te remercies toi-même. Ton travail est gratifiant pour toi, comme lorsque tu as fini un ouvrage sur le chantier et que le client ou le patron te félicite. » Et lui me dit : « Oui, mais merci quand même madame. ». Au fil des jours, les jeunes apprennent à « vivre » avec cette fiche et attachent beaucoup d'importance aux appréciations qui y sont faites. Je pense qu'elles sont une réelle source de motivation. Preuve que ça marche : à chaque fin de stage, une fois qu'ils sont habitués aux règles de ma classe, ce sont eux qui me la réclament.

Pour conclure

La sur-évaluation, qui a un incontestable effet motivant, doit néanmoins être utilisée de manière circonspecte pour éviter l'écueil de la démagogie qui, par effet boomerang, finirait par faire perdre toute valeur à l'appréciation de l'enseignant. Par ailleurs, ce serait rendre un bien mauvais service aux élèves de les bercer d'illusions sur leurs compétences, dans le contexte de compétions auxquelles ils sont soumis, en termes d'examens et d'orientation. La sur-évaluation, comme la plupart des ruses, ne peut avoir qu'un caractère ponctuel, au service d'un objectif spécifique.

La personnalisation de la relation

Sur un plan plus strictement symbolique, le don peut prendre la forme d'une reconnaissance de l'élève, par le biais de la personnalisation de la relation. Trop souvent, un peu comme ces médecins qui soignent la maladie sans se préoccuper du malade, les enseignants se focalisent exclusivement sur les objectifs et les contenus pédagogiques, en oubliant qu'avant d'être des apprenants, les élèves sont des personnes avides de reconnaissance. Il est clair que les enjeux identitaires jouent un rôle majeur dans les processus d'apprentissage et vont fortement déterminer la position de chacun, soit dans le sens de la coopération, soit dans le sens de la résistance. Ainsi, c'est parce qu'ils estiment qu'il n'y a rien à gagner en termes de reconnaissance identitaire que beaucoup préfèrent se réfugier dans l'anonymat protecteur du groupe et dans l'apathie.

Il semble donc important de savoir briser occasionnellement la carapace des statuts qui enferment les individus dans des rôles institutionnels figés. Il suffit parfois de peu de chose pour parvenir à « retourner » un élève qui s'est construit en classe une image de rebelle ou de fantaisiste. Mais il est nécessaire pour cela de chercher des occasions pour nouer le contact.

Ruse n° 27 : l'humour de connivence

Dans la plupart des traités de pédagogie, l'humour n'occupe pas une place très éminente. Instruire les générations nouvelles est une activité qui ne prête pas à la plaisanterie, si bien que l'austérité et l'esprit de sérieux semblent être les vertus premières de ceux qui savent et sont chargés de former la jeunesse qui ne sait pas. Sans doute l'humour apparaît-il à certains comme une déviation inutile, synonyme de perte de temps. Pourtant, l'humour a la propriété de favoriser dans la classe un climat de travail agréable en contribuant à créer une complicité intellectuelle, sous forme, par exemple, de pause ludique venant rompre le cours des activités « utiles ». Quand il surgit à l'improviste, il allume les regards, il réveille l'esprit de ceux qui se laissaient passivement bercer par le ronronnement didactique. Rapporter, par exemple, cette remarque de Woody Allen dans un cours de biologie, ne peut pas manquer de sortir le groupe de sa torpeur : « *il n'existe sur la planète que deux espèces fidèles : les catholiques et les pigeons* ».

L'humour est attractif non seulement parce qu'il instaure une ambiance ludique, mais aussi parce qu'il propose un changement perceptif, qui surprend et excite l'esprit. Il met les choses à distance, propose un recadrage inattendu qui révèle une nouvelle approche des choses, comme dans ce témoignage de Danielle Le Sevillon, formatrice VSP (Vie Sociale et Professionnelle) dans le dispositif ETAPS (Espaces Territoriaux d'Accès aux Premiers Savoirs).

> Le problème du portable en classe est devenu difficilement gérable. Aussi, pour obtenir d'un public de jeunes en échec sévère d'éteindre le portable avant le cours, j'ai renoncé à l'injonction directe qui est tellement habituelle qu'elle en devient inefficace. Je préfère intervenir sur un mode plus surprenant : « Surtout, je rappelle à tous de ne pas oublier de le rallumer pour la pause qui suivra. Je compte sur vous ».

Parce qu'elle est décalée, cette injonction sur un thème ultrasensible a la propriété d'amener tout le monde à obtempérer sans protester.

Le regard décalé change la relation pédagogique. C'est en effet un moyen de modifier positivement la perception que l'élève se fait de l'enseignant, en diminuant la distance psychologique qui semble les séparer. Il renforce donc le lien en établissant une certaine connivence, comme l'écrit P. Boumard : « Dans la connivence, on exhibe et théâtralise face à l'extérieur, mais surtout, on se signale réciproquement qu'on n'est pas dupe. Et c'est évidemment l'humour qui est le support principal de la connivence en tant que jeu du sujet avec l'institution. C'est par la connivence et non dans je ne sais quelle didactique ou technique d'enseignement, qu'on pourra espérer retrouver un lien de communication avec ces groupes d'élèves anti-école, qui sont aujourd'hui le casse-tête tragique de l'institution éducative. » [2]

2. P. Boumard, Éducation à la démocratie, in H. Lethierry, *Savoir(s) en rire, l'humour maître*, De Boeck, 1996.

Certaines formes d'humour nécessitent toutefois quelques précautions d'emploi. Il est, en particulier, impératif de fixer des limites étroites à l'emploi de l'ironie et de la moquerie qui peuvent blesser profondément les jeunes visés et se révéler dévastatrices pour le climat de la classe, quand elles sont employées sans ménagement. Ces formes particulières d'humour ont des effets inverses des précédentes, elles constituent des armes de pouvoir qui marquent, non pas la connivence, mais la distance et la domination.

Ruse n° 28 : la visite de courtoisie

L'espace clos de la classe et les effets de routine figent les rôles de chacun et quand une relation est mauvaise avec un élève, il est très difficile de changer la donne en cherchant simplement à instaurer un dialogue positif qui a, au demeurant, de fortes chances d'être refusé. Modifier le contexte de la relation est alors une bonne tactique pour créer du lien à partir de nouvelles règles d'échange. C'est ce que tente Nicole Rieux, professeur de mathématiques en CFA.

Il m'arrive d'aller en atelier pour voir le travail des apprentis et pour apporter ma contribution de professeur de mathématiques à la formation pratique. J'assiste au cours, je prends des notes et j'interviens ponctuellement pour aider à calculer la surface d'un trapèze ou évaluer un volume. J'apprends de mon côté ce qu'est le béton allégé ou la technique du ferraillage. J'ai participé une fois à un cours de maçonnerie sur le calcul des cotes de niveau. Je n'avais pas suivi les premières explications techniques et je n'y comprenais rien. J'ai regardé dans le viseur de l'appareil mais je ne saisissais pas bien les consignes. Je ne savais pas où il fallait précisément regarder, j'étais plutôt perdue. Dans ces cas-là, les apprentis se font un plaisir de m'expliquer. Ils sont généralement tous autour de moi et c'est à qui me fera un croquis explicatif ou me donnera l'information la plus claire. Ils sont ravis quand, grâce à eux, je parviens à comprendre. Ça les valorise et après une ou deux séquences de cet ordre, les relations entre nous deviennent beaucoup plus faciles. Ils sont également plus réceptifs pour les maths.

La visite à l'atelier est rendue plus efficace encore grâce au rôle de « maître ignorant » qu'endosse l'enseignante. L'échange des savoirs et des compétences, instaure un climat de réciprocité qui peut effectivement avoir un impact positif sur le cours de mathématiques.

Ruse n° 29 : donner des signes d'encouragement pendant l'interrogation écrite

L'interrogation écrite est la plupart du temps un moment où l'enseignant ne rigole pas. Pas question de laisser les élèves tricher, se parler ou même adopter une attitude trop désinvolte quand on est un professeur responsable. L'interrogation, c'est sérieux. Le regard sévère de l'enseignant l'atteste. Mais se dispenser de l'air soupçonneux du surveillant pour adopter une attitude complice, donne des résultats surprenants, comme l'explique Nasser Benchiha, professeur de technologie en CFA.

Deux mois après la rentrée de septembre, j'accueille dans ma classe (à Toulon) un Parisien qui de toute évidence n'est pas content de se trouver là. Il s'est installé au fond de la classe, bougonne en permanence, me lance des regards noirs et ne produit qu'un travail bâclé. Au cours d'un contrôle, le Parisien travaille à peine, se laisse distraire pour un rien et promène son regard dans la salle pour bien montrer qu'il n'est pas concerné. Croisant le regard de l'élève, je lui fais machinalement un petit sourire de connivence, accompagné d'un signe d'encouragement de la main. L'élève se remet à écrire. Puis, à chaque fois qu'il lève la tête, quand il rencontre mon regard, je continue à lui adresser des signes de soutien. J'ai eu la surprise de voir cet élève changer progressivement d'attitude. Il est devenu plus sérieux, s'est installé au premier rang et a cherché à sympathiser avec moi. Du coup, je passe mon temps, pendant les contrôles, à adresser à tous ceux qui lèvent la tête, des signes d'encouragement. Comme ils lèvent rarement la tête en même temps, ils ont tous l'impression que je les distingue particulièrement et ça donne des résultats très positifs.

Cette technique de soutien est très efficace. Un autre enseignant affirme : « J'ai pu expérimenter la technique consistant à encourager individuellement lors d'une évaluation : c'est prodigieux ! L'apprenti est venu m'exposer les problèmes rencontrés pendant l'interrogation alors que d'habitude, il ne fait pas grand-chose. Mieux encore, il ne parlait pas... »

On pourrait considérer qu'il s'agit là d'une attitude peu éthique. Mais il faut aussi considérer qu'une certaine hypocrisie est présente chaque fois que l'enseignant fait bonne figure face à l'agressivité et au dédain, afin d'éviter l'escalade de l'affrontement ou la sanction. Quand il réussit ainsi à sceller une alliance dans le but de faire coopérer un élève récalcitrant, on peut admettre que l'hypocrisie bienveillante est un outil utile.

Ruse n° 30 : la reconnaissance des compétences extrascolaires

Une autre manière de changer une relation difficile avec un élève est de chercher à trouver un terrain d'entente en dehors de la stricte relation pédagogique. Reconnaître des compétences non scolaires est une tactique payante pour Dominique Bascià, professeur de français en CFA.

> J'ai eu un apprenti qui passait son temps à dessiner toutes sortes de choses pendant le cours. Ça me tapait sur les nerfs parce que visiblement, il me signifiait que le cours n'avait aucun intérêt pour lui et que, quoi qu'on fasse, il était beaucoup plus agréable de dessiner. On s'était accrochés déjà à plusieurs reprises à ce sujet et mes remarques acides ne donnaient aucun résultat. Un jour, je vois sur sa table le dessin parfaitement réaliste d'un horrible molosse dégoulinant de bave. Je demande au jeune si c'est lui qui a dessiné ce chien, il me répond que oui, d'un air de défi. J'ai alors l'idée de lui demander de pouvoir photocopier son dessin. Il accepte, je le reproduis en A3 et je l'affiche derrière mon bureau. Il n'en revenait pas. Les autres m'ont demandé des photocopies, tellement ils trouvaient saisissante l'image de ce chien. Depuis ce jour, il a cessé de dessiner en classe et s'est mis à suivre normalement le cours.

Si la reconnaissance est ici un outil d'influence plus puissant que l'admonestation, c'est qu'elle exerce une pression plus forte : l'apprenti se sent contraint à la réciprocité. Agréablement contraint, pourrait-on dire, par l'obligation de rendre la reconnaissance offerte.

Pour conclure

Ces exemples de personnalisation témoignent de l'importance que les élèves, même les plus rebelles, accordent au regard de l'enseignant. Leur donner de l'attention et de la sympathie, chaque fois qu'une opportunité se présente, est d'abord une attitude humaniste. C'est aussi une ruse qui peut s'avérer très positive. En effet, les élèves qui se sont spécialisés dans la résistance ou le conflit, se sont tellement persuadés de la malveillance fondamentale de l'enseignant, qu'ils sont très souvent surpris et désarçonnés quand ils rencontrent sa bienveillance dans les moments potentiellement conflictuels. Ils se sentent alors dans l'obligation de reconsidérer leur position initiale. En outre, la cordialité inconditionnelle est une ruse peu coûteuse car si elle n'est pas payée de retour, elle n'aura pas nécessité une dépense énorme d'énergie, si ce n'est celle, relativement importante il est vrai, qui consiste à faire bonne figure à une personne qui se montre renfrognée ou hostile.

Conclusion

Les ruses de réciprocité décrites dans ce chapitre ont pour vocation, outre de faire éprouver des satisfactions aux élèves, de mettre en place un climat de sympathie et de confiance propice au travail. Le but recherché est de les placer en situation de ressentir le désir de répondre aux sollicitations pédagogiques. Certains dons accordés par l'enseignant impliquent une négociation et sont conditionnés à l'obtention d'une réciprocité immédiate. D'autres comme l'écoute ou l'échantillon gratuit sont des paris. Ils sont inconditionnels et misent sur l'obligation morale de réciprocité qu'on suppose active chez l'élève. L'habileté de l'enseignant va consister à savoir s'il convient d'exiger une contrepartie ou s'il est préférable de laisser agir seule l'obligation morale de réciprocité.

Cependant il est nécessaire de procéder régulièrement à l'évaluation de ces techniques pour observer si la réciprocité fonctionne. Il y a en effet un risque à mettre en place un système de dons sans contreparties qui présenterait tous les travers de l'assistanat. L'élève peut en effet considérer que les dons de l'enseignant lui reviennent de droit « puisqu'il est payé pour ça ». En conséquence, le don ne saurait être un outil systématique. Il ne relèverait plus de la ruse mais révélerait alors une faiblesse tactique très préjudiciable. La rareté d'utilisation reste ainsi une condition fondamentale d'efficacité de la ruse.

Un autre travers du don mérite d'être rappelé : la tentation d'utiliser le don dans le but exclusif de se faire aimer. Être apprécié, est certes à la fois agréable psychologiquement et nécessaire pour nouer la relation, mais ce n'est pas un but en soi. Le don reste un outil d'amorçage pédagogique et pas une technique de copinage. Il ne signifie pas un reniement de la rigueur didactique ou un abandon des exigences relatives au travail des élèves.

4
La stimulation par l'obstacle

Pour éviter que le don tourne à l'assistanat et devienne par là même inefficace ou nuisible, il convient de faire en sorte qu'il soit relayé par d'autres stratégies. Parmi celles-ci, l'obstacle occupe une place importante pour stimuler le désir. Dans la vie sociale, ce qu'on acquiert trop facilement perd généralement une partie de sa valeur et devient vite impropre à éveiller l'intérêt. À l'inverse, ce qui est rare, exceptionnel ou difficile à acquérir, provoque le désir et la curiosité. C'est ce qu'exprime René Girard quand il écrit que « toute valeur d'objet croît en proportion de la résistance que rencontre son acquisition ». L'obstacle s'avère ainsi capable d'exercer une attraction magnétique. Cette propriété de *focaliser l'attention* du sujet peut occasionnellement en faire un instrument de ruse (comme on l'a vu dans le premier chapitre).

Dans la société, les obstacles attractifs sont de toutes natures: matériels, financiers, psychologiques, relationnels... Ils peuvent également être temporels: les occasions rares sont en effet attractives et c'est parce qu'il est exceptionnel que l'objet rare présente davantage de valeur qu'un objet facilement disponible. Il arrive aussi que l'obstacle soit fascinant quand il est moral, qu'il remet en cause certains interdits. À ce propos, Robert Cialdini[1] évoque « l'effet Roméo et Juliette ». Il émet l'hypothèse que les deux jeunes gens n'auraient sans doute pas été aussi passionnément amoureux si leur relation n'avait été interdite du fait des querelles entre les familles.

1 R. Cialdini, *op. cit.*

En situation pédagogique, la résistance de l'objet sera principalement de nature intellectuelle. C'est ce que suggère Philippe Meirieu quand il propose d'opérer une « gestion pédagogique du désir » qui consiste à présenter le savoir comme quelque chose qui suscite l'envie d'être conquis. Dans cette optique, la tâche ne doit pas être trop facile, sous peine de démobiliser l'élève: les tâches répétitives et mécaniques qui n'exigent aucune mobilisation intellectuelle lassent très vite parce qu'elles ne présentent aucun enjeu digne d'intérêt ou sont considérées comme infantiles. Mais la tâche ne doit pas non plus être hors de portée, pour que le travail et l'effort puissent se révéler payants et soient couronnés par la réussite. Pour stimuler le désir, la tâche doit donc se situer dans une « zone proximale » d'apprentissage : ni trop facile, ni trop difficile. C'est dire que les stratégies rusées concernant le choix de l'obstacle supposent des mises en scène de l'action adroitement réglées.

Dans cette perspective, l'obstacle pressenti comme franchissable exerce une attraction, et donc un *désir d'engagement*, parce qu'il propose un double défi : d'abord un défi intellectuel, concernant la tâche à accomplir, mais également un défi relationnel quand la recherche individuelle d'une solution à un problème s'effectue en concurrence avec les autres. Si bien que le plaisir de trouver et de comprendre est accentué par le plaisir de briller.

Il reste, et ce n'est pas anodin, qu'il faut présenter un enjeu suffisamment puissant pour motiver l'action. L'obstacle seul, même bien calibré ou exceptionnel, ne saurait suffire : les exercices d'applications qui font suite à un cours représentent bien des obstacles à franchir, ils ne sont pas pour autant forcément réjouissants. Et sans enjeu amoureux, l'obstacle familial n'exercerait par lui-même aucune attraction sur Roméo et Juliette. L'obstacle doit donc être mis en étroite corrélation avec un but à atteindre. Pour l'enfant, l'objectif majeur est sans doute le désir d'apprendre et de connaître, présent chez tout être, mais parfois tellement bien caché qu'il faut aller le débusquer derrière les barrières du refus et de la résistance des sujets les moins coopératifs. L'enjeu narcissique est également un bon déclencheur de l'action, qu'il s'agisse de l'envie de briller en se mesurant aux autres ou du besoin, particulièrement répandu dans l'espèce humaine, *d'avoir raison*. Enfin, le simple plaisir du jeu et l'émulation groupale sont, sinon des enjeux, du moins de puissants moteurs pour s'impliquer dans l'action.

C'est l'adéquation entre un obstacle et un but désirable qui sera l'objet de calculs tactiques et de ruses. Les obstacles utilisables sont de natures variées. Il peut s'agir de rétention d'informations ou de déchiffrage de codes, comme c'est le cas lorsque l'on propose un apprentissage sous forme d'énigme. On peut aussi mettre en place un renforcement ludique des difficultés qui donne à la performance visée un caractère plus attractif. D'autres obstacles consistent à imaginer des embûches qu'il faudra déjouer pour sortir d'une impasse. Il est enfin possible de jouer avec les obstacles en levant certains d'entre eux afin d'ouvrir dans le conformisme scolaire une brèche dans laquelle les élèves adorent s'engouffrer et qui sera d'autant plus prisée qu'elle sera rare.

L'énigme

La pédagogie de l'énigme mérite d'être interrogée. Mettre l'élève en situation de recherche est en effet une technique de motivation particulièrement efficace. Cela suppose, pour l'enseignant, de ne pas trop en dire en restreignant l'information, de s'interdire de donner la réponse, même si elle est demandée, afin de laisser l'enfant surmonter seul la difficulté pour gagner avec ses propres forces, le plaisir de la découverte. On rejoint là une préoccupation de Rousseau concernant les bienfaits de l'apprentissage par l'expérience et la nécessité de s'appliquer à perdre du temps pour laisser l'enfant surmonter seul les obstacles. On n'obtient pas une mobilisation intellectuelle de qualité lorsque l'on fournit un savoir présenté comme total et définitif sur lequel on ne peut exercer sa sagacité, et l'absence de « goût de l'effort », traduit bien souvent l'incapacité de l'enseignant à éveiller le désir pour la recherche.

Non seulement, il paraît nécessaire de ne pas apporter la réponse, mais il semble même intéressant de laisser l'enfant cheminer vers des impasses, afin qu'il s'interroge lui-même sur ses erreurs et se livre à une enquête qui le conduira à modifier ses représentations et à infléchir sa réflexion. Le rôle de l'enseignant consiste alors à prévoir des obstacles, à déstabiliser plus ou moins légèrement le savoir de l'élève afin qu'il ait envie de surmonter les difficultés rencontrées en sachant mobiliser ses capacités d'inventivité et d'astuce. L'enseignant a complémentairement à proposer des indices, des informations partielles pour faciliter la progression.

C'est donc la difficulté qui est motivante et non la facilité. Difficulté contrôlée, progressive, et bien entendu surmontable, qui donne de l'intérêt au travail, comme par ailleurs au jeu ou à l'activité sportive. Car l'attraction du jeu est souvent en relation directe avec la difficulté à surmonter : ce sont les règles qui limitent la liberté d'action et la rendent plus complexe (l'interdiction d'utiliser les mains au foot, par exemple) qui participent à l'attrait du sport.

Ruse n° 31 : « Œdipe, le truc avec la mère »

Il est tentant de commencer à traiter la question de l'énigme avec Œdipe. Sandrine Ancelot, professeur de français en CFA, a élaboré une stratégie de travail visant à éveiller la curiosité des apprentis.

En français, j'aborde certains textes sous forme d'énigme. De préférence, des textes mythologiques très connus dont les apprentis peuvent avoir vaguement entendu parler. Je leur donne trois ou quatre extraits, en leur demandant de faire un résumé de l'histoire et j'ajoute progressivement des indices ou des explications partielles pour les aiguiller. Par exemple, pour Œdipe, le jeu consiste à retrouver les liens entre les personnages et le déroulement global de l'intrigue. Je leur dis qu'il y a un problème familial pas net dans l'histoire et il y en a toujours qui parviennent à faire le lien entre les extraits de textes et leurs connaissances : « Ah oui, c'est le truc avec la mère ! » ou encore : « C'est une histoire de mythe ». Le fait qu'ils connaissent quelques bribes de l'histoire les intrigue : ils pensent connaître, ils pensent que la réponse n'est pas très loin, à portée. Ça les incite à se piquer au jeu.

Transposée sur le plan pédagogique, on retrouve ici la technique de l'amorçage, évoquée au chapitre 1, et dont la réussite conditionne l'engagement des apprentis dans une recherche intellectuelle.

Ruse n° 32 : chercher l'erreur

L'énigme orthographique est franchement rébarbative pour les élèves qui ne sont jamais parvenu à un semblant de maîtrise dans ce domaine. Le calibrage de l'obstacle imaginé par Dominique Bascià, professeur de français en CFA, est particulièrement nécessaire pour soutenir la motivation.

L'apprentissage de l'orthographe est une tâche redoutable en CFA : le niveau est catastrophique et le passé scolaire des apprentis a produit une démotivation totale dans ce domaine. La seule approche pédagogique qui me semble possible passe par le jeu. C'est pourquoi, j'organise souvent la séance sous forme d'énigme. Je distribue un texte d'une page dans lequel il y a vingt fautes d'usage ou d'accord et je donne des indices. Par exemple, j'indique d'abord au rétroprojecteur dans quelles phrases se trouvent les fautes. Ils les cherchent, les trouvent ou pas, et me demandent de confirmer. Ils gagnent un point par faute trouvée. Ensuite, toujours au rétroprojecteur, je souligne les fautes et ils recommencent à chercher. Enfin, je distribue une fiche sommaire sur les règles d'accord en indiquant quels mots sont concernés. Les apprentis se prêtent bien au jeu et très souvent, ceux qui sont le plus en difficulté sont très fiers de pouvoir écrire en recopiant un texte sans fautes.

L'obstacle ne devient ici attractif que parce que l'objectif de réussite est à portée de main. Les interventions de l'enseignante sont étudiées pour apporter un soutien progressif, en termes d'indices de plus en plus précis, afin de ne laisser personne en situation d'échec. La dimension compétitive de l'exercice rajoute une autre dimension à l'idée d'obstacle, puisque l'obstacle, ce sont aussi les autres.

Ruses n° 33 : les énigmes mathématiques

Le succès actuel du sudoku montre que le casse-tête mathématique exerce une attraction intellectuelle chez de nombreuses personnes. En classe, Dominique Veyrier, professeur des écoles, utilise des énigmes pour l'entraînement à la concentration.

En mathématiques, j'utilise fréquemment une énigme en CE2 : une tour sur un échiquier carré (8 cases de côté) doit partir de la case A 1 puis parcourir toutes les cases **sauf une**, au choix ou imposée (en A 8, par exemple) sans jamais passer deux fois sur la même case (elle ne peut pas « couper son chemin » m'a dit un élève) pour terminer en H 8.

A1							A8
							H8

Cette énigme est évidemment réservée à des « petits ». Je la trouve sympathique car les élèves ont une représentation spatiale de la difficulté à surmonter... Ça a l'air très très facile, alors les élèves se jettent dessus. Puis, ça l'est moins quand on n'y arrive pas du premier coup, mais on aperçoit toujours la solution à portée de la main alors on continue... Il me semble que le problème en mathématiques (collège surtout, lycée aussi) reste souvent celui-là : je dois démontrer quelque chose (une porte de sortie) mais je ne connais pas le chemin labyrinthique pour y parvenir. Combien d'étapes intermédiaires ? Quand apercevrai-je la solution ? Souvent, cette solution paraît hors de portée alors les élèves « relèvent la tête » (ce qui n'est pas si mal comme réaction) ou la baissent trop pour regarder leurs pieds en attendant la sonnerie qui sauve. Lorsque la difficulté est bien calibrée ou lorsqu'ils se sont pris au jeu du « je ne sais pas mais je sais déjà que je vais trouver », alors ils baissent la tête, mais avec cette attitude si particulière des sourcils froncés et de la main libre qui tapote le cahier ou frotte le front.

L'idée qu'il suffit de peu de chose pour trouver, et que « la solution est à portée de la main », excite la curiosité et rend l'exercice attractif. C'est sans doute le goût pour la recherche du sens, à la fois caché et proche, qui active la tension intellectuelle, que les élèves éprouvent dans ces cas-là.

Ruse n° 34 : les consignes en vrac

La lecture inattentive des consignes est bien souvent source d'erreurs. Les élèves ne comprennent pas ce qu'on leur demande parce qu'ils lisent n'importe comment, sautent des mots, ne s'interrogent pas sur la logique de la question. La technique des consignes en vrac, imaginée par Béatrice Vaille-Cullière, professeur de français en CFA, est intéressante parce qu'elle oblige à une lecture attentive et surtout, puisqu'il y a nécessairement un travail de décodage, elle recèle un sens énigmatique qui déclenche la curiosité. C'est une bonne accroche pour mettre les élèves au travail. Par exemple, en français :

« VUOS EETS MDAALE. ARPSE DE NMOEBURX ENEAXMS, LE MIEDCEN VUOS AONCNNE QUE VUOS EETS ANITTET D'UNE CISHRROE DU FIOE. PUOR GIREUR, UNE SLEUE STOLOIUN : LE CLOANGE. VUOS EETS RECNETIT A CTETE MHEOTDE. LE DECUTOR TNETE DE VUOS PRSEUADR.

RHECREHCEZ TUEOTS LES IEDES QU'IL VA ULSTIEIR PUOR VUOS COVRINACNE, ET TUTEOS CLELES QUE VUOS AELLZ LUI ENOCNER PUOR NE PAS ACETCPER. »

Quand on utilise cette consigne pour la première fois (en l'occurrence la dernière semaine de l'année), elle suscite dans le groupe des questionnements tels que :

« Il manque pas des mots ? »

« C'est écrit en quoi ? »

« Il faut remettre dans l'ordre ? »

« C'est pour savoir écrire ? »

« Pourquoi vous avez écrit bizarre ? C'est fait exprès ? »

« Même en écrivant façon SMS, c'est plus compréhensible ».

Un seul a dit : « Je comprends rien, c'est quoi cette connerie ? »

Mais après la première surprise, l'effet est immédiat, ils se mettent tout de suite au travail de décodage et sont davantage concentrés (même en fin d'année scolaire).

Après un bilan collectif, ils ont réalisé qu'ils ne savaient pas comment fonctionnait le clonage. Un apprenti a dit : « Si on savait ça, on ne serait pas au CFA ».

Super ! Je vais pouvoir travailler sur la valorisation car en septembre, ils vont normalement écrire un texte explicatif sur le clonage. Certains ont émis le désir de m'apporter des informations personnelles et j'ai généralisé la consigne au groupe : ils vont pendant les vacances, rechercher des infos sur le thème.

L'effet de surprise lié à l'incompréhension première est apparemment de courte durée car il est très facile de déchiffrer instantanément certains mots (si l'on prend soin de laisser en place la première et la dernière lettre). Il est curieux de constater que ce premier décodage sert de levier, non seulement pour s'attaquer aux mots plus difficiles et donc à l'ensemble de la consigne, mais aussi pour s'intéresser au thème de travail proposé par l'enseignante. Il se produit une sorte d'effet de halo qui embrasse, à partir de la forme, la question de fond.

Concernant la consigne, on peut imaginer d'autres astuces qui obligent l'élève à se montrer attentif : utiliser une phrase dans le désordre, placer un mot intrus, écrire un texte à trous... Autrement dit, quand la consigne est savamment imparfaite, elle alerte l'attention alors que lorsqu'elle est limpide, elle ne met pas l'intelligence en éveil.

Pour conclure

À chaque fois, le bon calibrage de l'obstacle est essentiel pour déclencher la curiosité. Mais le calibrage de l'aide, ni trop chiche ni trop envahissante, dispensée par l'enseignant, est également important pour stimuler le désir. Il est bien sûr, impératif d'éviter de donner la réponse ou de vouloir faire à la place de l'élève, sous le prétexte qu'il faut aller vite et avoir le temps de boucler le cours. Même si l'intention est de faire réussir, l'offre excessive d'aide ou de conseils empêche la recherche individuelle et contribue à maintenir un rapport de sujétion sous-tendu par l'inégale maîtrise du savoir. Certes, il est nécessaire d'apporter de l'aide à l'enfant qui ne parvient pas à faire seul. Une aide individualisée, en fonction des difficultés rencontrées, mais une aide toujours limitée à l'indispensable, et qui ne saurait aplanir totalement l'obstacle. Il convient aussi de veiller à ne pas céder à la demande excessive ou systématique d'aide qui vise en réalité un évitement de l'effort ou une volonté d'obtenir un résultat immédiat en court-circuitant le temps de la réflexion.

La contrainte motivante

En dehors de l'énigme, la contrainte est habituellement perçue comme pénible et génératrice de stress. Mais elle peut aussi produire l'effet inverse quand elle est utilisée dans un contexte ludique ou qu'elle offre la possibilité de faciliter une production. Les contraintes liées à la réalisation d'une tâche peuvent en effet constituer une forme de défi, qu'il s'agisse dans les exemples qui suivent de la contrainte du temps ou des difficultés occasionnées par une production écrite. Dans ces exemples, il apparaît que c'est le renforcement inhabituel de l'obstacle qui rend la tâche plus attractive parce que le défi a pris du même coup une ampleur plus considérable.

Ruse n° 35 : l'œuf magique

Angélique Thomas est professeur de français, histoire-géographie en CFA. Elle a par hasard résolu les difficultés d'organisation du travail en temps, limité à l'aide d'un minuteur de cuisine.

J'avais cassé ma montre et j'avais des soucis pour contrôler le temps de travail des apprentis pendant les exercices. J'avais donc amené en classe un minuteur en forme d'œuf que j'utilise pour la cuisine et je m'en étais servi en le faisant sonner pour stopper le travail après le temps imparti. Habituellement, les exercices en temps limité provoquent des demandes de prolongation qui n'en finissent plus : « Je termine juste ma phrase... Encore une minute M'dame... ». La contrainte du temps est alors ressentie comme une brimade et en réalité, ils traînent et ne cherchent pas à presser le mouvement. Avec l'œuf qui sonne, ça devient un jeu : on ne contredit pas un œuf ! Si bien qu'à chaque fois que je le sors (avec ce qu'il faut de mise en scène ludique), ils sont contents, ils se dépêchent de terminer dans les temps, le tic-tac de l'œuf les stresse joyeusement et il y a entre eux une émulation constructive.

Le renforcement de la contrainte est assez étonnant dans cet exemple. On peut supposer que le détournement inattendu de l'objet a pour effet un détournement de l'attention des apprentis : la norme habituelle de freinage semble oubliée et l'œuf-minuteur change le regard sur le travail contraignant qui se transforme en un jeu.

Ruse n° 36 : la disparition

Écrire est considéré par beaucoup d'élèves comme une obligation scolaire particulièrement douloureuse et rebutante, sans doute parce qu'il s'agit d'un travail devenu trop habituel et mécanique, qui oblige à affronter toujours les mêmes difficultés pour un résultat peu valorisant. Pour éviter d'avoir à affronter les mines déconfites et les soupirs dépités, l'enseignant a intérêt à puiser dans son sac à malices, comme le fait Dominique Veyrier, professeur des écoles.

En français, j'aime particulièrement la transformation de texte en supprimant une lettre (le o ou le m, parfois le r, mais je ne choisis pas le e!) à la façon de « La disparition » de Georges Perec dont je leur lis une page en fin de séance. Je les fais travailler à deux pour éviter justement qu'un élève refuse l'obstacle s'il le trouve *a priori* trop haut pour lui. J'introduis la séquence, en général, avec une histoire à dormir debout sur mon métier de remplaçant « qui m'oblige (les temps sont durs) à travailler aussi pour le vieux directeur d'un quotidien, en lui fournissant des récits que je me contente de recopier dans les livres de lecture de mes élèves, vu que ce vieux directeur de journal se fout complètement de leur provenance pourvu qu'elles soient tapées à la machine, sur la vieille machine de 1938 qu'il m'a confiée pour cela... Or ce matin, j'ai constaté qu'une lettre ne marchait plus... ». Ce scénario me permet souvent de masquer un moment (le temps qu'ils se prennent au jeu) la matière « français », comme les énigmes mathématiques masquent la matière « mathématique » qui les rebute parfois.

C'est paradoxalement le renforcement de la contrainte d'écriture qui rend l'exercice attractif. Ici encore, le détournement de l'attention change le regard porté sur l'activité. Il suffit d'une consigne bizarre pour faire oublier la difficulté habituelle de l'écrit et transformer un travail considéré comme ennuyeux en jeu intellectuel qui sollicite des capacités d'astuce et d'invention.

Ruse n° 37 : la passion du sonnet

Une autre forme de renforcement de la contrainte peut être expérimentée en poésie. Orchestré par Séverine Chagnon, professeur de français en CFA, le travail sur la forme complexe du sonnet devient alors étonnamment stimulant pour peu que l'enjeu soit attrayant : l'affichage des productions en l'occurrence. L'affichage suppose de soigner l'esthétique, cela demande un effort supplémentaire qui valorise le travail d'écriture d'ordinaire peu apprécié, soit parce qu'il est perçu comme trop routinier, soit aussi parce qu'il n'a pas d'autre destinataire que l'enseignant.

La poésie accroche difficilement les apprentis en CAP. Ça râle ! On aborde la forme libre avec la chanson et la forme fixe. Je leur parle rapidement de Ronsard parce que j'aime bien, on voit ce que c'est qu'un alexandrin et le jeu des rimes. L'approche théorique est heureusement courte et très vite, je leur demande d'écrire un sonnet avec des rimes embrassées, des coupes à l'hémistiche sur deux thèmes au choix : leur passion ou leur métier. Ça râle de plus belle parce qu'ils ont horreur d'écrire, mais quand je leur montre des travaux antérieurs, ça commence à les intéresser. On travaille ensemble, on corrige et je suis systématiquement épatée des travaux que produisent aussi bien les horlogers que les bouchers, les tapissiers ou les mécaniciens. Je leur demande de préparer chez eux une feuille de papier Canson qu'ils font vieillir, avec du café ou en brûlant les bords, par exemple. Je leur fournis des exemples de calligraphies pour qu'ils s'en inspirent, je leur demande d'habiller la première majuscule de chaque strophe. Ce travail est très difficile à réaliser, c'est ce qui le rend très valorisant. Ils savent que leurs productions seront affichées dans les ateliers ou à la journée porte ouverte. Ils en sont très fiers.

Il est sans doute probable que sans les contraintes formelles qui représentent un défi inédit, l'écriture poétique serait parfaitement haïssable pour des apprentis qui ont généralement été peu performants en français pendant leurs années de collège et qui trouvent, grâce à ce genre de travail d'expression, une possibilité inédite de faire la preuve de leurs compétences.

Ruse n° 38 : du mot dégoût au goût des mots [2]

2. Article paru dans les *Cahiers pédagogiques* n° 438, décembre 2005.

Rédiger une ou plusieurs pages, alors qu'on n'a rien à dire sur un sujet sans intérêt, uniquement parce que le professeur l'exige, est un exercice démoralisant. Ça dégoûte ! Sauf si l'exercice prend du sens parce qu'il s'inscrit dans un projet partagé. Sauf si on a une bonne raison d'affronter les contraintes formelles parce qu'on vise un objectif concret : écrire pour un destinataire ou faire un livre qui sera mis en ligne, par exemple, comme c'est le cas dans ce témoignage d'Aurélie Verdier, professeur de français en collège.

Prise de contact, entrée du torero dans l'arène de cette classe de 5e. Par quoi commencer ? Allez, nous lirons et mettrons en scène « Rédaction » [3] de Bernard Friot, un peu d'humour déglacera l'atmosphère !

3. B. Friot, extrait de *Encore des histoires pressées*, Éditions Milan, 2001.

Innovons, inventons, j'ai vingt-quatre heures pour imaginer un projet annuel...

Et si j'utilisais l'heure du vendredi prévue en demi-groupe pour créer des ateliers d'écriture, les productions pourraient être mises en ligne et aboutir à la constitution d'un recueil en fin d'année scolaire ?...

Emballé c'est pesé, chaque séquence ou chapitre se déroulera en trois temps : une heure de découverte de la proposition d'écriture et de premier jet, une heure de partage oral et de réécriture à l'aide de modèles, une heure au CDI pour saisir les textes et les mettre en ligne sur le site du collège. En gros, un mois pour chaque chapitre.

Rapidement, cette séance du vendredi est perçue comme un bonus, un peu comme le jouet dans le paquet de céréales. Timidement, les élèves me demandent des précisions sur l'orthographe d'un mot, le sens d'une expression, ces séances leur donnent l'occasion de devenir réellement acteurs de leurs apprentissages...

Je me souviens d'un de ces premiers vendredi après-midi. Le thème initial, peu original vous l'avouerez et pourtant délicat pour des 5ᵉ était le suivant : Écrire ? Après un questionnaire écrit puis un échange oral avec récapitulatif sous forme de liste au tableau pour éviter les blocages, j'avais lu, expliqué et distribué aux élèves un poème d'Alain Bosquet dont j'avais proposé de reprendre la structure. J'avais également proposé aux rétifs de composer sous forme de lettre leurs réflexions sur l'acte d'écrire et puis enfin, j'avais inscrit au tableau cette citation de Jules Renard :

« Écrire, c'est une façon de parler sans être interrompu. »

Au fond de la salle, Okan ricane, ses difficultés avec la langue française le bloquent sans qu'il l'avoue, sans qu'il en soit même conscient. La page et le stylo le mettent en rage. Alors je l'autorise à écrire son dégoût, sa haine de tout exercice écrit et là... Surprise ! Après quelques lignes sur l'inutilité de l'écrit voilà que je lis « et pourtant j'inventerai des histoires pour que vous les lisez » *(sic)*. Les contraintes formelles n'ont d'intérêt que si on leur donne un sens et Okan, qui vient d'une classe non francophone, n'en perçoit que l'aspect contraignant. Il va falloir jouer sur une autre corde avant d'en venir aux règles, au rythme...

Ce n'est qu'en janvier, au cours d'une séquence sur les vœux, qu'Okan se réconciliera enfin avec l'écrit parce qu'il éprouvera le désir d'être lu, d'être entendu par ses camarades, et le dégoût initial cédera enfin le pas au goût des mots.

D'autres perçoivent la liberté et la saveur de l'écrit dès la première séance et chez certains, soudain sous mes yeux, comme un écho de Jules Renard, les lignes courent. Malhabile, la bille noire de Vincent, d'ordinaire si timide et apathique, me tire des larmes. Je me déplace et l'humour un brin insolent de Thibaut et Christopher, qui donnent à la rime les mots « obéir, punir, fatigué, obligé » me chatouille les narines. Un peu plus tard, Walid accepte de lire son texte à la classe, dans un silence appétissant : « Ce qui me dérange, moi, c'est les dictées, parce que l'orthographe et moi on n'est pas très copains, à propos, n'essayez pas de corriger cette rédaction car il faudrait plus d'une vie... ». Éclat de rire général, atmosphère bon enfant. Tout au long de l'année, Walid perfectionnera son style « Friot » et la classe est très friande des Friot en herbe...

Allez savoir pourquoi l'alchimie a fonctionné et dans cette classe pourtant hétérogène (je défie quiconque d'avoir jamais exercé dans une classe homogène...) où un climat de confiance, propice au travail, s'est instauré. À la 5ᵉ C, peut-être qu'au mot dégoût j'aurai tenté de substituer le goût des mots, la saveur de l'encre réfléchie.

Cette démarche s'inspire des ateliers d'écriture qui ont généralement recours à une méthodologie de la contrainte. Il s'avère en effet que la liberté d'écrire s'avère souvent paralysante, alors que des contraintes judicieusement calibrées orientent l'inspiration et ouvrent la voie à la créativité. Les contraintes peuvent porter sur l'action, le temps, le lieu. Il peut s'agir aussi de consignes formelles, comme ci-dessus pour le sonnet. Les enseignants peuvent proposer une image comme support de la situation d'écriture, utiliser des cartes de tarot, tirer au sort les consignes... Le caractère humoristique de la consigne est également un atout important pour déclencher l'émulation groupale. Ainsi, celle inspirée de l'écrivain Georges Perec : « Les gens dans les rues : d'où qu'ils viennent ? Où qu'ils vont ? Qui qu'ils sont ? » Il s'agit dans tous les cas, d'orienter l'esprit dans une direction, pour provoquer le déclic de l'envie d'écrire.

Pour conclure

En classe, la contrainte routinière est bien souvent perçue comme pesante et l'effort à fournir pour s'y plier est insupportablement douloureux. L'ingéniosité de l'enseignant consiste donc, la plupart du temps, à détourner l'attention du travail scolaire ordinaire en imaginant des contraintes insolites qui excitent la curiosité. Le caractère imprévu ou bizarre des nouvelles contraintes a l'effet de bouleverser le cadre habituel du travail. On constate alors que le fameux « goût de l'effort » ne se perd que face à des tâches rébarbatives et mécaniques. Il réapparaît dès que la tâche comporte un caractère d'attrayante étrangeté. Il ne s'agit plus alors de se plier péniblement à la contrainte mais au contraire de l'affronter activement, parce qu'elle représente un défi que l'élève se sent en mesure de relever.

Le sabotage bienveillant

La technique du « sabotage bienveillant » est utilisée par les psychiatres de l'école de Palo Alto[4]. Elle s'applique au traitement thérapeutique de certains adolescents rebelles ou délinquants que les parents ne savent plus gérer. Les auteurs conseillent à ces parents d'éviter les affrontements stériles pour préférer saboter innocemment la vie de l'enfant : salir accidentellement ses vêtements, fermer la porte à clé quand il doit rentrer, égarer ses affaires... Dans ces actes de sabotage, ils ne doivent jamais prendre une attitude vengeresse mais arborer une mine coupable et désolée. Ce sabotage désamorce la rébellion car il bouscule les habituels rapports familiaux. « Habituellement, dans une famille où

4. P. Watzlawick, J. Weakland, R. Fisch, *op. cit.*

il y a un délinquant juvénile, les parents sont ouvertement répressifs et punitifs, mais secrètement permissifs et séducteurs. Le sabotage bienveillant engendre une situation où ils sont ouvertement permissifs et sans défense, mais secrètement punitifs d'une manière contre laquelle l'adolescent ne peut guère se révolter. Au lieu de recourir à de vaines menaces, à la « raison » et à des exhortations, les parents établissent ainsi une emprise discrète, mais beaucoup plus forte, sur le comportement de leur enfant. » L'hypothèse qui sous-tend cette tactique, c'est que la révolte adolescente n'est pas spontanée. Elle est engendrée et entretenue par les relations familiales. Il importe donc de changer les relations pour rendre la révolte inutile et indésirable. L'adolescent est ainsi amené à prendre du recul afin de reconsidérer sa réactivité face à l'autorité, ce qui lui permettra d'adopter une attitude plus réfléchie et responsable.

Transposé dans le cadre scolaire, le sabotage bienveillant est sans doute moins machiavélique. Il consiste simplement à placer clandestinement devant l'apprenant, un obstacle à surmonter, un obstacle inattendu qui le contraindra à agir, à trouver une solution pour résoudre la difficulté rencontrée. Il sera du même coup, dans l'obligation de renoncer à la passivité intellectuelle ou d'abandonner l'attitude de résistance.

Ruse n° 39 : le sabotage expérimental

Dans *l'Émile*, Rousseau se donne un rôle de précepteur amateur de sabotage à visée pédagogique. Il feint, par exemple, de se perdre avec son élève en forêt de Montmorency, juste avant le déjeuner, afin de faire découvrir à celui-ci des notions de géographie, en le contraignant à réfléchir sur la manière de s'orienter pour retrouver son chemin, au moyen du repérage des points cardinaux :

« Nous nous égarons, nous ne savons plus où nous sommes ; et, quand il s'agit de revenir, nous ne pouvons plus retrouver notre chemin. Le temps se passe, la chaleur vient, nous avons faim ; nous nous pressons, nous errons vainement de côté et d'autre... Bien échauffés, bien recrus, bien affamés, nous ne faisons avec nos courses que nous égarer davantage... ». [5] Le précepteur souhaite ainsi donner une certaine urgence à la résolution de l'énigme, afin que l'apprentissage s'imprime durablement dans la tête de l'élève. Tenaillé par la faim, ce dernier trouve enfin la solution. « Soyez sûr qu'il n'oubliera de sa vie la leçon de cette journée ; au lieu que, si je n'avais fait que lui supposer tout cela dans sa chambre, mon discours eût été oublié dès le lendemain. Il faut parler tant qu'on peut par des actions et ne dire que ce qu'on ne saurait faire ».

5. J.-J. Rousseau, *op. cit.*

Pour mener à bien cette pédagogie de l'expérimentation, Rousseau invite à proscrire tout ce qui s'apparente à une leçon magistrale. Ce sera par l'expérience directe, par la confrontation aux choses et non par les leçons du maître que l'enfant apprendra. Il devra se mesurer directement avec le monde, avec les lois du réel et non se soumettre aux connaissances apportées par le maître. « Qu'il ne sache rien parce que vous le lui avez dit, mais parce qu'il l'a compris lui-même ; qu'il n'apprenne pas la science, qu'il l'invente. Si jamais vous substituez l'autorité à la raison, il ne raisonnera plus ; il ne sera plus que le jouet de l'opinion des autres. ». Ces réflexions ont été publiées en 1762. On voit qu'elles ont encore une certaine actualité.

Ruse n° 40 : l'épreuve du feu

Dans le même ordre d'idée, l'écrivain Marty Kushner relate une expérience d'apprenti cuisinier aux prises avec les tentatives de sabotage pédagogique du chef de cuisine qui, préparant une cuisson à flamme vive avec l'apprenti, le laisse se débrouiller seul quand tout risque de brûler :

> « C'est à ce moment-là que Baba disait : « Bon, je dois aller dans le hall maintenant. Ferme la marmite, laisse la flamme haute et ne touche à rien jusqu'à mon retour. » [...] J'étais donc là, avec ma marmite, en train de penser que si j'avais parfaitement mélangé depuis le début, tout aurait été très bien, mais comme ça collait depuis le départ, je savais que tout serait brûlé avant le retour de Baba. Devais-je arrêter le feu et désobéir au gourou, ou bien laisser brûler ?
>
> J'étais dans tous mes états, j'avais peur. Je ne savais pas si ça brûlait vraiment et je n'avais pas assez de foi pour attendre. Aussi j'arrêtai le feu. 15 minutes plus tard, j'entendis Baba revenir et rapidement, je remis le feu. Il jeta un coup d'œil dans la marmite et dit : « Ça va, laisse-là encore 15 minutes. » Puis il me regarda en demandant : « Y as-tu touché ? – Non », dis-je. Je savais qu'il savait et me sentais misérable ». [6]

Après plusieurs expériences similaires au cours desquelles le maître abandonne l'élève à un moment critique, ce dernier finit par être convaincu qu'il vaut mieux ne pas obéir à l'interdiction d'arrêter le feu, quand il estime que la préparation est sur le point de brûler.

Le sabotage expérimental, dans la mesure où il est bien contrôlé par l'enseignant et utilisé avec des élèves suffisamment compétents, s'avère produire dans les exemples cités, un profitable apprentissage de l'autonomie. Mais il reste que c'est une pratique dangereuse quand la compétence de l'enfant est insuffisante car le risque d'échec produira alors de la démotivation.

6. M. Kushner, « le feu dans la cuisine », traduit de l'américain et publié dans *La voie des Siddhas*, volume II, n° 4, mai 1979.

Ruse n° 41 : le sabotage par l'ineptie

Très souvent, les élèves abandonnent à l'enseignant le monopole de la perspicacité, ils éprouvent le besoin d'être guidés et assistés par la toute-puissance du savoir du maître, alors même qu'ils sauraient parfaitement faire seuls. Dans ces cas-là, Katy Pinto, professeur de français en milieu carcéral, opère un recadrage absurde en exprimant une erreur grossière ou en se contredisant de manière inepte. Cela oblige l'interlocuteur à réfléchir pour faire la part des choses, et examiner par lui-même le sens de la situation.

Comme je suis pour eux la détentrice officielle du savoir, ils se déchargent autant qu'ils peuvent de l'effort de recherche. La vérité est pour eux un « en-dehors », ils semblent imaginer une différence radicale de nature entre leur intelligence et la mienne et me prêtent des vertus oraculaires qui les sécurisent. Quand j'ai donné deux ou trois fois une consigne, il n'est pas rare qu'un élève (adolescent ou quinquagénaire) m'interpelle pour avoir confirmation de ce que je viens de dire. Il a parfaitement entendu, mais ça ne suffit pas, il lui faut vérifier une nouvelle fois qu'il a bien entendu. Il y a là une forme de scrupule obsessionnel qui montre à quel point l'enseignement du maître produit de l'angoisse et de l'insécurité. Par exemple, je peux demander de noter en rouge une règle de grammaire et entendre à la suite : « En rouge Madame ? » Je réponds alors en lui souriant : « Non, en indigo ! » Le questionneur me regarde dubitatif et cherche à se faire une idée claire de la consigne (il apprend en même temps un nouveau mot). La consigne concernant le numéro d'une page est très fréquemment suivie de questions :
– Prenez votre livre à la page 219. Page 219. Le texte à lire est à la page 219.
– Page 219 Madame ?
– Non, page 3627 !

Le questionneur ouvre alors son livre page 219.

Il y a, dans cet exemple, une pointe de moquerie que l'élève perçoit et qui l'oblige à se ressaisir. Il prend ainsi un peu de distance avec l'enseignant, il se réapproprie son cerveau qu'il avait laissé en sommeil. Il faut toutefois être attentif au sentiment d'humiliation qui risque de saisir l'élève, et donc veiller à renouer le lien ultérieurement par des paroles dénuées de provocation.

Ruse n° 42 : l'effet souricière

La stratégie d'Arnaud Bizouard qui enseigne la menuiserie en CFA (mais aussi la joie de vivre, dit-il, le respect et d'autres disciplines utiles en apprentissage), fait suite à une sorte de sabotage involontaire. Imaginée dans l'urgence pour court-circuiter les résistances, elle est sans doute plus machiavélique que les précédentes. Mais au final, elle a le mérite de casser la traditionnelle passivité récriminante du groupe à l'encontre du travail et d'impliquer davantage les jeunes dans leur parcours de formation.

Avec mes deuxièmes années de CAP menuisier de l'an dernier, je me suis complètement planté dans la répartition de mes évaluations en techno et en atelier. Je devais impérativement replacer des évaluations intermédiaires car le temps était compté, et je me doutais bien que ça allait chauffer dans les chaumières !!!

Je suis donc arrivé en cours l'air abattu, je me suis assis sur une chaise, j'ai pris ma tête dans mes mains et je suis resté là à ne rien faire. Les jeunes inquiets n'osaient rien dire, jusqu'à ce que l'un d'eux, un peu plus sûr que les autres, me pose la question : « Qu'est-ce qui ne va pas M'sieur ? »

Je leur ai avoué être trop court en temps pour toutes les évaluations à mettre en place, et que l'examen était bien compromis pour tout le monde.

Un autre a pris la parole pour dire que l'on pouvait en faire une tout de suite, mais un troisième a contesté immédiatement l'initiative. J'ai affirmé que, suivant les textes officiels, les jeunes auraient dû être mis au courant, et que l'on ne pouvait pas faire cela comme ça !

Une discussion houleuse n'a pas tardé à éclater ! Mais au final, une majorité de jeunes a demandé de faire le nombre d'évaluations qu'il fallait pour être « dans les règles ». C'est ce que je n'ai pas tardé à mettre en place en les remerciant.

Ils effectuèrent tous l'évaluation sans trop ronchonner, alors que d'habitude les jérémiades n'auraient pas cessé.

La ruse mise en scène par l'enseignant consiste ici à ne pas apporter de solution au problème, solution qui serait inévitablement contestée. Le groupe est mis au pied du mur : c'est à lui de prendre une décision. Il ne se positionne pas par rapport aux directives de l'enseignant, mais par rapport à une difficulté qui doit être gérée collectivement.

Pour conclure

Ces techniques visent à court-circuiter la dépendance à l'adulte ou à désactiver la rivalité mimétique que l'enfant rebelle entretient avec lui, et qui focalise son attention et son énergie. Il s'agit de le placer en situation de gérer seul un problème en occultant la question de la relation, afin de le responsabiliser.

Pour y parvenir, il est impératif que le sabotage reste invisible ou paraisse involontaire, sous peine d'être inopérant. À moins qu'il ne s'agisse d'une simple provocation ponctuelle, comme c'est le cas pour l'ineptie. Dans tous les cas, il vaut mieux que ces pratiques restent rares pour éviter de mettre en place un climat de méfiance.

En tout état de cause, le but ne saurait être, comme toujours, que bienveillant. Pour des raisons d'éthique, mais aussi pour des raisons d'efficacité. Car avec un sabotage malveillant, l'enfant est perdant et il en a conscience. Si bien qu'il y a de fortes chances qu'il finisse par se rendre compte du jeu de l'adulte et que la relation soit détériorée. Avec un sabotage bienveillant, l'enfant gagne au final en autonomie ou en confiance en soi. S'il devient conscient du jeu de l'adulte, il se rend compte aussi que c'est grâce à ce jeu qu'il a gagné. L'alliance peut alors être maintenue.

La transgression des interdits

On a vu plus haut que rompre avec l'ordre habituel du cours constitue une technique intéressante pour éveiller l'intérêt des élèves qui se plaisent à affronter des contraintes insolites. Dans le même ordre d'idée, la transgression des interdits est particulièrement attractive quand elle est autorisée par l'enseignant (mais aussi, il est vrai, quand elle ne l'est pas). Les brèches qu'il prend soin d'ouvrir dans la conformité scolaire, concernant, par exemple, certains interdits pédagogiques ou culturels, sont vite investies dans la mesure où elles constituent des opportunités exceptionnelles d'insubordination sans risque à la Loi. Bien évidemment, il ne peut s'agir que de transgressions mineures qui ne remettent en cause ni la déontologie éducative ni les règles de droit. En réalité, il s'agit même de fausses transgressions, qui sont perçues comme telles uniquement parce que les élèves se sont laissés convaincre que l'école est un temple dans lequel la liturgie pédagogique a un caractère de rigidité immuable. Il reste cependant que si on ouvre des brèches dans le conformisme scolaire, il faut veiller à bien les garder, afin que, sous la pression, elles ne s'élargissent pas de manière incontrôlée.

Ruse n° 43 : rayez les bonnes réponses !

Cette consigne toute simple imaginée par Bénédicte Lefèbvre, professeur en CFA, constitue une innocente transgression des automatismes scolaires : la main hésite avant d'agir. C'est une injonction éminemment paradoxale, qui ne manque pas d'éveiller l'intérêt et de fixer l'attention de manière plus aiguë, sur le travail à effectuer.

Quand je leur demande pour la première fois de rayer les bonnes réponses, il y a un moment d'affolement : certains apprentis m'observent du coin de l'œil parce qu'ils ne sont pas sûrs d'avoir compris la consigne qui leur semble incroyablement incongrue. D'autres commencent à rayer les mauvaises réponses par habitude. Je répète donc ma consigne et ils se regardent interloqués pour savoir sur quel pied danser. Quand ils ont bien saisi cette transgression pédagogique à laquelle je les invite, ils se jettent sur le travail.

Cette transgression est attractive parce qu'elle est ludique. Elle contrecarre les habitudes et oblige à opérer un choix conscient plutôt que d'obéir à un automatisme. Cela implique un effort intellectuel supplémentaire qui accroît la concentration.

Ruse n° 44 : autoriser les pratiques illicites

Autoriser l'antisèche produit une motivation forte. C'est d'abord une pratique qui a l'attrait coutumier de l'interdit. L'autoriser transforme l'interrogation en une espèce de faux jeu de cache-cache. Dans leur passé scolaire, les élèves ont tous été confrontés à la question de l'antisèche, qui est une pratique aussi tentante que soumise à la réprobation vigilante du maître. Ils gardent en mémoire leurs expériences de tricherie, leurs craintes, les sanctions qu'ils ont pu récolter. Mais fabriquer en classe ou chez soi les antisèches, en bénéficiant des conseils de l'enseignant, relève du jeu défendu. C'est un bon moyen de donner un intérêt renforcé pour les révisions, car l'antisèche demande un travail de préparation qui exige des qualités de synthèse et donc une lecture attentive des cours.

Sébastien Girard, professeur de technologie en CFA, autorise dans cet esprit les « feuilles de pompe » sur certaines évaluations en électrotechnique. Il exige pour cela, d'utiliser uniquement le recto du quart d'une feuille A4, afin d'obliger les apprentis à réaliser un véritable travail de synthèse.

L'expression « feuille de pompe » change tout : si je leur demandais de faire une synthèse, ils la bâcleraient. Mais « feuille de pompe », ça les stimule. Certains font un travail de calligraphie impressionnant pour utiliser au maximum la surface autorisée. Je constate toujours une amélioration des résultats avec cette technique, même si je prends soin de centrer mes évaluations non pas sur les formules qu'ils recopient, mais sur leur utilisation. Le plus intéressant, c'est qu'au bout d'un moment, la pompe ne sert à rien pour les contrôles car ils parviennent à mémoriser les synthèses effectuées.

On pourra reprocher à cette pratique qu'elle risque d'inciter les élèves à tricher systématiquement, même quand c'est interdit. Mais cela ne changera rien pour ceux qui trichent habituellement. Pour les autres, sans doute peut-on leur accorder qu'ils sont capables de comprendre les changements de règles du jeu et s'y adapter puisque c'est déjà ce qu'ils font quand ils passent d'un cours à un autre. En tout état de cause, il faudra insister sur le caractère exceptionnel de ce genre d'exercice et bien rappeler que d'ordinaire, c'est une pratique interdite, notamment avec les autres enseignants de la classe.

La possibilité d'avoir recours à un souffleur pendant une interrogation orale est une autre pratique illicite qui suscite l'intérêt. Différentes organisations peuvent être mises en place. Par exemple, l'élève interrogé peut désigner lui-même le souffleur, ou bien le tirer au sort. Le souffleur peut ou non avoir droit à utiliser une documentation écrite. Il est également possible d'organiser une compétition entre équipes... Ces astuces enlèvent le caractère pesant de la vérification orale des connaissances et accentuent, par le jeu, le désir de savoir.

Ruse n° 45 : la fascination pour les sujets tabous

Les apprentissages scolaires sont quasi-exclusivement orientés vers le domaine intellectuel et régis par les règles de bienséance en usage qui interdisent certains sujets. Par exemple, les fonctions d'excrétion sont des tabous à l'école, comme d'ailleurs dans le reste de la société. Les proposer comme objet d'étude, comme le fait Thierry Delacour (professeur de français et histoire-géographie), déclenche inévitablement la curiosité parce qu'il est proposé de franchir un obstacle culturel habituellement très puissant.

En classe de préapprentissage, il n'y a pas de programme imposé en histoire. J'avais donc demandé à un groupe de me faire des propositions sur des thèmes qui les intéressaient. L'un des jeunes avait répondu par provocation : « On pourrait parler de la merde ». Comme je connaissais le livre de Martin Monestier, Histoire et bizarreries sociales des excréments (Le Cherche-Midi, 1997), je l'avais pris au mot et je lui avais dit que j'étais d'accord. Ça l'avait un peu perturbé, surtout que je m'étais engagé à tenir le pari. On avait donc travaillé sur les tonnages d'excréments produits par la ville de Pompéi dans l'antiquité ou dans le château de Versailles, sous le règne de Louis XIV, les méthodes d'évacuation et de traitement des déjections, les différentes techniques de torche-cul à travers les siècles... Ils avaient même rempli un questionnaire anonyme sur les pratiques modernes d'hygiène anale. Jamais ils ne s'étaient autant intéressés à l'histoire et à la sociologie de l'hygiène et des odeurs. Les autres groupes voulaient avoir des informations sur le contenu du cours. L'année suivante, alors que je ne les avais plus, ils m'en parlaient encore quand ils me croisaient au CFA : « Ah, c'était bien M'sieur le cours sur les excréments l'an dernier ! »

On pourrait croire que la portée intellectuelle de ce genre de thème est limitée. Erreur! En réalité, c'est une manière d'éveiller l'esprit de certains jeunes qui sont restés jusqu'à 15 ans totalement hermétiques à l'histoire. Avec l'excrément comme support d'apprentissage, ils s'intéressent pour la première fois à Pompéi, au Moyen-Âge ou à Versailles, ils se posent des questions sur la vie quotidienne dans les siècles passés – qu'ils considéraient jusque-là avec une monumentale indifférence.

Conclusion

La stimulation par l'obstacle, qu'il soit intellectuel, temporel ou moral, provient aussi des caractéristiques insolites, ludiques ou inattendues des dispositifs mis en scène par l'enseignant. C'est au travers de ces mises en scène que ce dernier révèle son propre désir, qui constitue, par mimétisme, une accroche pour les élèves. La mise en scène est masquée quand il s'agit du sabotage bienveillant. Elle est ostensible pour les autres techniques, et contribue à activer l'émulation entre pairs (avec l'énigme) ou la complicité avec l'enseignant (avec les interdits). La rareté est également un élément clé pour que la ruse de l'obstacle opère de manière satisfaisante: il va de soi qu'un sabotage continuel perdrait vite son caractère bienveillant et que les « transgressions éthiques » ne sont pas infinies.

Au-delà des considérations tactiques, l'obstacle est attractif parce qu'il représente un défi qui nécessite une mobilisation des compétences, un appel aux qualités d'imagination, de malice et de persévérance. Il s'agit alors pour l'enfant de se mesurer avec les choses, d'exercer sur elles son emprise. Mais aussi d'appréhender ses propres limites, d'accepter l'échec et de renoncer à l'illusion de la toute-puissance. Bref, l'obstacle présente un enjeu existentiel majeur, dont Romain Gary a fait le thème central de son livre *La promesse de l'aube*. Il y raconte comment le jonglage était pour lui, quand il était enfant, un moyen à la fois concret et symbolique de se mesurer avec l'absolu: il jongle avec six balles et ne parvient pas à surmonter l'obstacle de la septième. « Mon besoin d'art, de perfection, mon goût de l'exploit merveilleux et unique, bref ma soif de maîtrise, trouvait là un humble mais fervent moyen d'expression. Je me sentais aux abords d'un domaine prodigieux, et où j'aspirais de tout mon être à parvenir: celui de l'impossible atteint et réalisé... Mais j'avais beau faire, la septième balle se dérobait toujours à mes efforts, le chef-d'œuvre demeurait toujours inaccessible, éternellement latent, éternellement pressenti, mais toujours hors de portée... Ce fut seulement aux abords de ma quarantième année, après avoir longuement erré parmi les chefs-d'œuvre, que peu à peu la vérité se fit en moi, et que je compris que la dernière balle n'existait pas. »

L'obstacle est ici insurmontable et pour autant, il n'est pas démotivant puisqu'il stimule à longueur d'année « le goût de l'effort ». Mais il s'agit d'une démarche personnelle, d'un enjeu intime. En classe, il vaut peut-être mieux poursuivre des objectifs un peu plus modestes que la quête de l'impossible. Encore que, parfois...

5
Les tactiques de détour

La notion de détour est plus ou moins présente dans la plupart des actions qui se réclament de la ruse et beaucoup de techniques décrites dans cet ouvrage empruntent au détour. On peut en effet, considérer que le désir mimétique, le don ou l'obstacle, par exemple, constituent aussi des détours permettant d'atteindre un but. La spécificité de ce chapitre est d'appréhender le détour non pas comme une particularité annexe, mais comme la caractéristique principale des ruses présentées.

Il n'est parfois ni nécessaire ni souhaitable de régler un problème de manière ouverte et directe, soit qu'il faudrait engager une énergie excessive pour obtenir le résultat escompté, soit que la démarche se révélerait inappropriée. L'approche directe est certes, pertinente quand l'échange est convivial ou qu'on veut affirmer clairement sa raison, ou encore quand à l'occasion d'un conflit l'on décide d'imposer son autorité. Mais lorsque l'on a le sentiment que la raison sera inopérante ou que l'on souhaite faire l'économie du rapport de forces sans pour autant battre en retraite, le détour est un outil précieux. Il opère une influence peu visible qui est de l'ordre de l'opération de désamorçage, il permet de débloquer des situations qui risqueraient, avec une approche directe, de se figer inutilement dans l'antagonisme (ici encore, le processus de détournement d'attention est à l'œuvre).

Bien entendu, la communication franche et directe garde la plupart du temps toute sa valeur, particulièrement quand aucun antagonisme n'est en vue, et il n'y a pas de raison d'utiliser le détour si l'on peut s'en passer, sous peine de donner de soi l'image d'un individu particulièrement tortueux et hypocrite. Mais à y regarder de plus près, même lorsque règne l'harmonie, on constate que la franchise totale risque fort de nuire gravement aux relations sociales. C'est, en particulier, pourquoi les règles de bienséance exigent une certaine dissimulation tactique, ne serait-ce que pour mettre en retrait le moi intime, avec son lot de pensées non communicables qui ne manqueraient pas de perturber l'interaction. On est alors contraint aux détours de langage et, en particulier, à cette forme de détour spécifique qu'est le tact, outil essentiel visant à préserver autrui et l'image qu'il souhaite présenter de lui-même. Quand on souhaite maintenir une atmosphère conviviale, on ne peut jamais tout dire, sous peine de blesser. De même, sur le plan de l'action, le détour permet l'économie de l'affirmation contradictoire des intérêts et des désirs personnels, qui court-circuitent souvent la poursuite des objectifs communs.

C'est le cas en classe où l'approche directe est, dans bien des situations, vouée à l'échec. En effet, certaines résistances sont telles que l'action éducative risque parfois d'entraîner automatiquement des réactions négatives et des blocages impossibles à solutionner. La franche leçon de morale est un superbe exemple de tactique inefficace face à un refus obstiné de travailler ou de coopérer. Pourtant, beaucoup d'adultes, tellement persuadés d'avoir raison, ne résistent pas à la tentation de l'utiliser alors même qu'ils pressentent qu'ils courent à l'échec. Pire encore, s'ils n'en ont pas conscience, ils se déconsidèrent aux yeux des élèves, fins tacticiens, qui ont alors le sentiment de pouvoir aisément les manipuler. Le détour est donc recommandé non seulement par souci d'efficacité, mais aussi pour préserver son image et accessoirement, pour démontrer aux élèves, sans discours superflu, qu'on n'est pas en situation d'infériorité tactique. Cela peut se révéler utile pour gérer les moments de tension ou dissuader les apprentis provocateurs. Le détour est donc un moyen de gérer des situations tendues ou conflictuelles. Mais il trouve également son utilité pour donner envie d'apprendre aux enfants qui ne l'éprouvent pas spontanément.

Dans les exemples qui illustrent ce chapitre, le détour s'opère au moyen d'*un média qui recadre la situation* et en change ainsi le sens. Ce sera tantôt une activité rituelle, tantôt un sujet (une personne ou le groupe), tantôt un « objet » (le jeu, le temps ou l'écrit). Il ne s'agit pas précisément d'un recours au mensonge mais par le détour, on vise un but qu'on s'abstient de dévoiler ou d'expliciter, parce qu'il est soit trop complexe ou dénué de sens pour les élèves, soit carrément irrecevable parce qu'il va à l'encontre de leurs propres représentations ou objectifs immédiats. Quand on veut, par exemple, réconcilier un enfant en difficulté avec l'apprentissage ou amener en douceur une classe à se mettre au travail, il vaut mieux parfois éviter de dévoiler ses objectifs, parce qu'on pressent qu'ils seraient immédiatement torpillés.

Les rituels coopératifs

Appréhendés hors du contexte religieux, les rituels sont des pratiques cérémonielles qui codifient les relations entre individus. Jean Maisonneuve précise que les rituels « jouent un rôle sans doute irremplaçable dans le maintien et le renforcement du lien social, et simultanément, dans la consécration des différences de statut compensées par une articulation des rôles. En outre, le propre de ces « techniques sociales symboliques » est de marquer dans le flux quotidien la discontinuité des événements et des vécus en accentuant leurs temps forts, l'avant et l'après, et en solennisant les institutions et les interactions les plus significatives pour les acteurs sociaux ».[1] Ces remarques s'appliquent aux rituels scolaires qui structurent l'action collective, aussi bien en ce qui concerne les relations, que l'organisation spatio-temporelle.

1. J. Maisonneuve, *Les conduites rituelles*. 3e éd. Que sais-je? Paris, PUF, 1999.

Certains sont clairement observables, comme la mise en rang avant l'entrée en classe, d'autres deviennent imperceptibles tant leur pratique est intégrée dans les habitudes (le positionnement corporel, par exemple). On se contentera ici de donner quelques exemples qui se répartissent schématiquement dans deux ensembles:

- Les rituels relationnels: marques de politesse, rituels d'accueil, rituels de prise de parole...
- Les rituels de codification de l'action: rituels d'occupation de l'espace (entrée et sortie de classe, répartition des places), de mise en route du travail...

Ruse n° 46: les rituels d'accueil

L'accueil est un moment clé qui détermine la manière dont la relation pédagogique va se nouer. Les rituels d'accueil invitent, en particulier, les élèves à se positionner par rapport au cours qui va suivre et donc, à abandonner leurs préoccupations précédentes pour se consacrer à la nouvelle séquence de travail.

Par exemple, les salutations constituent des rituels d'accueil qui contiennent des indices importants de l'état de la relation dans la mesure où elles marquent le degré de coopération ou d'opposition qui sera la règle durant le cours. C'est ce qu'indique le « Bonjour! » au démarrage de la relation. C'est aussi le rôle de la poignée de main que pratiquent certains formateurs d'atelier en CFA.

Au-delà de la convivialité que représentent ces usages, il s'agit d'une ruse innocente qui oblige l'interlocuteur à entrer en relation et ainsi à le mettre en position d'intégrer en douceur l'activité programmée.

Ruse n° 47: le rituel du « Quoi de neuf? »

Le rituel du « Quoi de neuf? », participe à ce processus de mise en route de la classe. Issu de la pédagogie institutionnelle, le « Quoi de neuf » est un sas qui permet aux élèves d'entrer en relation avec l'enseignant, avant de s'attaquer aux apprentissages scolaires.

Il s'agit d'une prise de parole, libre mais organisée : les élèves qui veulent prendre la parole s'inscrivent, l'un d'entre eux préside et le gardien du temps contrôle les prises de parole en fonction du nombre d'intervenants. Un secrétaire rédige un compte-rendu du débat. L'enseignant est donc en retrait, il n'intervient que sous le contrôle du président de séance.

Objectif : mettre à plat les problèmes pour réfléchir à des solutions, mais aussi construire une cohésion de groupe en impliquant chacun dans la vie de la classe.

Le « Quoi de neuf ? » a ainsi pour fonction de lutter contre les attitudes de passivité et de retrait, qui se développent lorsque les enfants ont le sentiment que leur parole n'est jamais prise en compte et que leurs préoccupations personnelles, ou leur avis sur la scolarité qu'ils suivent, n'intéressent en aucun cas l'enseignant. C'est donc un outil de socialisation et de responsabilisation.

Ruse n° 48 : l'humeur du jour

Moins formalisés que le « Quoi de neuf ? », les dialogues informels avec les élèves ont aussi pour effet d'amorcer la coopération. Ainsi Richard Rumiano, formateur en français dans le dispositif ETAPS [2], utilise cette technique en l'adaptant au public de jeunes de plus de 16 ans en très grande difficulté, dont il a la charge et qui sont souvent rétifs à toute forme de travail scolaire.

2. **ETAPS : Espaces Territoriaux d'Accès aux Premiers Savoirs.**

Pour ce qui est de mes « astuces », j'en utilise une notamment qui marche assez bien et que j'ai reprise de mon expérience à la fac. Il s'agit de proposer « l'humeur du jour » : les stagiaires écrivent sur une petite bande de papier ce qui leur passe par la tête en début de journée (généralement le matin...). Comme c'est anonyme, chacun écrit ce qu'il veut, raconte son état d'esprit, ses attentes, ses espoirs, ses maux de tête, etc. Je reprends pour l'ensemble du groupe quelques extraits de ces écrits en les recopiant au tableau. C'est l'occasion de rappeler quelques règles d'orthographe, de proposer d'autres formulations possibles. Ce petit travail de mise en route est très facilitateur pour la suite ; cela nous met dans une bonne humeur et l'attention des stagiaires est entière car il s'agit non seulement de leurs mots à eux, mais aussi de quelque chose de personnel et donc de « vrai ». Comme l'anonymat est de mise, on ne sait pas qui a marqué quoi (ou on fait semblant...).

On retrouve une nouvelle fois cette technique du détournement d'attention, qui est au cœur d'un grand nombre de ruses. Le rejet de l'activité scolaire de ces jeunes parfois quasiment illettrés oblige l'enseignant à des détours qui leur permettent d'oublier leurs difficultés et leurs échecs passés. Il faut cependant veiller que ce genre de pratique ne soit pas trop utilisée par les élèves comme une ruse d'évitement.

Ruse n° 49 : les rituels de « mise en situation mentale »

En l'absence de rituels, la mise au travail de la classe nécessite de la part de l'enseignant un important déploiement d'énergie pour unifier les préoccupations disparates des élèves. Il faut attirer l'attention de tous, solliciter du regard et du verbe ceux qui sont distraits, répéter, réprimander... L'intérêt du rituel de démarrage, c'est de mobiliser l'attention sur une action standardisée qui signale symboliquement que le cours commence. Philippe Meirieu en donne un exemple emprunté à sa pratique de professeur de Lettres, aussi bien en collège qu'en lycée professionnel.

> Convaincu de la nécessité de mettre les élèves « en situation mentale » propice au travail que je devais faire avec eux, j'ai décidé de faire figurer, au début de chaque séquence de mes cours, une citation littéraire au tableau avant l'entrée des élèves. Je me mettais ensuite à la porte et faisais entrer les élèves un par un en silence. Durant les cinq premières minutes du cours, chaque élève devait noter cette citation sur son carnet et s'efforcer de l'apprendre par cœur. À partir du second trimestre, je passais le relais aux élèves : chacun d'entre eux, à son tour, devait venir inscrire une citation au tableau... Triple avantage : 1) on institue ainsi un temps de césure qui favorise une disposition mentale et permet de démarrer le cours dans de meilleures conditions ; 2) on favorise la mémorisation, on enrichit le vocabulaire et les structures syntaxiques des élèves ; 3) on développe la culture des élèves et on nourrit leur curiosité intellectuelle. [3]

3. site de Philippe Meirieu : http://www.meirieu.com

Pour conclure

Utilisés par l'enseignant comme outils d'influence, les rituels constituent des médiations symboliques permettant d'atteindre un objectif prédéterminé et plus ou moins masqué. Leur intérêt est de faire observer, par les élèves, les comportements coopératifs requis sans qu'il soit nécessaire (après un temps d'apprentissage ou d'accoutumance) de les expliquer ou de les imposer par la contrainte. Quand ils fonctionnent avec un bon niveau d'automatisme, ils présentent aussi l'avantage de permettre à l'enseignant d'être moins absorbé par la gestion du groupe, pour se consacrer plus sereinement à la didactique.

Les médiations relationnelles

En situation de controverse ou de conflit, mais aussi dans le cadre de la gestion ordinaire de la classe, le rapport frontal entre l'enseignant et les élèves, conduit souvent à des crispations qui enveniment inutilement les relations. L'idée de la médiation est d'interposer dans le face à face hiérarchique un tiers séparateur qui change la donne relationnelle, qui détourne les protagonistes de leurs réflexes d'affrontement ou de fermeture. Grâce à l'introduction de ce média qui modifie la relation, l'emprise éducative de l'adulte sur l'enfant devient moins visible, elle n'a plus la même acuité.

Par ailleurs, les médiateurs pressentis par l'enseignant sont investis d'un certain pouvoir qui les responsabilise, ce qui du même coup, de proche en proche, a des chances de produire au sein du groupe une meilleure responsabilisation globale des élèves.

Ruse n° 50 : l'entremetteur

Quand les relations sont conflictuelles, la volonté de défendre son image ou le désir d'avoir raison contre l'autre, alimentent la logique d'affrontement au détriment d'une recherche rationnelle de solution. Dans ce genre de situation, le recours à un tiers est particulièrement utile pour produire un effet temporisateur et désamorcer les effets d'escalade. Pour réguler le comportement problématique d'un élève, par exemple, il est souvent plus efficace d'agir indirectement en s'adressant à l'un de ses copains (plutôt un modérateur qu'un incendiaire, mais pas systématiquement) qui se chargera de transmettre un message. La réactivité systématique de l'adulte n'est donc pas forcément la meilleure solution. Certes, il ne s'agit pas de s'interdire le face à face. Mais on peut se permettre de changer de tactique de temps en temps en agissant par la bande, comme le fait Christine Vimard, directrice adjointe de collège.

> Quand j'ai des soucis avec un perturbateur, il m'arrive d'estimer que l'intervention directe sera plus ou moins vouée à l'échec. Je demande alors à un élève proche du premier d'intervenir avant que les choses ne s'enveniment vraiment. Je choisis bien mon intermédiaire, généralement un autre perturbateur que j'ai auparavant pu gérer correctement. Je lui demande son aide comme un service : j'ai besoin de lui pour une mission délicate et je lui serais reconnaissante s'il parvenait à calmer le jeu. Ça le rend plutôt fier, cette complicité avec moi, parce que j'établis une relation égalitaire. Je le traite en adulte et ça le pousse à s'acquitter sérieusement de sa mission. Comme ça, je fais une pierre deux coups : je gère le perturbateur sans bouger et renforce l'image positive de l'intermédiaire par une sorte d'effet Pygmalion.

Les réflexes de défense de l'élève incriminé restent ainsi en suspens. Dans la configuration du détour, l'intervention de l'émissaire modérateur lui laisse le temps de réfléchir à la situation et de choisir plus calmement que lors d'une confrontation directe un comportement. On peut également avoir recours à la famille. Mais la coopération de celle-ci se révèle dans certains cas délicate, car elle peut se révéler soit trop laxiste soit trop répressive par rapport au rôle qu'on souhaite lui faire jouer.

Ruse n° 51 : l'élève transitionnel

En dehors des situations de conflit, la relation directe avec l'enseignant est parfois difficile pour les élèves. Certains sont paralysés par la timidité, d'autres s'agitent et ont beaucoup de mal à se concentrer car ils se laissent distraire en permanence par le groupe. Ces difficultés amènent Katy Pinto, déjà citée, à imaginer une relation détournée au moyen d'un élève transitionnel qui polarise l'attention de tout le monde, et joue en quelque sorte un rôle de bouc émissaire protecteur.

Pour mon premier poste, le ministère m'avait extrait de ma banlieue profonde (78) pour m'envoyer au diable. Dans la Somme ! Le dépaysement était rude, plus de repères géographiques et pas encore de repères professionnels. Je m'étais retrouvée catapultée devant des élèves de 6e et 5e à qui je devais enseigner le français. Ils m'apparaissaient épouvantablement remuants, j'avais l'impression quand j'entrais en classe, de pénétrer dans un bocal d'asticots. Pas agressifs au demeurant, mais jamais immobiles. Chacun peut s'imaginer qu'il est assez difficile de discipliner un bocal d'asticots, même gentils. J'avais donc été tout de suite débordée et je ne voyais pas comment reprendre ce minimum de contrôle sur les classes qui est le socle du prestige pédagogique auquel aspire tout professeur néophyte.

J'eus la chance de rencontrer Hector dans un supermarché. Il avait un visage poupin, des lunettes rondes, des cheveux blonds, il portait un cartable noir et mesurait environ 15 centimètres. Dès le lendemain, il était sur mon bureau. Les élèves avaient commencé par rigoler et je m'étais adressée à lui pour les excuser de cette absence de tact qui marquait son accueil. Il s'en était suivi un bordel phénoménal. Mais j'avais continué à parlementer avec Hector, en lui suggérant d'interroger les élèves sur les motifs de leur hystérie. Au final, il avait réussi à focaliser les discussions et la classe s'était calmée. Peu à peu Hector devint un élève transitionnel qui me facilitait la vie : il était mon interlocuteur chaque fois que je voulais obtenir une écoute attentive, pour des consignes de travail, des remontrances, des notions importantes. Je m'arrangeais pour souligner mes propos par un effet théâtral appuyé qui aurait été incongru si j'avais parlé directement à la classe. J'aimais beaucoup l'engueuler copieusement quand ça n'allait pas, j'atteignais ainsi mes véritables cibles, mine de rien, sans risquer de les blesser ou de les braquer. La part du jeu gommait la rugosité de la relation d'autorité tout en renforçant curieusement l'efficacité. Les élèves aussi s'adressaient à lui pour se plaindre de moi ou me faire passer un message à risque. Hector ne m'a plus quittée tant que j'ai enseigné à de jeunes enfants.

Hector occupe la double fonction assignée à l'objet transitionnel pour les tout-petits, selon Winnicott : une fonction ludique et une fonction de protection, contre l'angoisse de la séparation. Le jeu, grâce à sa dimension de simulation, facilite la communication avec l'adulte parce qu'il engage moins l'enfant que dans une relation directe et sérieuse. Il est probable que le sentiment de solitude face à l'adulte, est réduit par le lien imaginaire tissé avec Hector.

Ruse n° 52 : le gendarme, c'est le groupe

Utiliser le groupe comme médiateur, en lui donnant un rôle de régulation, est souvent plus efficace que la démarche directive pour parvenir à établir une communication satisfaisante. Cela permet en outre à l'enseignant d'économiser son énergie. Des approches voisines ont déjà été analysées dans les chapitres sur le mimétisme et le don. Dans le cas présent, Katy Sardain, chargée de mission à la chambre des métiers, se met simplement en retrait et parvient à ses fins, en s'appuyant discrètement sur des éléments moteurs qu'elle laisse agir.

Je suis chargée d'informer les jeunes déscolarisés sur la formation en alternance et les perspectives professionnelles offertes par l'apprentissage. Ils se retrouvent tous les matins dans un organisme de formation, réapprennent à arriver à l'heure, suivent une remise à niveau scolaire, et peut-être, démarreront un contrat d'apprentissage au mois de juillet suivant.

Un jour je m'adresse à une dizaine d'entre eux, tous des garçons, qui semblent se connaître plutôt bien. Il s'avère que tous se sentent très forts, face à moi qui ne les ai jamais vus, et qui ne fais qu'un bref passage dans leur établissement. Je commence mon intervention, en leur demandant leur nom et le projet qu'ils envisagent. Plus le temps passe, plus le groupe se déconcentre, devient hors-sujet, et parle de plus en plus fort.

Dans ce groupe, je constate que deux jeunes ont un comportement différent et paraissent intéressés. Je décide donc de baisser le ton, jusqu'à ce que personne ne puisse m'entendre. Au bout d'un moment, un des deux jeunes a levé la main, en me disant qu'il ne m'entendait pas parler.

C'est là où je voulais en venir.

J'ai rétorqué au jeune que je ne faisais pas de la garderie mais de l'information, que si certains étaient intéressés par l'apprentissage, ils devaient impérativement auto-discipliner le groupe entier. Le jeune qui avait auparavant levé la main pour me dire qu'on ne m'entendait pas, s'est levé, a expressément demandé aux autres de bien vouloir se taire.

D'un coup, la salle est devenue très bruyante, tous les jeunes ont donné leur avis en même temps, puis... silence complet... J'ai donc remercié tout le monde, et nous avons pu continuer l'information, avec parfois une réflexion de part et d'autre, mais en globalité silencieusement quand même.

La non-intervention court-circuite ici encore le risque de la réactivité agressive à chaud qui pourrait survenir si le groupe semblait uni contre l'intervenante. Comme il est divisé, la réaction appropriée devient pour chaque personne plus complexe à déterminer, elle n'est plus de l'ordre du réflexe, mais nécessite un instant de réflexion qui suffit pour établir un climat plus serein.

Ruse n° 53 : la méthode R.E.A.D. : « L'élève Jennifer lit. Le chien Ross l'écoute »

Le médiateur peut très bien être... un animal. C'est ce qu'ont mis en place, dans des centaines d'écoles élémentaires, quarante-cinq États américains. La méthode R.E.A.D. (Reading Education Assistance Dogs) consiste à proposer à l'enfant de faire la lecture à un animal, un chien dressé à cet effet, afin de créer un environnement affectif non-critique. En classe, durant les séquences de lecture, les écoliers viennent à tour de rôle lire une histoire au chien, lui montrent des photos et lui expliquent à l'occasion un mot compliqué.

Dans son article paru dans *Le Monde* du 06/02/2006 (*L'élève Jennifer lit. Le chien Ross l'écoute*), Corine Lesnes, journaliste au *Monde*, présente une séquence de lecture à chien à la *Washington Grove Elementary School* : la lecture pour des chiens est une méthode qui commence à entrer dans les écoles américaines. Elle est destinée à encourager la lecture.

> « Les enfants sont en confiance. Ils n'ont pas peur de faire des fautes », dit l'institutrice Barbara Murgo. Le grand avantage du chien, c'est qu'il n'a pas l'esprit critique. Il ne va pas corriger les élèves, ou les reprendre. Il les accepte tels qu'ils sont. Il n'y a qu'à regarder Ross, ce n'est pas lui qui irait reprocher à Martha Lonzo de dire « planete » pour « pacifique ». Il est affalé sur le tapis et il a commencé à fermer les yeux ».

Cette technique permet de placer l'enfant dans un environnement non-menaçant puisqu'il n'est pas soumis au jugement négatif de ses pairs, ni à l'évaluation critique ou aux commentaires explicatifs de l'enseignant. La lecture n'est plus un exercice formel exécuté sous la contrainte, elle se transfigure en un acte de communication. L'enfant prend conscience qu'il poursuit un objectif concret : *il s'adresse à un destinataire* considéré comme bienveillant, avec qui il crée mentalement un lien qui le valorise car il se sent en position de supériorité intellectuelle. Il joue en quelque sorte à être le maître, il exerce une compétence face au chien qui se voit attribuer le rôle de l'élève ignorant. Toute une part de l'inhibition liée à la lecture est ainsi supprimée ou tout au moins atténuée.

Pour conclure

Bien entendu, les stratégies de détour sont temporaires et l'enseignant doit réapparaître au bout d'un moment. Mais le temps aura inévitablement changé la donne, et la relation enfant-adulte n'apparaît plus comme close. Il y a d'autres protagonistes qui interfèrent et que l'enfant peut lui aussi utiliser, ne serait-ce que dans l'imaginaire pour ce qui concerne le chien. À moins que les rapports soient tellement détériorés que nul délai ne soit susceptible de les apaiser. Dans ce cas, les stratégies de face à face (qui n'excluent pas la ruse) peuvent entrer en action.

Les médiations ludiques

Le jeu sous-tend beaucoup d'approches évoquées dans d'autres chapitres : le cœur du jeu peut en effet être constitué par une énigme ou nécessiter un franchissement d'obstacle, il peut également activer la rivalité mimétique dans les situations de compétition et il implique un engagement actif des joueurs. Tous ces thèmes méritent d'être réinterrogés dans le cadre spécifique de l'activité ludique.

Le jeu en classe est un détour pour accéder au savoir qui d'ordinaire est lourd de menaces pour beaucoup d'élèves : crainte de l'échec et sentiment d'incompétence, difficulté de l'effort en relation avec la sensation d'inutilité et de temps perdu... Contournant ces menaces, les situations ludiques présentent l'avantage d'accroître l'implication des élèves en substituant à l'effort parfois aride de l'apprentissage la notion de plaisir. Mais dans le même temps, le joueur qui s'investit dans l'activité ludique accède à un niveau de vigilance élevé, et est capable de produire un effort bien plus important qu'à l'ordinaire en termes de temps passé ou de concentration intellectuelle, mais aussi en termes d'initiative et de prise de risque puisqu'il sait que perdre n'aura pas de conséquences sur son évaluation scolaire. Bref, l'engagement dans le rôle de joueur est généralement supérieur à l'engagement dans le rôle d'élève qui peut, contrairement au premier, être tenu en toute passivité.

Par ailleurs, si l'élève dispose d'une plus grande liberté d'action quand il joue, il prend également conscience de l'utilité des règles communes qui délimitent les objectifs et les stratégies de jeu. Les règles contraignantes de comportement qui sont d'ordinaire l'objet de contestations et de résistances deviennent alors signifiantes et les élèves s'impliquent pour les faire respecter, dans la mesure où elles garantissent les droits et cadrent les devoirs de chaque joueur. Le jeu qui nécessite l'échange et la coexistence au sein du groupe est ainsi un support de socialisation.

Ruse n° 54 : le théâtre, outil de valorisation

L'activité théâtrale s'inscrit dans cette dynamique de socialisation. Elle implique un travail sur l'image de soi et sur la relation aux autres. Mais, pratiqué avec des élèves en difficulté scolaire, c'est aussi un détour qui produit un changement dans le rapport à l'écrit. Ainsi, Sidonie Bertrand, professeur de français en CFA, qui chaque année monte avec des apprentis des extraits de pièces, constate toujours une amélioration du climat des classes et une plus grande disponibilité pour les savoirs scolaires. Elle demande ensuite aux jeunes leurs impressions. Voici celles de Mathieu, apprenti en bac professionnel.

> Personne n'aurait pu penser que les scènes de Cyrano de Bergerac auraient si bien fonctionné ! Au début, cela avait suscité un très fort mécontentement de l'ensemble de la classe ! Mais après avoir digéré cette nouvelle, tout le monde s'est mis au travail et y a même pris goût ! Je fais partie d'une des six troupes de théâtre qui ont joué les scènes. J'ai trouvé cette expérience très intéressante.
>
> Tout d'abord, cela permet de vaincre sa timidité, d'avoir plus de facilité de parole. Le théâtre permet aussi d'extérioriser ce qu'on a au fond de son être et que l'on n'ose pas sortir de soi. À l'inverse, pour des personnes qui ne tiennent pas en place, le théâtre permet de canaliser le surplus d'énergie !
>
> Un des objectifs essentiels, c'est le travail en équipe. En effet, ce n'est pas seul qu'une pièce se réalise, mais grâce à un ensemble de personnes. C'est très instructif car nous n'avons pas tous la même manière de penser. Il y a donc eu beaucoup de rires, mais aussi quelques désaccords. Cependant, le moment le plus fort pour moi, ce fut lorsque nous sommes montés sur scène, car c'est là que l'on se rend compte du travail fourni.

Certes, le théâtre ne résout pas la question globale de l'acquisition des connaissances. Mais il se révèle un préalable efficace aux apprentissages. Il donne en effet aux élèves l'opportunité de se mettre en position d'écoute, de travailler leur expression et leur mémoire, d'engager enfin une réflexion sur le sens des œuvres qu'ils doivent interpréter. Autant de compétences utiles que le travail scolaire ordinaire ne parvient plus à produire chez certains élèves.

Ruse n° 55 : les jeux de simulation

Les jeux de simulation en histoire présentent l'intérêt d'aborder des questions complexes de manière vivante et concrète. Les enjeux qui sous-tendent les événements historiques, la difficulté des choix qui se sont présentés aux acteurs de l'époque abordée deviennent palpables, ils sont vécus de l'intérieur. En outre, une seule situation d'apprentissage permet d'atteindre des objectifs très divers : apprendre des faits et des notions de manière plus approfondie, prendre conscience des contextes des événements.

Le réseau *ludus*[4], qui regroupe des professeurs d'histoire et géographie, propose un certain nombre de jeux pédagogiques. À titre d'exemple, on peut aborder la période révolutionnaire sous forme de mise en situation, avec pour enjeu : faut-il voter la mort du roi ? Cela réclame un travail préparatoire sur la situation politique de l'époque, les objectifs et les intérêts des acteurs, les affrontements idéologiques...

4. http://www.discip.crdp.ac-caen.fr/histgeo/ludus/index.htm

> « Christophe, le seul député à la Convention de la classe, se demande s'il votera la mort du roi ou un simple exil, choix difficile pour un avocat amoureux des Lumières. Il n'a pas suivi le même parcours que Samuel, artisan boucher devenu sans-culotte impitoyable, et qui utilise souvent ses couteaux en dehors de son échoppe parisienne. Alain, curé réfractaire, est quant à lui toujours caché dans les caves d'un hôtel particulier de Nantes alors que Roseline, ci-devant princesse de sang royal émigrée en Angleterre, vient de comprendre qu'être femme et noble ne sont pas des atouts majeurs dans la France de la Révolution. »[5]

5. P. Bouchard, *Innovation école ! De la maternelle au lycée*, Autrement (collection frontières), 2001.

Un certain nombre de conseils méthodologiques sont donnés sur le site du réseau *ludus*. L'aménagement de la salle est une étape cruciale dans la réussite du jeu en termes de disposition scénique, de même que l'explication des règles qui se doit d'être à la fois claire et rapide et dont l'application demeure intransigeante. Il est également judicieux d'organiser un « tour pour rien », afin de lancer le jeu pour vérifier que les élèves ont compris sans s'attarder sur l'explication des règles. À l'issue du jeu doit être opérée une clôture symbolique qui a pour fonction de désigner le ou les vainqueurs et d'évaluer si la classe a atteint ses objectifs. Enfin, il ne faut pas perdre de vue que le jeu est une situation d'apprentissage qui ne saurait se dispenser, au final, d'une exploitation pédagogique, qu'il est toutefois préférable de ne pas mener pendant le jeu, sous peine d'en casser la dynamique.

Ruse n° 56 : les jeux mathématiques

Didier Faradji a mis au point des jeux mathématiques dont l'objectif est la résolution de problèmes et qui développent chez l'élève le goût de la recherche de solutions, au moyen de stratégies s'appuyant sur le raisonnement logique. Ces jeux s'inscrivent dans une démarche compétitive, ils s'organisent sur la base de l'affrontement d'équipes rivales. Dans un article intitulé « Calcul mental et stratégie, une mine d'émotions et d'énergie intellectuelle » [6], il développe ses réflexions : « La richesse du jeu, sur un plan purement didactique, tient au fait qu'il offre aux élèves des occasions de mettre en œuvre ce qu'on pourrait appeler un raisonnement expérimental. Celui-ci leur permet de mettre en pratique leurs compétences mathématiques sans passer par l'écrit. Le joueur ignore tout des objets et des concepts mathématiques qu'il fréquente dans le jeu. Il les utilise pour les besoins de sa stratégie et parvient ainsi à leur conférer une certaine matérialité. »

6. **D. Faradji, Calcul mental et stratégie, une mine d'émotions et d'énergie intellectuelle, *Cahiers pédagogiques* n° 448, décembre 2006.**

En pratique, les jeux opposent deux équipes de deux élèves. Le langage occupe une place centrale dans leur déroulement, car avant de jouer, chaque participant doit s'entendre avec son partenaire pour déterminer la stratégie à adopter :

> « De cette manière, écrit-il, les stratégies sont débattues à haute voix devant les adversaires qui écoutent attentivement. Ainsi, le joueur qui collabore en dialoguant dans un jeu s'enrichit de sa propre pensée par le simple fait qu'il doit conceptualiser sa stratégie avant de la verbaliser. Il s'enrichit également de la pensée de son partenaire par le débat contradictoire... Il s'enrichit enfin de la pensée de ses adversaires qui échangent également à haute voix. »

L'intérêt de cette démarche est d'adjoindre à la situation de compétition un volet coopératif au sein de chaque équipe, au moyen de l'obligation de verbalisation. Les élèves se passionnent ainsi pour une matière fréquemment jugée rébarbative dans la mesure où ils ont l'occasion d'exercer des qualités valorisantes telles que l'habileté intellectuelle ou le sens tactique. Pendant ce temps, l'enseignant exerce un rôle de médiateur, il veille au déroulement harmonieux des échanges et observe la progression des élèves en les écoutant. Il pourra ensuite revenir sur les aspects théoriques des situations de jeu.

Pour conclure

Au regard des multiples avantages intellectuels et relationnels que présente le jeu, le reproche de démagogie qu'on entend ici ou là semble vide. Il renvoie sans doute à une conception archaïque qui ne conçoit l'accès au savoir que dans la douleur (dont l'efficacité pédagogique est souvent absolument nulle car pour échapper à la douleur, combien d'élèves ferment les écoutilles pendant les cours pour se réfugier dans l'imaginaire?). Certes, tout apprentissage ne peut pas passer par le jeu. Il existe aussi des moments difficiles à affronter, des obstacles qui nécessitent des efforts arides et du temps. Mais ces moments-là peuvent devenir acceptables pour l'élève à la condition que l'enseignant ait su éveiller le désir d'apprendre. Et le jeu est justement un puissant tremplin pour y parvenir.

Paradoxalement, on peut même affirmer que la situation fictive induite par le jeu nécessite une implication intellectuelle et émotionnelle bien réelle et souvent plus importante que dans le déroulement ordinaire d'un cours qui laisse toute latitude à l'élève de faire semblant de s'intéresser aux sujets traités. À l'inverse, le « faire-semblant » qui caractérise la situation de jeu (par rapport à la vie réelle), ne concerne pas les comportements qui sont tout entier engagés dans l'action. Le jeu est dans ce sens beaucoup plus vrai que bien des moments de la vie réelle. C'est ce que note Erving Goffman en analysant cette forme particulière de jeu qu'est l'action : « Il est clair que c'est pendant l'action que l'individu a l'occasion, dangereuse, de faire voir, à lui-même et parfois à autrui, comment il se conduit quand les dés sont jetés. Le caractère est la mise : un seul essai réussi peut suffire, et l'échec n'est pas aisé à justifier ou à réparer. Exprimer son caractère, faible ou fort, c'est faire naître le caractère. C'est, en d'autres mots, une recréation volontaire du moi. »[7] Vus sous cet angle, les enjeux de l'activité ludique débordent l'acquisition des connaissances et prennent une dimension identitaire.

7. E. Goffman, *Les rites d'interaction*, Éditions de minuit, 1988.

L'enseignant qui reste en retrait pendant le temps du jeu, perd de la sorte une partie de ses prérogatives coutumières : il ne distribue plus les connaissances, il se contente d'un rôle d'animateur. C'est cette stratégie de décrochage qui offre à l'élève la possibilité de *s'engager* (notion abordée principalement dans les chapitres 1et 6).

La suspension de l'action

Une autre manière d'utiliser le détour est d'intervenir dans le déroulement temporel de l'action afin de créer un effet d'attente qui va remplir plusieurs fonctions. Selon les circonstances, l'attente excitera soit le désir, soit l'anxiété. Mais parfois, elle aura aussi la propriété de calmer les esprits surchauffés comme on l'a vu à propos des médiations relationnelles. Le temps offre la possibilité de réfléchir et donc de changer d'avis et de comportement. Il est ainsi un allié efficace quand on souhaite détourner l'attention d'un interlocuteur de ses impressions ou réactions premières, qu'on juge inappropriées, pour exercer une influence indirecte.

Ruse n° 57 : les vertus de la digression

Dans sa pratique thérapeutique, Milton Erickson utilise la digression pour détourner l'attention de certains de ses patients enclins à adopter une attitude résistante vis-à-vis de son diagnostic ou de ses prescriptions. Quand il commence à aborder ces questions en consultation, il s'arrête aussitôt et dévie sur autre chose afin que l'attente exacerbe le désir de savoir. « Pendant ce temps-là, ils restent dans l'expectative. Ils ne peuvent faire autrement que d'admettre que ma digression est justifiée et parfaitement correcte, mais ils ne s'attendaient pas à ce que j'agisse de la sorte. C'est très inconfortable de ne pas savoir à quoi s'en tenir, et ils ont envie de connaître la solution que j'étais sur le point de leur révéler. Puisqu'ils attendent cette solution, il y a davantage de chances pour qu'ils acceptent ce que je dis... Si la consigne était énoncée immédiatement, ils pourraient engager une controverse à son sujet. Mais si vous faites une longue digression, ils espèrent que vous allez en revenir au propos initial, et votre décision reçoit un accueil favorable. » [8]

8. J. Haley, *Un thérapeute hors du commun : Milton H. Erickson*, Desclée de Brouwer, 2005.

Jeannine Lebrun, professeur de français en CFA, utilise un peu différemment la digression quand elle observe que la classe est intellectuellement indisponible. Il faut reconnaître qu'il n'est pas si facile, quand on est collégien ou apprenti, de s'intéresser successivement aux mathématiques, puis à l'histoire, puis à l'EPS, puis à la biologie... en fonction des prescriptions de l'emploi du temps. Il est donc occasionnellement nécessaire de faire preuve d'un certain doigté pour parvenir à établir en souplesse une ambiance de travail. Quand elle mesure un haut degré de réticence de la classe, Jeanine Lebrun fait croire qu'elle s'égare dans des considérations annexes, ce qui ne manque pas de susciter l'approbation active des apprentis, qui pensent ainsi l'aider à se détourner du travail programmé.

> Les jours de contrôle en français, les apprentis sont fréquemment tendus. Le climat est à la fronde, ils bougonnent, traînent les pieds, s'énervent pour un rien. Pour calmer le jeu et prendre le temps d'apaiser les esprits, j'oublie temporairement le contrôle et je les lance sur autre chose, comme si le programme prévu m'était sorti de la tête. La première surprise passée, ils font les gentils et participent sagement au cours comme si de rien n'était. Ce n'est pas du tout pour leur jouer un vilain tour, ce qui d'ailleurs me reviendrait en boomerang, c'est pour leur donner le temps de se détendre. Quand je sens que la classe est devenue disponible, j'annonce le contrôle et ça passe très bien.

Le temps d'apaisement qui est observé dans cet exemple est consécutif à un détournement de l'attention vers une activité perçue par les apprentis comme plus avantageuse qu'un contrôle. Une fois la coopération établie, le principe de cohérence comportementale (abordé au chapitre suivant) agit de telle sorte qu'il est devenu difficile pour la majorité d'entre eux de choisir la résistance et d'abandonner un comportement coopératif qui semble devenu consensuel.

Ruse n° 58 : l'entretien différé

Lorsque des tensions surgissent en classe, leur traitement immédiat est parfois indispensable pour couper court aux dérives possibles, mais il est souvent plus judicieux de laisser le temps produire un effet d'apaisement. Car la réactivité à chaud présente le risque de provoquer un emballement émotionnel, qui aura pour conséquence d'envenimer les choses plutôt que de les régler. Le temps permet la réflexion et la prise de distance. Il laisse le loisir de mesurer les enjeux de la situation et en définitive, il la modifie aux yeux des protagonistes, comme le montre Coralie Manning, professeur de physique/chimie en lycée, dans ce témoignage.

J'ai eu un différend avec un élève de seconde à qui j'avais posé une question et qui m'avait répondu, en maugréant sans lever le nez, sans se retourner pour me parler en face (sa table est tournée vers la fenêtre), l'air de dire « va te faire voir ! ». Je lui ai répondu en imitant son ton de voix revêche et grave. Il s'est énervé : « Vous n'avez pas à me parler comme ça ! ».

Je lui ai dit que je parlais comme lui mais que moi, au moins, je le regardais en parlant. Il n'était pas content et j'ai continué mon cours. Un peu plus tard, en passant près de lui, je l'ai alors prié discrètement de venir me voir à la fin du cours. En général, les élèves s'attendent à un sermon, mais je préfère les faire parler. Je lui ai demandé pourquoi, à son avis, je lui avais dit de rester. « Ouais, c'est à cause de tout à l'heure. Mais bon, j'ai réfléchi à ce que vous avez dit et c'est vrai que j'aurais pu vous regarder. »

L'incident était clos et on s'est quittés copains. Mais le plus curieux, c'est qu'à partir de là, il s'est créé un lien entre nous. Il me sourit quand il me croise et il est devenu très participatif en classe.

Le temps de réflexion (pendant et après le cours) a changé la relation à un point tel qu'une connivence s'établit après le conflit. Le retournement de situation s'explique sans doute par le désir de l'élève d'effacer l'impression négative laissée par une réaction impulsive, dans laquelle il ne se reconnaît pas. Pour cela, il s'estime contraint d'apporter la preuve qu'il a tourné la page en se livrant à des démonstrations de cordialité qui, inévitablement, instaurent une relation cordiale.

Les crispations relationnelles présentent la caractéristique de monter toutes seules en puissance, parfois indépendamment de la volonté des protagonistes. C'est souvent sans le vouloir que les gens « sortent de leurs gonds ». Avant d'en arriver là, la suspension de l'action peut changer la donne car le temps a la propriété d'apaiser les esprits. On a vu qu'il pouvait même inverser une situation conflictuelle pour la transformer en alliance. Remettre les choses à plus tard conduit ainsi à changer la manière de les voir, et donc de les traiter dans un cadre renouvelé. La stratégie de rupture et d'esquive qu'adopte alors l'enseignant exerce une influence d'autant plus efficace qu'elle est imperceptible. Nul besoin d'exprimer un souhait ou une volonté, le temps fait seul la besogne.

Ruse n° 59 : la conceptualisation préalable

Intellectualiser le jeu n'apparaît pas *a priori* comme une activité motivante, spécialement avec des élèves difficiles qui se sentent plus à l'aise dans l'action immédiate. Pourtant le jeu recèle de fortes potentialités imaginaires et conceptuelles sur lesquelles on peut s'appuyer. Le geste n'a pas simplement une dimension physique, il a aussi une valeur intellectuelle, en termes d'esthétique ou d'adresse et le joueur l'imagine et l'apprécie avant et après l'action. Ainsi, le temps de réflexion préalable qui pourrait apparaître comme un obstacle démotivant, est-il dans certains cas, aussi intense que le jeu lui-même, comme le constate Cécile Sors, professeur d'EPS en collège, avec l'utilisation des fiches écrites.

La démarche pédagogique en EPS recommande d'établir une fiche au cours des activités afin d'en faire l'analyse. C'est en ZEP, paradoxalement, que la fiche présente le plus d'intérêt. J'ai eu une expérience étonnante dans une classe de 4ᵉ difficile. C'est un jour où je n'avais pas de gymnase et j'avais prévu de prendre les élèves en salle de cours. Je me préparais à subir une heure particulièrement tendue et j'eus droit à un tollé général quand j'annonçai le programme. Ils entrèrent en classe en maugréant et, sans trop y croire, je leur donnais à préparer la séquence suivante. Il s'agissait d'une activité d'acrosport et ils devaient prévoir, par écrit et par groupes de trois, les différentes figures (par exemple, des pyramides acrobatiques), ainsi que l'évaluation en points correspondant à la difficulté de la figure. Ils s'y mirent sans broncher, même les plus agités, et ils restèrent concentrés pendant une heure sur cette préparation.

Je ne m'explique pas très bien ce succès : l'anticipation imaginaire de l'exploit ? Le désir de conceptualiser une activité physique qui pouvait les valoriser ? La prévision d'une compétition entre eux ? Je ne suis pas sûre que ça aurait aussi bien marché avec une classe tranquille (j'en ai fait l'expérience). Mais dans les classes difficiles, le sport bénéficie d'une meilleure image, sans doute parce qu'il offre aux élèves en difficulté une possibilité de se valoriser.

Ainsi, la résolution d'énigmes, la rivalité mimétique, la prise de décisions qui constituent la substance-même du jeu entraînent une activité mentale qui déborde le temps du jeu. Mais la conceptualisation a surtout un intérêt quand elle est valorisante ou tout au moins si elle offre des perspectives en termes de réussite future, parce que l'imagination, avant l'action, permet tous les possibles.

Pour conclure

Le temps possède cette capacité de recadrer les situations et de modifier la perception que l'on peut en avoir. Il peut être utilisé tactiquement soit comme outil d'apaisement, soit comme outil de motivation. D'une part dans les situations critiques, retarder l'action atténue les crispations relationnelles qui présentent la caractéristique de monter toutes seules en puissance, parfois indépendamment de la volonté des protagonistes, car c'est souvent sans le vouloir que les gens « sortent de leurs gonds ». Remettre les choses à plus tard conduit ainsi à changer la manière de les voir et donc de les traiter dans un cadre renouvelé. D'autre part, anticiper l'action par un travail imaginaire peut rendre cette action plus désirable.

La médiation par le mythe

Agitation, mouvements parasites, difficulté à se fixer sur une tâche, ou au contraire, inhibition, repli sur soi, endormissement... tels sont les symptômes des enfants qui ne peuvent pas apprendre. Lorsqu'il y a échec sévère, l'élève pratique l'évitement, il fuit devant toute activité intellectuelle, il répond par l'esquive, l'utilisation de recettes magiques, de placages conformistes, de répétitions stériles... Ces tactiques deviennent au fil des ans des réflexes de défense face au travail scolaire.

Que faire quand des enfants ou des adolescents, incontestablement intelligents, résistent aux apprentissages au point de ne savoir déchiffrer une phrase ou même un mot après plusieurs années de scolarité ? Comment réagir face à ces stratégies anti-apprentissage, mises en place pour se protéger, par ceux qui arrivent à l'école en refusant d'utiliser les compétences psychiques nécessaires pour affronter les contraintes du fonctionnement intellectuel ?

Apprendre, c'est solliciter toute son organisation psychique et personnelle, explique Serge Boimare, directeur pédagogique du Centre Claude Bernard à Paris. « C'est rencontrer des limites et des règles, c'est se confronter à ses insuffisances. Entre le moment où on ne sait pas et celui où on va peut-être savoir, il y a forcément une incertitude, un manque, une solitude. Or certains enfants ont une peur panique de ce temps de suspension. » [9]

9. Serge Boimare, *op. cit.*

Serge Boimare postule que c'est une défaillance éducative précoce qui perturbe les enfants en grande difficulté scolaire.

D'une part, lorsqu'un enfant a été soumis dans ses premières semaines d'existence à un cadre de vie insécurisant, il n'a pas pu s'organiser psychiquement en se référant à des lois, des règles, des rythmes réguliers. D'autre part, certains parents (ceux qui donnent tout, tout de suite) n'ont pas été capables de dire non à l'enfant et de lui imposer l'épreuve de la frustration qui accompagne nécessairement l'apprentissage.

Pour maintenir leur équilibre psychique, ces enfants se protègent en refusant l'activité intellectuelle. Ils cultivent des fantasmes de tout-puissance, ils veulent accéder à un savoir instantané et refusent de devoir engager une démarche qui va nécessairement les confronter avec l'inconnu.

Tout se passe comme si ce temps de suspension ouvrait la porte aux peurs archaïques mal maîtrisées, aux expériences personnelles traumatisantes. Pour Serge Boimare, ces angoisses, généralement liées à la mort et à la sexualité, investissent le psychisme et empêchent les enfants de penser. Par peur d'apprendre, ils se réfugient soit dans l'excitation et la violence, soit dans l'apathie.

Ces enfants sont souvent marqués par la perte des repères identitaires. Ils ne savent pas se situer dans le temps ou dans l'espace et ils ignorent les possibilités de leur corps et de leur esprit. Ce sont ces déficiences qui sont à la source de la fascination qu'ils éprouvent pour la toute-puissance. Certaines difficultés sont significatives : difficultés pour fixer sa date de naissance ou pour orthographier son nom de famille, pour apprendre l'heure ou les jours de la semaine, pour se repérer dans une suite ou dans la différence des générations.

S'ils ne savent pas se repérer pour ce qui les concerne directement, comment pourraient-ils se situer dans les enchaînements, les liens, les successions nécessaires à toute démarche d'enseignement ? Pour apprendre, il faut sortir de soi, renoncer au « tout, tout de suite », entrer dans la frustration provisoire pour espérer des satisfactions possibles.

Ruse n° 60 : le détour par les contes

Occupant en début de carrière un poste en enseignement spécialisé, Serge Boimare est confronté aux difficultés extrêmes des enfants en rupture scolaire. Il ne parvient pas à les maintenir en classe. La plupart d'entre eux sont dehors, occupés à jouer ou à le provoquer s'il a l'outrecuidance de vouloir les faire rentrer. Quant à ceux qui restent avec lui, il ne peut être question d'apprentissage : il se contente de les distraire, sinon ils vont grossir les rangs de ceux qui le narguent sous les fenêtres.

« Je serais sûrement tombé malade ou j'aurais changé de métier si je n'avais trouvé dans la classe un livre de contes... Je dois ma survie dans le monde de la pédagogie aux frères Grimm. En effet, un jour que j'étais au comble du désespoir, j'ai commencé à lire leur livre de contes aux trois ou quatre enfants qui étaient encore avec moi, et comme par enchantement, j'ai vu revenir mes élèves, les uns après les autres, pour en écouter les histoires. »

Mais dès qu'il veut à nouveau s'attaquer à la grammaire ou aux mathématiques, les élèves s'enfuient encore, ce qui constitue pour lui la pire des vexations. Il en vient donc à lire des contes du matin au soir, avec quelques pauses pour se relaxer pendant que les élèves jouent au foot.

« Tous mes repères de pédagogue en étaient bouleversés. J'avais en face de moi des enfants qui me semblaient avoir surtout besoin de concret et de rationnel, je leur racontais des sornettes, je les confrontais à la magie, au bizarre. »

Replonger ainsi dans des préoccupations infantiles, avec des histoires de belles-mères perverses et de parents qui abandonnent leurs enfants, lui semble effectivement inapproprié avec des élèves qui ne parviennent pas à surmonter leurs difficultés familiales.

Pourtant, au bout de six semaines de lecture, le climat de la classe s'apaise et il devient possible d'aborder les apprentissages, toujours à partir des contes de Grimm car le rejet des livres traditionnels de lecture demeure total. C'est à l'origine en s'appuyant sur cette expérience, qu'il développe ses analyses sur la médiation culturelle.

Ruse n° 61 : surmonter la peur par une médiation culturelle

La médiation culturelle a pour fonction de figurer les peurs dans un registre symbolique qui les atténue en les mettant à distance dans le temps et dans l'espace. Il s'agit pour Serge Boimare de « permettre aux questions brûlantes et aux inquiétudes premières d'avoir droit de cité. Mais pas n'importe comment, elles devront être contenues, figurées dans un registre symbolique, dans une métaphore qui les mettra en forme et les atténuera. »

Cette mise à distance est réalisable grâce à la mythologie grecque, la bible ou les contes, des romans comme ceux de Jules Verne. Toutes ces œuvres mettent le lecteur au plus près de ses angoisses archaïques. Elles fournissent en effet des images fortes sur le conflit des générations, l'inceste, la violence, mais aussi la faim, la peur, la soif, le froid, le manque d'air... Elles proposent un itinéraire où il faut toujours sortir du chaos, lutter contre les forces du mal, maîtriser ses pulsions pour intégrer le groupe, partager pour trouver sa place dans la fratrie, se séparer de ceux qui vous aiment pour trouver son identité, reconnaître ses manques et se préparer à la mort... Elles proposent un cheminement qui permettra à l'enfant de « s'en sortir ». La culture offre le fil qui permet cet aller-retour entre l'affect et la pensée, entre le personnel et le collectif.

Pour l'apprentissage de la lecture, Serge Boimare renonce à accumuler les exercices phonologiques et la pratique de la discrimination visuelle et auditive dont les élèves en difficulté semblent avoir besoin. Car le travail répétitif autour des lacunes pousse plus d'enfants dans l'opposition qu'elle n'en aide réellement. Pour affronter les difficultés, il est nécessaire de leur donner des images qui vont servir de points d'appuis pour affronter celles que fait naître en eux le danger de passer du registre perceptif (où pour savoir, il leur suffisait de voir et d'entendre), au registre représentatif (où il faudra cette fois, procéder à une alchimie interne pour avancer).

Ce n'est qu'ensuite que l'on pourra puiser dans les contes et les mythes des exemples pour en revenir aux exercices destinés à améliorer les déficits instrumentaux. La différence entre « en », « an » et « on », par exemple, qui était insaisissable pour certains, toujours sujette à confusion, devient beaucoup plus facile à inscrire en mémoire, à discriminer visuellement, quand elle est placée dans le nom d'un dieu (Apoll**on**, P**an**dore) d'un animal chimérique (drag**on**, serp**en**t ailé) ou d'un enfant abandonné qui éprouve des émotions et des désirs comparables aux leurs. Mais cette fois, il s'agit d'une figuration qui mettra peut-être un peu d'ordre et de cohérence dans ces peurs qui ne pouvaient pas être maîtrisées.

Bien sûr, cette approche pédagogique reste complexe. S'autoriser à renouer avec la situation d'apprentissage quand on avait trouvé son équilibre dans l'évitement de la pensée ne peut pas être simple. L'expérience montre que ce travail d'apport de représentations, grâce à une médiation culturelle doit durer environ deux années pour être efficace. Mais Serge Boimare prétend que, dès le premier jour de l'utilisation d'une médiation portant en elle ces inquiétudes qui freinent l'apprentissage, un retour de l'intérêt pour le lieu du savoir, une réconciliation avec celui qui est en charge de la transmettre sont envisageables.

Ruse n° 62 : Pygmalion en prison

La médiation culturelle est pour Katy Pinto, professeur de français en milieu carcéral, un moyen de poursuivre des objectifs qui sont plus éducatifs que pédagogiques. Avec des détenus condamnés pour violences faites aux femmes, elle utilise le mythe de Pygmalion pour tenter d'assouplir des représentations particulièrement machistes.

Évidemment, je masque mes objectifs, je présente le mythe comme une histoire qui les concerne parce que comme Pygmalion, les détenus ont beaucoup de reproches à faire aux femmes. Je proscris tout discours moralisateur et je lis le texte dans un silence impressionnant. Ensuite, je les amène à évoquer leurs reproches qu'on inscrit au tableau : « bavardes, provocantes, étourdies, dépensières, allumeuses, infidèles, menteuses, intéressées, jalouses… ». Tous les poncifs machistes sont au rendez-vous et de cette manière, ils se posent en quelque sorte en victimes des femmes. D'ailleurs, ils sont en prison « à cause » des femmes, si bien qu'au mieux ils s'en méfient, au pire ils les haïssent.

Mais le fait de voir concrètement la liste, montre à quelques-uns l'excès du négatif. Je vois apparaître des moues dubitatives sur certains visages, et à ce moment-là, je pose la question : « Mais alors pourquoi les hommes courent après les femmes ? » Du coup, l'unanimité se fissure. La liste est remise en question, des désaccords apparaissent et la complexité du réel se substitue peu à peu aux représentations simplistes. Le dialogue change alors de nature :
– Que pensez-vous du choix amoureux de Pygmalion ?
– C'est pas une vraie femme.
– Oui, mais elle est parfaite : elle est pure, fidèle, innocente, vertueuse, aimante, sincère… Elle n'a aucun des défauts inscrits au tableau.
– Mais elle n'est pas vivante ! Et puis toutes les femmes n'ont pas les mêmes défauts.

Les femmes, d'abord perçues et utilisées comme objets indifférenciés deviennent vivantes, elles accèdent au statut de sujet. Le désir de Pygmalion de posséder totalement une femme privée de désir, propre, apparaît comme archaïque aux détenus qui ont pourtant exercé une emprise violente sur les femmes. On continue la discussion sur l'idéal de la femme parfaite et soumise dont parle le mythe qui, je l'espère, exerce en souterrain sa fonction cathartique. Je me dis qu'il y a peut-être comme l'ombre du début d'une prise de conscience.

Sans le détour par le mythe, il serait impossible d'aborder sérieusement ces questions. Elles sont beaucoup trop sensibles pour que l'intervention d'un tiers ne soit pas perçue comme malvenue.

Conclusion

Les convictions profondes, comme les difficultés relationnelles ou les difficultés de compréhension, génèrent des blocages qui figent les positions et qui empêchent d'avancer par le dialogue. Opérer un décrochage est alors une tactique payante. On laisse ainsi à l'interlocuteur le temps et la liberté de changer sa représentation de la situation, qu'il s'agisse d'un conflit, d'une situation de travail ou d'une difficulté intellectuelle.

Ce qu'on obtient en classe par le détour, c'est un détournement de l'attention de l'élève. Son esprit n'est plus obnubilé par une difficulté extérieure ou une stratégie d'autodéfense, ses nerfs peuvent se détendre. Ce détournement de l'attention s'accompagne souvent d'une mise en retrait totale ou temporaire de l'enseignant, qui s'estompe derrière un média. L'effacement de l'enseignant est d'ailleurs la condition de l'engagement de l'élève, qui gagne alors un espace d'expression ou de réflexion.

Régler ainsi les problèmes de manière indirecte, en masquant ses objectifs pédagogiques ou relationnels, est bien souvent le seul moyen d'exercer une influence positive, dans tous les cas, où la volonté d'influence directe de l'enseignant serait perçue négativement en étant assimilée à une contrainte ou à une violence.

De plus, l'influence directe est grandement illusoire dans la mesure où l'enseignant n'a qu'une maîtrise très partielle des processus d'apprentissage. Les chemins d'accès au savoir qu'emprunte l'élève sont en effet beaucoup trop complexes pour être sérieusement contrôlés. Ils obéissent à une alchimie souterraine, et si l'enseignant peut accompagner l'enfant, il ne peut certainement pas le diriger à sa guise.

6
Le partage du pouvoir

Traditionnellement, l'enseignant monopolise tous les pouvoirs. Il maîtrise les contenus, il décide de l'organisation et de la progression des cours, il assure également une tâche de maintien de l'ordre et rend occasionnellement la justice. Il met ainsi en place plus ou moins consciemment une relation d'assistanat qui est souvent source d'apathie ou de perpétuelles récriminations. Si l'on décide de tout, si on ne laisse comme alternative aux élèves que le choix entre docilité ou contestation, comment leur demander d'être responsables et de s'engager ? Qu'on soit adulte ou enfant, il est difficile de se sentir responsable, quand on n'exerce aucune responsabilité. Mais donner des responsabilités aux élèves n'est pas si simple, car les habitudes scolaires ont eu le temps de faire goûter à chacun d'entre eux le confort (mitigé) de la passivité. Pour passer d'une logique de la passivité à une logique d'action et faire éclore le désir de prendre des responsabilités, il faut repenser la relation de pouvoir en termes de partage.

Partager le pouvoir, c'est accorder une plus grande autonomie à l'élève, et en particulier, une plus grande liberté de décision et d'action. Autrement dit, l'élève est moins encadré par les consignes de l'enseignant et il lui est accordé la liberté de faire ou (dans une certaine mesure) de ne pas faire. Une définition du pouvoir comme liberté d'agir est proposée par Michel Crozier et Erarhd Friedberg : « le pouvoir réside dans la marge de liberté dont dispose chacun des partenaires engagés dans une relation de pouvoir, c'est-à-dire dans sa possibilité plus ou moins grande de refuser ce que l'autre lui demande » [1].

1. M. Crozier, E. Friedberg, *L'acteur et le système*, Seuil, 1981.

Mais en classe, la liberté n'est pas celle de ne rien faire et l'objectif reste celui de l'apprentissage. Le contrôle ne disparaît pas, il se déplace, il est moins immédiat et moins visible. La structure scolaire demeure contraignante, car la liberté de choix s'inscrit dans un cadre prédéfini, celui de l'apprentissage. Cela signifie que le partage du pouvoir n'est pas pour l'enseignant synonyme d'abandon du pouvoir. Il s'agit plutôt pour lui d'un retrait calculé dont l'objectif est de libérer un espace susceptible d'être investi par l'élève.

Le pouvoir est attractif quand il donne à l'enfant l'opportunité d'agir de manière autonome et de sortir ainsi du rôle infantile de l'apprenant passif. Encore faut-il que l'action semble avoir quelques chances d'être couronnée par la réussite sans laquelle on ne peut récolter les fruits du pouvoir : la satisfaction d'exercer ses compétences, le prestige, le sentiment de puissance...

Le pouvoir est ainsi un levier particulièrement solide pour déclencher le processus de l'engagement, notion définie dans le premier chapitre comme adhésion de l'individu à ses actes, adhésion qui engendre une emprise du rôle adopté initialement et dont il est difficile de se séparer, sous peine de paraître incohérent. Pour l'élève, cet engagement sera porteur de responsabilisation. Il est sans doute utile de repréciser ici les principales conditions de la responsabilisation par l'engagement (selon Joule et Beauvois).

La première repose sur la liberté du choix en termes de décision : une décision prise sous la contrainte est peu engageante car elle ne réclame pas l'adhésion du sujet. Inversement, les décisions librement arrêtées, donnent lieu à des effets de persévération, qui se maintiennent dans la durée. C'est dire que l'effacement relatif du maître est un élément primordial car l'engagement s'accorde mal avec un contrôle étroit et une forte directivité.

La deuxième condition est liée à l'idée qu'un choix opéré publiquement, est davantage engageant qu'un choix non public, car le regard des autres exerce une pression qui nous incite à maintenir dans nos comportements, une certaine cohérence.

Enfin, il faut noter que les actes produisent des effets de persévération plus durables que les paroles, particulièrement si ces actes sont perçus comme prestigieux, ou bien encore coûteux pour l'individu, c'est-à-dire qu'ils lui demandent un effort particulier. Une simple promesse sera donc beaucoup moins engageante qu'une action concrète significative, venant garantir une décision verbale.

Il existe de multiples possibilités de délégation de pouvoir. Il peut s'agir de l'exercice d'une responsabilité au sein du groupe ou de l'envie de travailler, à la réussite d'un projet individuel ou collectif. Plus paradoxalement, l'exercice d'un pouvoir est également possible pour l'élève au moment où il est sanctionné.

La redistribution du pouvoir organisationnel

Responsabiliser les élèves est envisageable grâce à la redistribution du pouvoir dans la classe, en ce qui concerne l'organisation du travail ou la gestion des règles de vie collective. Il est possible de penser autrement le pouvoir hiérarchique, en décidant d'en dire et d'en faire moins, pour ouvrir un espace où les élèves ont une plus grande liberté d'agir. La délégation du pouvoir implique que les élèves aient la possibilité de s'octroyer des rôles actifs au sein du groupe, rôles qui les placent en situation de responsabilité pour exercer une influence concrète, prendre des décisions, exercer un contrôle... Jean Maisonneuve note à ce propos les conclusions d'un chercheur américain sur l'équilibre des pouvoirs dans un groupe : « Bales a pu dégager l'existence d'une *complémentarité* significative entre le rôle de leader et celui des autres membres du groupe (pris dans leur ensemble), selon le type de leadership exercé – et accepté : si le leader intervient beaucoup dans l'orientation des tâches, le groupe lui-même produit relativement peu ; et *vice versa* : le groupe est plus productif et plus impliqué lorsque le leader intervient seulement ou surtout au niveau de l'information et de l'explication, et manifeste une attitude de compréhension. » [2]

2. J. Maisonneuve, *op. cit.*

Cette complémentarité à l'œuvre dans des groupes d'adultes (il s'agit précisément de groupes restreints de discussion libre) se retrouve en contexte éducatif. Mais quand l'enseignant s'efface, l'implication du groupe n'est évidemment pas automatique et l'autonomie présente des risques de dérive, spécialement quand les élèves ne disposent pas des aptitudes minimales pour assumer des rôles spécifiques : d'une part, la compétence opérationnelle requise pour la tâche, d'autre part, la motivation à l'exercer. Il est donc souvent nécessaire que l'enseignant supervise, plus ou moins étroitement dans un premier temps, la répartition des rôles et plus généralement l'activité autonome des élèves.

Ruse n° 63 : l'assistant de la maîtresse

La responsabilisation par la prise de rôle s'observe dès la maternelle. Dans le témoignage ci-après, le petit garçon met un point d'honneur à remplir correctement son rôle, au-delà des attentes de l'adulte, quand il renonce à la récréation, comme le relate ce professeur des écoles.

J'enseigne en maternelle dans une classe à deux niveaux (moyens et grands) et j'ai cette année, un petit garçon hyperactif qui ne peut pas rester en place, qui passe sans arrêt d'un groupe à l'autre et qui perturbe le travail des autres. Comme je n'arrive pas à le gérer, j'ai pensé lui confier la responsabilité d'effacer le tableau, en prenant soin de lui dire : « Regarde bien le tableau, quand il faudra l'effacer, c'est toi qui t'en charges. Mais je ne te dirai rien : à toi de voir quand tu dois intervenir ». J'ai réussi comme ça à fixer son attention sur quelque chose. Il prend son rôle très au sérieux et il est devenu plus calme. À tel point qu'au lieu d'aller jouer pendant la récréation, il prend l'initiative d'aller nettoyer l'éponge pour que son travail soit impeccable.

La liberté laissée à l'enfant l'oblige en fait à rester vigilant pour prendre au bon moment la décision d'agir. Son esprit est tourné vers un but précis, occupé à observer, à peser la nécessité d'intervenir ou non, à anticiper... Il développe ainsi ses capacités de concentration sur une tâche et ne trouve plus le temps de perturber la classe.

Ruse n° 64 : les perturbateurs consciencieux

Le travail en groupe occasionne souvent des rivalités et des conflits qui nuisent au bon déroulement des activités et cassent les dynamiques de travail. Pour éviter que l'autonomie se transforme en foire d'empoigne et produise du découragement et de l'échec, Cécile Sors, professeur d'EPS en collège, décide elle-même de la répartition des rôles.

Il est impératif de distribuer des responsabilités quand les élèves travaillent en groupe. Par exemple, pour l'organisation d'un tournoi, je m'arrange de préférence pour donner des tâches aux perturbateurs. Ils sont chargés d'organiser les rencontres entre les équipes à l'aide d'un tableau à double entrée, de noter les scores, de chronométrer, de noter les fautes... Cette responsabilisation leur offre l'opportunité d'échapper à leurs rôles habituels de contestataires, ça leur donne du prestige et ils s'attachent vraiment à ce que tout se déroule pour le mieux. Il s'établit aussi une rivalité entre les chefs de groupes dans le contenu et dans la présentation de la fiche de tournoi. La première fois, ils salopent souvent le travail. Je leur fais observer et je m'arrange pour leur montrer une fiche bien faite. Ils ne sont pas contents mais la fois suivante, ils me montrent qu'ils ont fait une fiche soignée que je m'empresse d'admirer.

Les « pressions extérieures et intérieures » dont parle Cialdini (cf. chapitre 1) s'exercent ici : comme précédemment, l'élève met un point d'honneur à remplir son rôle, aidé en cela par la vigilance exigeante des autres qui manifestent vis-à-vis de lui des attentes de rôles. L'engagement dans un rôle de prestige transforme ainsi les perturbateurs en alliés de l'enseignant. Cet engagement est encore accentué par la rivalité mimétique qui s'instaure entre les différents responsables.

Ruse n° 65 : le Conseil en pédagogie institutionnelle

Les vertus du partage du pouvoir sont également exploitées par la pédagogie institutionnelle au moyen du « Conseil », lieu de parole et de décision. Au Conseil sont décidées les règles qui déterminent le travail et la vie du groupe. Le maître reste le garant de la loi, il détient un droit de veto pour prévenir d'éventuelles dérives, mais il doit cependant se soumettre aux règles communes (qui ne peuvent pas contredire le règlement intérieur). Ces règles sont élaborées collectivement, elles peuvent être modifiées ou supprimées. Les difficultés rencontrées par le groupe, les conflits entre élèves ou avec l'enseignant, les responsabilités prises ponctuellement par certains sont également l'objet de décisions du Conseil.

Ainsi, la loi n'est plus une instance extérieure, elle est la propriété de tous. Le pouvoir d'organisation et de décision n'est plus exercé exclusivement par l'enseignant, chaque élève en détient une parcelle. Ce système qui implique chacun dans la vie collective est donc porteur de responsabilisation.

Le Conseil se réunit en général une fois par semaine, il est animé par un président de séance qui donne la parole, un ou deux secrétaires qui notent au tableau et sur un cahier, un gardien du temps. On parle ensemble de ce qui se passe et de ce qui doit changer, de ce qu'on demande, de ce qu'on propose puis on décide. Chez les plus jeunes, pour visualiser la prise de parole, un bâton de parole circule : on ne peut parler que si on le tient en main. Durant les échanges, l'écoute et le respect de la parole de l'autre sont la règle.

L'échec ou la réussite de cette pratique dépendent beaucoup de la réalité du pouvoir qui s'y joue. Le Conseil (ou par ailleurs « l'heure de vie » instituée dans les collèges ou lycées) peut rapidement devenir une coquille vide si ce n'est qu'un lieu de palabre routinier, qui ne débouche jamais sur de réelles prises de décision. L'implication de chacun des participants ne peut être effective que si le dispositif parvient à faire la preuve de son utilité concrète, en termes d'instance de régulation.

Ruse n° 66 : les élèves médiateurs

La médiation a pour but de résoudre les nombreux conflits entre jeunes (hormis ceux relevant de la justice), en dehors de l'intervention des adultes. Les médiateurs, élus par leurs camarades, sont chargés de trouver un compromis lorsqu'un différend éclate entre des élèves.

La procédure est très formalisée pour que son caractère officiel soit respecté : les médiateurs disposent d'une salle où ils reçoivent les protagonistes ; l'entretien est minutieusement structuré et codifié, et à l'issue de la séance, chacun signe un protocole d'accord qui est transmis à la direction de l'établissement.

La mise en place d'un système de médiation suppose la formation des médiateurs, qui s'articulera autour de thèmes tels que l'analyse des sentiments et des émotions face à la violence, la connaissance de soi, les techniques de conduite d'entretien, la déontologie de la démarche (ne pas imposer une solution, confidentialité, neutralité).

Concernant le déroulement de l'intervention, elle s'opère toujours en binôme. Les médiateurs proposent un entretien isolé et reçoivent séparément ou conjointement les adversaires. Ils expliquent les règles de la médiation, imposent une écoute réciproque, reformulent les faits et les sentiments, sans juger ni critiquer. Il s'agit de créer un climat de confiance pour réduire les tensions, afin de parvenir à un compromis qui soit plutôt imaginé par les protagonistes que par les médiateurs. Enfin, il revient à ces derniers de relater leurs interventions dans un cahier de bord.

Ce système génère une baisse très sensible des tensions et améliore le climat des établissements. La mise entre parenthèse de la tutelle des adultes suscite une réelle responsabilisation collective des élèves : les médiateurs bien sûr, mais aussi l'ensemble des élèves qui prennent conscience que la loi n'est pas simplement l'affaire des adultes. Cependant le suivi par l'équipe pédagogique reste indispensable, d'une part pour montrer l'intérêt de l'institution pour ce dispositif, d'autre part pour éviter certaines dérives : incompréhensions des élèves sur le rôle des médiateurs ou dérives issues de la méprise des médiateurs sur le sens de leur mission.

On observe un attachement parfois très fort des élèves aux rôles qu'ils ont l'opportunité d'occuper, attachement qui tient sans doute au plaisir de montrer de quoi ils sont capables. Cette adhésion forte au rôle, est aussi une manière de conforter son identité en affirmant sa place dans le groupe. Le gain narcissique est, ici comme ailleurs, un enjeu toujours puissant.

Inversement, le refus de s'engager dans un rôle peut aussi apparaître chez des sujets qui souhaitent conserver une marge d'indépendance ou une liberté de récrimination, en restant en dehors de l'action collective. D'autres raisons encore peuvent expliquer cette attitude : des enjeux insuffisants, un désir de conserver un anonymat confortable ou de ne pas être soumis au contrôle de ses pairs.

Pour conclure

Il ressort de ces remarques que l'engagement est conditionné au degré d'attractivité du rôle et que le regard du groupe exerce à cet égard une influence importante en termes de valorisation ou de dévalorisation de ce rôle. Les phénomènes de rivalité mimétique induisent également des compétitions entre pairs qui renforcent la valeur du rôle. Enfin, l'enseignant a aussi la capacité de rendre désirables les rôles qu'il délègue, en les présentant comme des prérogatives d'adulte que l'enfant aime généralement s'octroyer, afin de faire la démonstration de sa maîtrise et de sa maturité.

Le partage du pouvoir pédagogique

La pédagogie est par excellence, la propriété de l'enseignant et la liberté de décision de l'élève, comme sa liberté d'action sont généralement étroitement contrôlées. Il est pourtant possible de partager le pouvoir pédagogique en ce qui concerne les contenus ou l'évaluation des connaissances. Le but visé est le même que précédemment : octroyer une liberté (contrôlée) d'agir afin de faire émerger dans les apprentissages un engagement véritable qui sera un moteur bien supérieur à la directivité ressentie comme aliénante. Le rôle de l'enseignant est alors de calibrer précisément le pouvoir qu'il délègue, afin que les élèves soient en mesure de l'exercer dans une perspective de réussite. Il s'agit donc d'un pouvoir limité et ponctuel, certainement pas d'un laisser-faire démagogique.

Ruse n° 67 : déléguer la structuration du cours

Le partage du pouvoir de décision est un antidote majeur contre la résistance : on ne peut pas en même temps décider et s'opposer à la décision que l'on prend. C'est pourquoi, la délégation de la structuration du cours est ici synonyme d'engagement pour les élèves, comme le relate Aïcha Amini, formatrice en action commerciale en CFA.

Pendant ma première année d'enseignement, j'ai dû remplacer un collègue absent et intervenir dans une classe majoritairement féminine de première année de BEP-Vente. J'avais préparé un cours sur la « démarche mercatique », bien cadré, bien minuté, avec ce qu'il fallait d'approche inductive, comme on nous avait appris à l'IUFM. Dès que je suis entrée dans la salle, j'ai senti qu'il y avait un malaise, la déception se lisait sur tous les visages : « On n'a pas Monsieur Bernier ? ». Monsieur Bernier est un jeune enseignant qui plaît beaucoup dans le milieu de la vente, et je voyais bien que je n'étais pas en mesure de rivaliser, d'autant plus que le cours durait toute la journée : 8 heures ! Quand j'ai annoncé « Démarche mercatique », ça a été le coup de grâce qui a porté le découragement de la classe à son comble. Il est certain que j'allais droit dans le mur, mais heureusement, j'ai eu une inspiration subite. Je leur ai dit qu'elles allaient elles-mêmes organiser la journée de travail et au tableau, j'ai vite inscrit en vrac les thèmes que je comptais traiter. Oubliés le minutage, la progression pédagogique, la démarche inductive : il fallait avant tout éviter l'émeute.

Et ça a marché. Certaines râlaient, mais quelques-unes ont commencé à discuter entre elles de l'organisation du cours en se chamaillant un peu, et au bout d'une demi-heure, elles avaient structuré la séquence (à peu près comme je l'avais prévu moi-même). Je leur ai dit que leur proposition était parfaite et on a démarré. Elles ont continué à prendre les choses en main et j'étais le petit pion qui obéissait. Du coup, elles ont complètement oublié Monsieur Bernier.

Est-il nécessaire de rappeler que l'excellence didactique ne suffit pas, surtout si l'enseignant se trouve en difficulté dans ses relations avec la classe ? Dans l'exemple ci-dessus, la délégation de la décision s'effectue pour déjouer la montée des résistances. Mais il est très profitable, aussi bien pour les enseignants que pour les élèves, d'utiliser cet outil de manière moins défensive, dans le but de gérer la classe au quotidien. À noter que l'impératif de rareté fréquemment évoqué dans les chapitres précédents ne s'applique pas ici. En revanche, il est impératif de contrôler les dérives possibles, qui consisteraient à laisser décider n'importe quoi.

Ruse n° 68 : choisir son niveau de compétences

Dans le même ordre d'idée, il est possible de donner le choix de travailler selon des critères de compétence différenciés. On peut à cet effet, s'inspirer des jeux vidéo et reprendre des catégories bien connues des élèves : *Débutant, Confirmé ou Expert.*

Patrice Bride, professeur d'histoire en collège, utilise ce système en classe de troisième pour les évaluations en histoire. Il distribue des fiches de révision réparties en trois rubriques : Minimum Brevet, Bonus Lycée Général, Super Bonus Histoire. Le troisième niveau correspondant à un travail de recherche personnel et ne suppose pas de consignes précises. Au moment du contrôle, il distribue un sujet correspondant au niveau choisi, avec une note maximale de 12/20 pour le niveau brevet, 16/20 pour le lycée général, 20/20 pour le super bonus.

Bien sûr, il n'est pas rare que des difficultés surviennent : « Un temps d'assimilation de ce dispositif est nécessaire pour les élèves. Ils n'acceptent pas bien, en particulier, de ne pouvoir obtenir qu'un maximum de 12/20 lorsqu'ils choisissent le minimum. Mais les discussions que nous avons alors sont l'occasion de réfléchir sur la hiérarchie des connaissances qu'on leur demande d'acquérir. » [3]

3. P. Bride, Que chacun soit évalué à sa juste mesure, *Cahiers pédagogiques* n° 454, mai 2007.

Ce dispositif n'est pas sans faille car certains élèves ont tendance à opter pour des objectifs trop ambitieux quand d'autres en choisissent de trop modestes. Mais tous ont la possibilité de corriger le tir au fil du temps. L'essentiel est que ce système produit de la responsabilisation en ouvrant un véritable espace de décision qu'ils n'avaient jamais eu l'occasion d'expérimenter.

Ruse n° 69 : le tutorat pédagogique

C'est grâce au retrait du maître que fonctionne le tutorat, système d'entraide pédagogique organisé entre des élèves, qui peuvent être ou non dans une même classe. Ceux qui se trouvent en difficulté ou qui ont été absents se font aider par les plus avancés. Le succès du tutorat tient au fait de la proximité du tuteur et du tutoré, puisqu'ils ont tous deux le même statut d'élève et sensiblement le même âge, qu'ils sont proches en termes de connaissances et d'univers mental. Le tuteur maîtrise certes quelques notions supplémentaires, mais il vient juste de les acquérir. Par ailleurs, ce système profite également au tuteur qui, lorsqu'il est engagé dans un travail d'explication, renforce ses propres connaissances. C'est ce qu'explique Catherine-Léon Yaker, professeur de mathématiques en collège.

> « Lorsque je rends un devoir, ceux qui ont réussi peuvent expliquer la correction à leurs camarades. De même, lorsqu'un élève me dit qu'il ne comprend pas, je réexplique une fois ; mais ensuite, s'il n'a toujours pas compris, je demande à un autre élève d'expliquer avec son vocabulaire. Et ce qui m'étonne toujours, c'est que la plupart du temps, le premier élève comprend. » [4]

4. Propos recueillis par Maryline Baumard, *Le monde de l'éducation* n° 319, novembre 2003.

Il arrive pourtant que le tutorat fonctionne moins bien. Notamment lorsqu'il est dispensé par les têtes de classe qui « parlent exactement comme le professeur ». Dans ces cas-là, il n'est pas facile pour les élèves en difficulté d'accepter de se faire aider, car ils peuvent considérer que leurs lacunes sont ainsi mises en évidence. C'est bien sûr un objectif inverse qui est visé : l'accès au savoir et à la compréhension entre pairs est un succès lorsqu'il permet une valorisation et une meilleure estime de soi des deux partenaires. Il convient donc d'observer qu'une entente minimale existe entre pairs pour opérer, grâce à cette pratique, un rattrapage des élèves en difficulté.

Il semble également nécessaire de ne pas figer trop systématiquement les rôles. Car l'élève tutoré risque de se sentir gêné d'occuper en permanence une position « d'assisté ». L'enseignant a donc intérêt à lui donner, quand l'occasion se présente, le rôle de tuteur, par exemple, pour aider un autre élève à rattraper une absence. Mais il est également envisageable de donner occasionnellement à tel élève en difficulté des informations privilégiées qui lui donneront, en travail de groupe, par exemple, une position d'animateur.

Ruse n° 70 : qui vient à mon secours ?

Une approche un peu différente consiste, après une explication de l'enseignant, à poser la question « Qui a compris ? », ainsi que le pratique Guillaume Picard, formateur en plomberie en CFA.

Quand on demande en classe « Qui n'a pas compris ? », on voit souvent les têtes se baisser. Personne ne veut prendre la parole parce que manifester son incompréhension est dévalorisant, à moins que l'effort de comprendre paraisse totalement dépourvu d'intérêt. La même absence de réaction se produit avec : « Y a-t-il des questions ? ». Le professeur reste alors en attente en essayant d'aguicher un éventuel questionneur qui aurait la bonté d'animer un peu la torpeur du groupe. Mais quand je demande à un groupe d'apprentis « Qui a compris ? », il y en a toujours quelques-uns qui lèvent la main. Je les en félicite et je demande à l'un d'eux de venir à mon secours, car je sens que je ne m'exprime pas suffisamment clairement. Ça les flatte et souvent, ils se battent pour intervenir.

Toute l'astuce consiste ici à instituer un climat de valorisation suffisamment attractif. Devenir temporairement l'adjoint du professeur peut effectivement susciter de la motivation, car il est alors proposé à l'élève une tâche véritable d'explication que l'enseignant avoue ne pas parvenir à s'acquitter. On sort ainsi du schéma classique où l'enseignant détient tous les leviers de l'acte pédagogique.

Pour conclure

On voit que le partage du pouvoir renvoie ici à la thématique don/contre-don : l'exercice d'un pouvoir est pour l'élève, un gain qui peut l'inciter à coopérer. Il reste que l'obstacle principal de ces pratiques semble résider non pas dans les réticences des élèves, mais plutôt dans celles des enseignants qui veulent, par souci de responsabilité, garder une pleine maîtrise des processus d'apprentissage. Il n'est pas si facile en effet d'opter pour un certain lâcher-prise lorsqu'on estime être le seul garant de la réussite de ses élèves.

L'engagement dans un projet

Le projet mobilise l'énergie des élèves sur des activités qui diffèrent du travail scolaire habituel dans la mesure où ils s'engagent, parfois avec passion, dans la production de quelque chose de concret, qui nécessite de gérer l'incertitude et la complexité du réel, sans être sous le contrôle direct de l'enseignant. L'absence d'une autorité régulatrice étroite les amène à développer leurs capacités d'innovation et d'anticipation, à trouver des solutions pour résoudre les problèmes qu'ils rencontrent. Entreprendre pour apprendre est au cœur du processus d'apprentissage et l'enseignant accompagne davantage qu'il ne transmet.

Un autre avantage important de la pédagogie du projet partagé, c'est qu'il responsabilise en faisant prendre conscience des difficultés de l'action collective puisque l'autonomie et l'initiative individuelle doivent prendre en compte des avis divergents et donc s'insérer dans des règles communes : règles de partage des tâches et des rôles, de planification des activités...

La dynamique de l'action et l'attrait du but à atteindre suffisent pour entretenir la motivation et l'enseignant joue alors un rôle marginal ; il devient une personne-ressource qu'on ne sollicite qu'en cas de besoin.

Mais la notion de projet ne renvoie pas seulement à l'action collective. Il peut s'agir également du « projet personnel de l'élève » qui a également une vocation de responsabilisation.

Ruse n° 71 : le projet personnel de l'élève

Le projet personnel est pour l'élève une interrogation sur lui-même, sur ses désirs et ses rêves d'avenir. C'est l'occasion de prendre du recul par rapport au quotidien de l'école, de mettre en perspective les apprentissages pour leur donner du sens. Ce temps de réflexion est nécessaire pour prendre davantage conscience que l'école n'a pas pour vocation d'être un lieu de soumission aux adultes, mais qu'elle est au service de l'avenir de chacun.

Une telle recherche de sens est un levier d'engagement dans la mesure où l'enfant est amené à quitter cette passivité de machine à apprendre dans laquelle l'école a tendance à le maintenir pour se situer dans le monde qui l'entoure et se penser acteur de sa vie. A-t-il des ambitions personnelles ? Professionnelles ? Que souhaite-t-il faire l'année suivante ?

Le projet consistera en un travail sur les représentations : par exemple, l'utilité des études, les rêves à réaliser ou le rapport personnel au travail. Il peut s'agir aussi d'une réflexion sur les perspectives d'emploi, au travers d'enquêtes sur les métiers et sur les compétences qu'ils requièrent, ou encore au travers de rencontres avec des professionnels. En se référant au principe évoqué précédemment, qui énonce que les actes sont plus engageants que les paroles ou les idées, on peut supposer que plus les actions liées au projet personnel seront concrètes, plus la dynamique de l'engagement sera effective.

La projection dans l'avenir amène l'enfant à se questionner sur le sens de son parcours et à s'engager dans des choix, de manière imaginaire, quand il est très jeune ou plus formalisée quand il grandit. On peut s'attendre, par contre-coup, à ce qu'il s'implique davantage dans le présent. Le temps consacré au projet personnel est un temps où l'enfant échappe en partie à son statut d'élève pour se voir lui-même et se présenter à autrui en tant que personne en devenir. Les liens qui sont alors tissés avec l'enseignant, débordent du cadre strictement scolaire et ils peuvent avoir la capacité d'enrichir sensiblement la relation pédagogique ordinaire.

Pour autant, le PPE (Projet personnel de l'élève) n'est pas une panacée. Il présente en effet le risque d'être porteur de déconvenue et par suite, de découragement quand l'enfant se rend compte du fossé qui peut éventuellement exister entre ses espérances et l'ampleur des moyens à mettre en œuvre pour les réaliser, en termes de travail, de temps et de volonté. Par ailleurs, le PPE n'a guère de sens pour un élève en situation de crise identitaire ou de rejet de l'école, et il convient sans doute au préalable de construire avec lui des espaces de coopération, porteurs de réussite et de valorisation, pour ensuite donner au projet un début de contenu positif.

Ruse n° 72 : s'investir dans une junior entreprise

Une junior entreprise (il s'agit en l'occurrence de Télécom Paris) propose sur le marché, des études réalisées par des étudiants dans leur domaine de compétence. Elle est animée de manière autonome par des élèves de 2e année. Les études sont souvent commandées par d'anciens élèves de l'école, en poste en entreprise. Les bénéfices escomptés sont pour les élèves, un premier contact avec le monde du travail, pour l'entreprise, une économie sur les coûts et l'entretien d'un réseau de compétences.

La clé de la réussite de ce dispositif réside en grande partie dans la mise à l'écart des enseignants qui ne sont généralement sollicités que de manière très marginale.

Les élèves doivent se débrouiller seuls pour gérer le dispositif, s'organiser entre eux, trouver des marchés, négocier des coûts et des délais, trouver dans l'école les meilleures compétences pour réaliser les études.

La journée de passation du relais entre l'ancienne équipe (fin de 2e année) et la nouvelle qui finit sa 1e année, est intéressante pour observer les effets de l'engagement dans le projet. Les nouveaux devront être opérationnels l'année suivante. Ils apparaissent timides, maladroits dans leurs prises de parole, inquiets : ce sont encore des élèves un peu accablés par leur incompétence professionnelle. Les anciens au contraire (en fin de 2e année) sont affirmés, sûrs d'eux, conscients de leur maîtrise des procédures techniques et de la complexité des relations dans le travail, aussi bien au sein de l'équipe junior entreprise qu'avec les partenaires extérieurs.

Pourtant, anciens et nouveaux ont le même âge, à un an près. Mais cette année d'écart a été marquée par une grande autonomie dans le travail et par la poursuite d'objectifs opérationnels complexes, ainsi que par un enjeu non négligeable en termes d'image : chacun veut prouver qu'il est en mesure d'intégrer le monde du travail. Le processus de maturation qui s'est opéré est remarquable. Les élèves prennent conscience, par la pratique, qu'ils n'ont plus besoin de l'encadrement des enseignants et que les compétences acquises leur permettent de se débrouiller seuls.

Ruse n° 73 : le projet découverte

Le caractère mobilisateur du projet se vérifie aussi avec des élèves réputés réfractaires à l'école. Non seulement, ils s'investissent quand les enjeux présentent un intérêt pour eux, mais ils prennent conscience de la nécessité des règles qu'ils rejettent habituellement, comme les règles de ponctualité en cours, par exemple, ainsi que le raconte Cécile Sors.

Quand j'étais professeur de technologie, j'ai participé à un projet très intéressant avec une classe de 5e de ZEP de la région parisienne. Ce projet regroupait outre la technologie, l'histoire, l'EPS et les SVT. Plus le français et les maths, de manière périphérique. Il s'agissait de préparer un voyage en Haute-Savoie et de monter à cette occasion un site Internet. Le thème central consistait à comparer le patrimoine historique et la flore entre Paris et la Haute-Savoie. Les enfants ont très vite adhéré au projet. Dès le départ, ils ont été demandeurs, aussi bien pour la constitution d'herbiers dans les bois parisiens, que pour remplir des questionnaires sur les monuments ou construire en techno des horloges qu'ils devaient vendre, pour assurer le financement du voyage. Ils se sont mis à travailler pendant le déjeuner plutôt que d'aller jouer. J'étais époustouflée par ce qu'ils arrivaient à faire, alors qu'ils étaient généralement considérés comme perturbateurs. Une des choses les plus marquantes, c'est que s'il arrivait à un professeur d'arriver cinq minutes en retard, il se faisait pourrir par la classe.

La réussite du projet dépend de la mobilisation d'un noyau d'acteurs, suffisamment impliqués pour produire un effet d'amorçage sur l'ensemble du groupe et un effet d'entraînement pour les moins dynamiques. L'adhésion mimétique a une fonction particulièrement importante dans cette démarche et il convient d'être attentif, dans la phase de démarrage, à la répartition des responsabilités pour que les élèves les plus engagés aient l'envergure de jouer ce rôle moteur vis-à-vis des autres.

Ruse n° 74 : l'engagement malgré soi

Avec les élèves en difficulté, faire du théâtre ne va pas de soi : on observe souvent une réticence initiale devant le texte écrit, un refus de l'effort de mémorisation et une peur du risque que représente la confrontation avec le regard des autres. L'implication dans ce genre de travail est généralement progressive, comme l'observe Brigitte Béligon, professeur de français en CFA, qui laisse opérer, sans trop intervenir, la montée en puissance de l'engagement.

Ils choisissent un extrait, ils s'entraînent à lire pour le jouer et le mettre en scène. S'ils acceptent ce travail, ils s'assurent malgré tout que l'effort à fournir ne sera pas démesuré :
– On va le jouer, mais on ne l'apprend pas par cœur, hein Madame ?
– Comme vous voulez, vous pouvez lire si vous préférez.

Je propose au bout d'un moment un premier filage devant les autres qui ne se privent pas de faire des critiques :
– Tu avais le nez dans ton texte, tu nous as pas regardés.
– Oui, et vous n'articulez pas. Ce serait mieux si vous saviez le texte.

Immanquablement, ils se sentent piqués et se trouvent alors motivés pour apprendre le texte :
– On pourra reprendre, Madame ? On va apprendre le texte, ce sera mieux.
– Oui, certainement, mais vous faites comme vous voulez.

Cet exemple montre de manière explicite les pressions à la persévération dans l'engagement qui sont exercées par les autres et qui poussent les acteurs à observer cette cohérence comportementale évoquée dans le premier chapitre : ces derniers ne peuvent plus reculer une fois qu'ils ont adopté un engagement initial.

Pour conclure

Dans la démarche de projet, le moteur ce n'est pas directement l'apprentissage, c'est la réussite des tâches individuelles et collectives dont les élèves ont pris la responsabilité. Mais au final, l'investissement dans le projet est porteur d'apprentissages multiples, qu'il s'agisse de nouveaux savoirs ou du développement de capacités relationnelles. Comme souvent dans les tâches collectives, on observe aussi que le désir de s'investir dans un projet est pour certains élèves d'ordre mimétique : c'est l'énergie d'un groupe moteur qui entraîne l'adhésion des autres.

La pédagogie du maître ignorant

Dans son livre, *Le maître ignorant*, Jacques Rancière[5] se livre à une critique très vive du système pédagogique traditionnel en s'appuyant sur l'expérience de Joseph Jacotot, enseignant français élu député sous l'Empire, qui s'exila au retour des Bourbons et devint lecteur de littérature française à l'université de Louvain, en Belgique. Comme ses étudiants ne parlaient pas le français et que lui-même ignorait le flamand, la communication était délicate. Il les pria de se procurer *Télémaque* (de Fénelon), dans une édition bilingue et d'apprendre par cœur en français le début du texte en s'aidant de la traduction, puis de se contenter de lire et traduire le reste pour être capables de le raconter. Quand il demanda ensuite aux étudiants d'écrire en français ce qu'ils pensaient de cette œuvre, il découvrit qu'ils s'étaient acquittés de la tâche, sans aide extérieure. Sans aucun cours de français, ils avaient appris seuls à combiner les mots qu'ils comprenaient, pour faire à leur tour des phrases françaises relativement correctes.

5. J. Rancière, *op. cit.*

Les explications du maître étaient-elles donc superflues ? s'interroge Joseph Jacotot et à sa suite, Jacques Rancière, qui relève que la pédagogique magistrale est fondée sur l'inégalité des intelligences : « Expliquer quelque chose à quelqu'un, c'est d'abord lui démontrer qu'il ne peut pas le comprendre par lui-même. Avant d'être l'acte du pédagogue, l'explication est le mythe de la pédagogie, la parabole d'un monde divisé en esprits savants et esprits ignorants, esprits mûrs et immatures, capables et incapables, intelligents et bêtes. Jusqu'à lui, le petit homme a tâtonné à l'aveuglette, à la devinette. Il va apprendre maintenant. Il entendait des mots et les répétait. Il s'agit de lire maintenant et il n'entendra pas les mots s'il n'entend les syllabes, les syllabes s'il n'entend les lettres. »

Le mythe pédagogique divise ainsi le monde en deux ou plus précisément, il divise l'intelligence en deux, l'une inférieure et l'autre supérieure. « La première enregistre au hasard des perceptions, retient, interprète et répète empiriquement, dans le cercle étroit des habitudes et des besoins. C'est l'intelligence du petit enfant et de l'homme du peuple. La seconde connaît les choses par les raisons, elle procède par méthode, du simple au complexe, de la partie au tout. C'est elle qui permet au maître de transmettre ses connaissances en les adaptant aux capacités intellectuelles de l'élève et de vérifier que l'élève a bien compris ce qu'il a appris. Tel est le principe de l'explication. Tel sera désormais pour Jacotot le principe de l'abrutissement. »

L'abrutissement ne provient pas de la maladresse pédagogique et de l'incompétence du maître, il est consubstantiel à l'explication qui subordonne l'intelligence, de celui qui ne sait pas à l'intelligence de celui qui sait. Accaparé par la contemplation d'une intelligence en action, celle du maître, paralysé par la peur de dire des âneries et d'être jugé, l'apprenant finit par perdre toute confiance en soi pour s'en remettre à la raison de celui qui sait. Dès lors, il se réfugie dans la passivité.

Il convient sans doute de prendre quelque recul par rapport à cette dénonciation radicale de l'explication, car on voit mal comment elle pourrait totalement disparaître de l'école. Les principes de pédagogie active, qui laissent une place importante à l'expérimentation et à l'autodidactie, ne suppriment pas pour autant le recours ponctuel à l'explication : le maître a aussi des choses à dire, des erreurs à corriger, des arguments à faire valoir...

Il reste que le retrait plus ou moins prononcé du maître a pour effet de réduire son emprise intellectuelle et sa domination. C'est une tactique pertinente pour libérer un espace dans lequel l'enfant a la possibilité de s'engager. Il lui est donné l'opportunité de faire ses preuves, sans craindre de subir en permanence, un contrôle de ses performances dont l'effet est souvent inhibiteur. Cette démarche, on le voit, rappelle la maïeutique socratique, qui enjoint au maître, de feindre l'ignorance pour obliger l'apprenant à réfléchir par lui-même.

Ruse n° 75 : philosopher sans maître

La philosophie a fait son apparition dans de nombreuses écoles primaires ou maternelles. On ne s'étonnera pas qu'il s'agisse d'un enseignement sans rapport avec celui dispensé en classe terminale : l'objectif visé est une modeste initiation à la pensée rationnelle. Mais l'intérêt de l'atelier philo ne vise pas seulement l'apprentissage d'une pensée réflexive.

Il s'agit aussi d'initier un processus de socialisation démocratique à partir d'un exercice de prise de parole en public : les interventions sont cadrées par des règles et l'écoute est de rigueur. Il n'y a pas d'obligation de parler et il n'y a pas non plus de bonnes et de mauvaises réponses.

Dans ces ateliers, le maître doit se mettre en retrait. Sa mission n'est plus d'apporter des connaissances, d'avoir l'initiative de la réflexion et de répondre aux questions des élèves. Il se dessaisit de son pouvoir magistral pour leur déléguer l'organisation des débats : minutage des interventions, tour de parole...

Dans un article du *Monde* intitulé *Apprentis philosophes à l'école maternelle* (14 juin 2006), Catherine Rollot relate une séance de philo en grande section de maternelle. Le thème du débat est : « *Est-ce que vous pensez que, quand vous serez grand, vous pourrez faire tout ce que vous voulez* ? » Les réflexions s'enchaînent en bon ordre : « *Quand je serai grand, je pourrai aller chez mon copain et regarder les films jusqu'à pas trop tard car après il sera minuit* » ; mais aussi : « *On ne peut pas faire ce que l'on veut, on ne peut pas voler, on n'a pas le droit...* ». Pour l'institutrice, Sylvie Truc, les bénéfices de l'atelier sont flagrants : progression dans l'acquisition du langage, confiance accrue dans la prise de parole, écoute plus attentive des autres. « *Aucun enfant n'est resté dans son attitude de départ, tous ont progressé d'une manière ou d'une autre* », dit-elle.

Michel Tozzi analyse ainsi la pratique de l'atelier philo : « c'est cette recomposition du rôle du maître quant à son rapport au savoir et au pouvoir, qui va développer chez les élèves une démarche de recherche responsable. La culture de la question et un rapport non dogmatique au savoir, conditions de possibilité de l'apprentissage du philosophe, deviennent possibles quand le maître diffère son point de vue ou s'abstient de le donner : on arrête toujours de chercher quand le maître donne une réponse, et on ne peut commencer à penser par soi-même que lorsqu'on n'anticipe plus comme réponse celle que le maître attend, quand on ne peut se placer dans son désir ou faire alliance avec lui. C'est dans le vide de la réponse du maître ignorant des solutions existentielles, que l'enfant s'autorise à chercher sa propre réponse. » [6]

6. Site internet : www.philotozzi.com

Ruse n° 76 : apprendre au professeur

Prendre le rôle du maître ignorant dans un domaine qu'on ne maîtrise pas, amène à poser de vraies questions qui mettent les élèves en situation d'exercer leur intelligence de manière autonome. Il ne s'agit plus d'interroger pour instruire comme on le fait d'ordinaire, mais pour véritablement s'instruire soi-même. On casse ainsi le carcan de la pédagogie traditionnelle en inversant la relation et on donne aux élèves un véritable objectif : faire la preuve concrète de leurs compétences. Nathalie Mathieu, professeur d'anglais, applique de temps en temps cette technique en CFA.

L'apprentissage des langues n'est pas ce que préfèrent les apprentis, après l'expérience souvent peu valorisante du collège. Avec une classe d'apprentis mécaniciens totalement hermétiques à l'apprentissage des langues, j'ai eu l'idée en début d'année de dire que j'aimerais bien comprendre le fonctionnement du moteur à explosion et ils se sont pris au jeu pour réparer une ignorance aussi lamentable de ma part. Ils ont préparé une séquence sur ce sujet, en anglais bien sûr, en se répartissant le travail de recherche de vocabulaire sur les différents aspects techniques à aborder. Pendant la séquence, j'ai posé plusieurs questions (toujours en anglais), et alors que d'habitude, mes questions les fatiguent, ils ont été ce jour-là particulièrement actifs pour me montrer leur expertise. Mon effarante incompétence et la naïveté de mes questions était pour eux terriblement réjouissantes.

Montrer ses connaissances et son expertise, est particulièrement valorisant quand on sait que le maître ne représente plus cette montagne de savoir, qui écrase de sa puissance l'intelligence des apprenants et paralyse leur désir d'expression. L'inversion de la relation pédagogique induit alors une coopération beaucoup plus dynamique.

Ruse n° 77 : les erreurs volontaires

L'inversion de la relation pédagogique peut également être exploitée en commettant des erreurs volontaires. L'erreur du maître a la faculté de mettre l'esprit de l'élève en éveil, elle l'incite à la vigilance critique. Alors qu'une démonstration sans faille ne provoque parfois que des bâillements, les erreurs que s'applique à faire Cécile Sors ouvrent comme une brèche dans le savoir de l'enseignant et chacun veut s'y infiltrer pour produire du sens.

Quand j'étais professeur de technologie, je faisais assez souvent des erreurs volontaires au cours de mes démonstrations au tableau, pour voir la réaction des élèves. Les erreurs étaient principalement des fautes d'inattention : un o oublié à un nombre ou un S manquant à un mot au pluriel, un 3 qui ressemble à un 9, ou encore des erreurs de formules ou de calcul... Il y en avait toujours un qui décelait l'erreur et la signalait. Je profitais de l'occasion pour le féliciter en lui disant qu'il avait une forte capacité d'observation et d'analyse. Il était ainsi mis en valeur et ça réveillait les autres qui abandonnaient leur état de passivité pour chercher s'il y avait d'autres fautes.

Le caractère compétitif de la perception et de la révélation des erreurs ajoute de l'intérêt à cette tactique, qui doit bien entendu rester marginale. Il ne faudrait pas que l'erreur de distraction devienne pour les élèves une preuve d'incompétence de l'enseignant.

Ruse n° 78 : la classe sans maître

La redistribution des pouvoirs, c'est aussi rompre avec l'organisation traditionnelle, qui fait du maître l'interlocuteur obligé pour accéder au savoir. Dans l'exemple donné par Chantal de Gastines, aujourd'hui professeur d'histoire en lycée, le maître s'efface pour laisser l'enfant s'organiser pour apprendre.

J'ai suivi les cours de 6e et 5e, entre 1960 et 1962 à l'école catholique Sainte-Solange à Aubigny-sur-Nère, dans le Cher, dirigée par Melle Godron. Nous n'étions qu'une douzaine d'élèves dans une classe regroupant les deux niveaux et nous apprenions en autogestion à l'aide de livres qui étaient en accès libre dans la salle. Melle Godron nous donnait un programme par quinzaine et nous ne la sollicitions que pour obtenir des informations ponctuelles quand elle était disponible, assise à son bureau. Seuls les maths et l'anglais étaient enseignés de manière traditionnelle par une autre personne. Pour le reste, nous disposions de fiches qui nous servaient de support pour travailler et nous devions faire des recherches et des exercices en organisant nous-mêmes notre emploi du temps. Nous pointions nous-mêmes le travail effectué quand nous estimions que les connaissances étaient acquises et l'institutrice l'évaluait périodiquement. Je me souviens d'une atmosphère studieuse et assez concentrée, mais peu coercitive. Melle Godron avait une voix très douce et exerçait une autorité intellectuelle et morale qui nous impressionnait fortement.

Cette méthode de travail mettait l'accent sur la nécessité de la gestion du temps, sur la compréhension des consignes et sur la primauté de la réflexion. L'institutrice note, par exemple, dans ses appréciations : « Il ne faut jamais copier une définition dans le dictionnaire ou recopier servilement les livres. Les idées du monsieur qui a fait le dictionnaire ne nous intéressent pas. Mais les idées qui sont dans la tête de Chantal, après qu'elle a lu et fermé le dictionnaire, nous intéressent énormément ». Ou encore : « Chantal fera attention à lire les fiches pour comprendre son travail. Quand elle sera grande, personne ne sera là pour lui expliquer une recette de cuisine ou de tricot : elle se débrouillera toute seule avec un livre ou un article de journal. En classe, il faut se débrouiller avec les fiches. »

En 4e, je me suis retrouvée pour la première fois dans une classe de 25-30 élèves, dans un pensionnat à Orléans. J'ai été en tête de classe dans les premiers mois ; cela n'a pas duré car après, j'ai dû avoir des distractions...

Les conceptions relativement peu féministes de l'institutrice ne doivent pas occulter le caractère progressiste de sa méthode de travail : se débrouiller tout seul est certainement un bon adage pédagogique. Mais seulement dans la mesure où une aide peut également être apportée pour surmonter les difficultés ponctuelles qui risqueraient de produire découragement et renoncement.

Pour conclure

Tout en se mettant en retrait dans le processus d'apprentissage, le maître garde sa raison d'être : il a pour rôle de guider l'enfant dans sa démarche, sans intervenir sur les contenus. Jacques Rancière insiste sur la nécessité pour le maître d'exercer un contrôle afin de contraindre la volonté de l'enfant, car pour échapper à l'effort, écrit-il, il aura toujours la tentation d'esquiver le travail. Le maître doit donc contrôler, non pas le savoir, mais l'attention que l'enfant porte à son travail de recherche, tout en laissant libre son intelligence.

Mais on peut objecter que ce contrôle n'est pas forcément utile ou qu'il peut s'opérer de manière très légère quand les enjeux sont suffisamment forts pour activer le processus d'engagement. Apprendre au professeur, par exemple, ne nécessite pas un contrôle particulier. Dans ce cas, l'attraction de l'objectif et l'emprise du rôle suffisent. Le contrôle s'avère cependant utile quand les enjeux d'apprentissage sont trop lointains ou privés de sens pour l'enfant. L'habileté du maître consistera alors à savoir donner du sens à l'action.

Les sanctions coopératives

Dans un autre domaine, celui de la gestion des comportements difficiles, il n'est pas inintéressant d'expérimenter un renversement de perspective en termes de relation de pouvoir, et de s'interroger sur la manière d'obtenir la coopération de l'élève alors même qu'on le sanctionne.

Habituellement, l'élève ne voit dans la sanction qu'une démonstration de puissance destinée à affirmer la domination des adultes, dans la mesure où, très souvent, nulle approche pédagogique n'est tentée, pour faire admettre la nécessité de la loi. Elle est perçue dès lors comme une violence, un instrument de répression au service de ceux qui commandent. Dans ces conditions, la sanction est difficilement éducative et elle a justement comme effet de rompre temporairement le lien éducatif au moyen d'un traitement d'exception. Dans le meilleur des cas, la coopération sera renouée ultérieurement, pour peu qu'on n'oublie pas cette étape importante qu'est la réconciliation. Sans doute est-il occasionnellement utile de rompre le lien, afin qu'il n'apparaisse pas comme un acquis définitif exempté de contreparties. Il convient, comme on dit, de marquer des limites, en signifiant que le lien exige l'échange. Mais cette rupture présente aussi des inconvénients. Le sentiment d'injustice d'abord qui, fondé ou infondé, risque de blesser les enfants les plus fragiles. Chez des sujets plus endurcis en revanche, le sentiment d'injustice devient une opportunité justifiant la révolte contre le pouvoir, révolte vécue comme un des grands bonheurs de l'existence. La sanction est alors impuissante à marquer les limites et à faire désirer l'intégration : les heures de colle, par exemple, dissuasives sans doute avec des élèves habituellement coopératifs, s'avèrent inefficaces pour ceux qui les accumulent. Ceux-là sont trop attachés aux plaisirs stimulants de la transgression, ils la pratiquent comme un rite initiatique et tirent prestige de la réprobation. La sanction répressive ne fait qu'alimenter leur ardeur combative.

Plutôt que d'enclencher la spirale répression/révolte, l'adulte peut tenter de suspendre son arsenal répressif afin de mettre l'enfant dans *l'obligation de choisir librement* un comportement, ce qui aura quelques chances de perturber sa tranquillité : la difficulté à traiter lui est renvoyée, c'est à lui de la résoudre. Si l'on parvient ainsi à lui occuper l'esprit, la sanction ne sera pas *digérée* sitôt prononcée, elle n'aura pas pour effet de clore l'interaction et donc, de le libérer psychologiquement. Elle devient *un problème* dont il doit mesurer les suites et qui se présente ainsi à lui : « Soit je décide de résister, soit je décide de coopérer et de réintégrer ma place d'élève. » À chaud, dans l'excitation de la révolte, ça ne marchera probablement pas. Mais à froid, le choix ne sera pas toujours si simple à opérer car la suspension de l'action donne à l'enfant le temps d'analyser les conséquences de sa décision.

L'adulte renonce alors à réduire le coupable au silence et à le contraindre à jouer la pantomime (plus ou moins sincère) de la soumission. À l'inverse, la sanction coopérative s'appuie sur l'injonction : « Parle et décide ! ». Le pouvoir de décision ainsi octroyé laisse une porte entrouverte sur une option constructive tout en laissant vaguement planer la menace répressive.

Cette tactique repose sur l'activation du processus d'engagement : si l'élève s'engage dans un choix comportemental positif, il est possible qu'il se sente responsabilisé par ce choix et qu'il s'y conforme, alors qu'il ne sera en rien engagé par la décision unilatérale de l'adulte. Encore faut-il opérer avec fermeté et ne pas laisser penser qu'il pourrait s'agir d'une attitude démissionnaire : la confrontation se doit parfois d'être rugueuse.

Certes, l'élève peut trahir son engagement, mais c'est toujours inconfortable de donner de soi une image incohérente.

Ruse n° 79 : l'engagement oral

L'entretien de régulation n'est pas une pratique courante pour les enseignants. Ils estiment souvent qu'ils n'ont pas le temps de gérer ainsi les problèmes entre deux cours et préfèrent user d'un pouvoir expéditif en donnant des sanctions ponctuelles pour se débarrasser du problème au plus vite. Quand toutefois ils utilisent l'entretien, ils ont tendance à trop parler. Ils résistent difficilement à la tentation de se lancer dans la sacro-sainte leçon de morale que l'élève écoute en silence et dont l'efficacité est la plupart du temps illusoire.

Si on souhaite qu'un élève change de comportement, il faut le faire parler. Car c'est en parlant qu'il peut se sentir engagé par ce qu'il dit. Quand on le cantonne à écouter les remontrances ou les ordres de l'adulte, on obtient au mieux de la docilité, pas un engagement réel.

Lui donner la parole consistera à lui faire commenter un acte répréhensible : on peut lui demander d'expliquer son comportement, lui faire dire en quoi il déroge aux règles de vie collective, lui faire exprimer son ressenti par rapport au travail scolaire et au système éducatif...

L'entretien pourra également déboucher sur un engagement oral explicite d'adopter un comportement propice à l'acquisition des savoirs dans une structure collective. Tout cela, en évitant encore une fois de rappeler des règles que l'enfant connaît parfaitement parce qu'il les a entendues un nombre incalculable de fois.

Toutefois, il serait bien léger de se contenter d'un discours ou d'une promesse. Il faut obtenir des garanties et confirmer l'engagement par un acte. Un acte public et librement choisi : réparer un tort, participer à une commission chargée de réfléchir à l'amélioration du règlement intérieur ou bien jouer un rôle de médiateur dans certains conflits entre élèves...

Ainsi impliqué de manière distanciée sur différents problèmes de discipline, le fautif est amené à réfléchir sur sa propre conduite. Investi d'une responsabilité qui l'incite à coopérer, il lui est moins facile d'adopter des attitudes de récrimination ou de résistance. Lui est offerte l'occasion de se forger une autre image de lui-même et d'amorcer un changement comportemental.

Les adultes déplorent souvent les dérives irresponsables de certains jeunes. Mais l'irresponsabilité n'est-elle pas en partie produite par le système quand ce dernier privilégie l'obéissance ou l'assistanat ? Pour responsabiliser un élève difficile, il faut lui confier des responsabilités.

Ruse n° 80 : l'auto-sanction

Une variante de la ruse précédente consiste à demander à un élève fautif quelle sanction il estime lui-même mériter. On sera souvent étonné de la sévérité de l'élève à son égard, sévérité qu'il conviendra, le cas échéant, de moduler (ou de négocier) en respectant les règles déontologiques d'usage pour se garder de certaines formes perverses de harcèlement qui aboutiraient à une culpabilisation abusive. Gérald Picaud, responsable du service cadre de vie en CFA, a testé l'intérêt de la délégation de décision au groupe, pour se sortir d'une impasse.

Dernièrement, nous avons eu des dégradations dans les vestiaires de boulangerie (portes abîmées). Dans un premier temps, nous avons réuni les jeunes pour chercher à savoir qui était le coupable, sans réussite, et nous avons rapidement été confrontés à une fronde collective quand nous avons demandé le paiement des dégâts par la classe entière : un sentiment d'injustice est apparu rapidement et donc, un blocage du dialogue. Lors d'un autre moment, nous avons discuté et nous avons fini par établir un dialogue, en partant du principe que c'était à eux de trouver la solution. Ils critiquaient ouvertement les mesures prises, mais quand il a fallu trouver une solution, beaucoup de choses très radicales ont été proposées : vidéo dans les vestiaires, police... Pour finir, l'un d'eux a déclaré : « On n'a qu'à arrêter de faire les cons. ». Solution acceptée par tous, nous y compris... Ils sont donc arrivés à une conclusion commune, on verra par la suite si les bonnes intentions sont suivies d'effets.

Le groupe mis en demeure de choisir une sanction, éprouve les difficultés de l'exercice. Même si au final, il n'y a pas de sanction, la démarche est positive car d'une part, on empêche les jeunes de se réfugier dans la passivité, d'autre part, on les prive de se considérer comme des victimes (ce qui arrive lors des sanctions collectives – interdites par la loi). On leur propose une liberté (relative) de choix qui a une chance de les responsabiliser. Au moins, durant quelque temps...

Ruse n° 81 : l'engagement écrit

L'engagement écrit vise également à amorcer la coopération. La particularité de l'écrit (et son avantage sur l'oral) est qu'il nécessite une décision solitaire méditée et par là même, un effet d'engagement plus important. Pas besoin de sermon ni d'arsenal de punitions, c'est au fautif de décrire les faits qui lui sont reprochés et d'indiquer comment il compte se comporter à l'avenir. L'hypocrisie protectrice est toutefois possible : un élève peut contester l'évidence et mentir sur ses intentions.

Mais il laisse un témoignage signé qui va le suivre. S'il s'agit d'un perturbateur invétéré, il sera mis devant une contradiction inconfortable : se déjuger régulièrement. Certains s'en accommoderont sans doute, mais on peut remarquer qu'il est moins aisé de justifier ses incohérences de conduite que d'écouter le discours moralisateur de l'enseignant qui n'engage personne.

L'engagement écrit peut se présenter comme un travail de rédaction dont le sujet pourra être inspiré de celui que propose Jean-Michel Martin, professeur de mathématiques en CFA : « Votre comportement se révèle inacceptable en classe. De ce fait, rédigez en quelques lignes l'attitude que vous devez adopter pour assister au cours. »

Les textes d'apprentis expriment en très grande majorité des regrets, des excuses et un engagement à mieux se comporter : « Je dois écouter ce que le professeur nous dit et appliquer les règles qu'il nous donne. Ne pas déranger le cours ou le perturber. Ne pas hurler. Ne pas lancer des projectiles dans la classe. » Ou encore : « Ne rien dire et travailler. » On peut certes, douter de la sincérité de ces remarques, voire se poser des questions sur l'opportunité de ces promesses de docilité qui ne sont pas véritablement des décisions de coopération. Il reste que ce sont des supports pour un futur dialogue avec l'enseignant.

Mais il arrive que l'expression s'avère beaucoup moins conformiste : « J'ai peut-être demandé deux fois des feuilles. Mais contrairement au sifflement d'une personne!!! Cela ne perturbe pas? BIZARRE!!! Je me suis emporté peut-être, mais quand c'est X ou Y qui le fait, ce n'est pas pareil. C'est toujours les mêmes qui tombent. Mais bon, c'est comme ça. Je veux mon CAP. Je pense que je ne perturbe pas, contrairement à d'autres. MERCI! ».

Il s'agit ici, moins d'un engagement que d'un sentiment d'insupportable injustice exprimé par les points d'exclamation et les majuscules. Mais, à condition que l'enseignant en profite pour engager le dialogue avec l'enfant en colère, on peut avoir quelques chances de déboucher sur une restauration du lien.

Le dernier témoignage est encore plus prometteur en termes de dialogue à venir. Il émane d'un apprenti en BEP qui perturbe le cours suite à un conflit avec l'enseignant qui lui a refusé une sortie aux toilettes :

« Pour assister à cet enrichissement culturel et intellectuel que sont les mathématiques, il faudra faire preuve de plus de respect envers l'autorité du professeur. C'est promis. Quitte à m'uriner dessus la prochaine fois. J'attendrai la permission du professeur pour sortir. Quoique... Ce manque d'hygiène serait irrespectueux. Donc en gros, il faudra seulement que je sorte de classe selon le bon vouloir du professeur. C'est ça être un citoyen : ne pas prendre d'initiative et obéir. »

Ce texte provocateur et joyeusement sarcastique sur la problématique de la citoyenneté dans la classe ouvre une opportunité d'échange fécond sur le thème de l'obéissance aux règles. L'expression écrite présente l'avantage de permettre un retour ultérieur sur la question, quand les tensions seront retombées. Le rapport de forces pourra alors se transformer en joute intellectuelle teintée d'ironie, pour peu que l'enseignant sache se servir de cette opportunité.

Les enseignants qui ont recours à ce genre de sanction déclarent obtenir, la plupart du temps, des résultats positifs. En sortant du schéma classique du maître qui gronde et de l'enfant qui baisse la tête et se tait, on le pousse à s'engager ! Cependant, il faut à nouveau insister sur l'idée que l'authenticité de l'engagement sera plus crédible s'il est garanti par un acte.

Ruse n° 82 : les sanctions « embrouille »

Mais comment faire pour inciter l'élève à s'engager par oral ou par écrit s'il s'enferme dans un ombrageux mutisme ? On peut s'inspirer dans ce cas des stratégies thérapeutiques de Milton Erickson. Avec les patients récalcitrants, il prend soin, pendant la consultation, de mettre en place des situations inconfortables et dérangeantes, avant de leur proposer une prescription perçue dès lors comme une salutaire échappatoire. Ils sont, dit Erickson, dans une « situation impossible » dont ils ont hâte de sortir. Par exemple, avec un jeune garçon particulièrement colérique qui a lancé de la boue sur la maison des voisins, il demande « de décrire la fierté, la joie, le bonheur et le triomphe qu'il avait ressentis en lançant sa bombe à eau. » [7]. Cette prescription est redoutable car elle place l'enfant dans une contradiction embarrassante : revendiquer et confirmer ainsi ses sentiments de révolte (qu'il a probablement du mal à assumer face à un tiers), reviendrait pour lui à collaborer avec le thérapeute et donc à abandonner la position de révolte. Ainsi déstabilisé, il aura certainement envie de changer de sujet car il se sent trop bien compris et donc désagréablement transparent.

7. J. Haley, *op.cit.*

Dans cet ordre d'idées, il est possible, avec un élève difficile de varier la consigne en passant du registre de l'analyse des émotions à celui de l'action. La question à traiter devient au choix : « Quels sont précisément tes objectifs de sabotage des cours, de prise de pouvoir dans la classe ? Comment comptes-tu procéder pour rendre ton arrogance plus insupportable encore ? Quelle programmation as-tu prévue pour bien réussir à échouer ? » Ou bien encore, pour les élèves plus mûrs : « La liberté, ce sont des résistances ». Avec thèse et antithèse.

Pour traiter dans le même esprit les agressions clandestines (jets de gommes ou bruitages subreptices...) qui laissent à l'enseignant une désagréable sensation d'impuissance, on peut demander à l'ensemble de la classe de réfléchir aux questions suivantes : « Quel plaisir éprouve-t-on quand on agresse une personne dans le dos ? Quel sentiment de bien-être ressent-on quand on agit avec lâcheté ? ». Pour tous les élèves que ces questions dérangent parce qu'ils ne se sentent pas concernés : « Exprimez votre satisfaction concernant le climat de la classe. » Inévitablement, les problèmes changent de nature et les réactions ne sont plus les mêmes quand on doit sortir ainsi de la clandestinité.

Exiger une réponse écrite et détaillée à ces questions en mettant si nécessaire en jeu le courage et la cohérence des élèves, en provoquant leur honneur, ne manquera pas de perturber leur tranquillité d'esprit. On casse ainsi la dynamique d'opposition : « faire des conneries » ne procède plus d'une insouciante partie de plaisir car l'élève ne peut plus éviter de s'interroger sur l'interprétation de ses actes par l'adulte dont la réaction constitue un recadrage bizarre. S'il relève le défi de l'écriture, il s'engage dans une controverse intellectuelle qui n'est plus de l'ordre de la perturbation ou de l'insolence : il change donc insensiblement d'attitude. S'il refuse de revendiquer par écrit ses actes, il sera plus enclin, pour échapper au malaise, à accepter dans un second temps un engagement positif.

Ces questions, qui ne constituent pas des sanctions ordinaires, s'apparentent aux tactiques paradoxales analysées dans le chapitre suivant. Elles présentent l'avantage de ne pas occasionner une rupture ouverte du lien. L'enseignant, à la manière d'Erickson, ne rentre pas en conflit, même si la relation risque d'être tendue. Il crée simplement une situation nouvelle difficile pour l'élève qui expérimente la complexité de la résistance. Au final, s'il est pris un engagement oral ou écrit, éventuellement corroboré par un acte, il est nécessaire de conclure l'affaire en manifestant que l'incident est clos et en émettant des signes ostensibles de réconciliation, dans le but de rétablir un climat de travail propice.

Conclusion

Dans la plupart des témoignages rapportés, l'enseignant met en place des situations favorisant la prise de responsabilités, en prenant soin de limiter au minimum son intervention. Il se contente d'être un initiateur ou un animateur, une personne-ressource qu'on ne sollicite qu'occasionnellement et qui, même à l'occasion de la sanction, laisse une liberté de choix. Finalement, partager le pouvoir est souvent une manière de l'exercer plus efficacement, dans la mesure où les élèves sont amenés à se prendre en charge, à travailler et à se comporter de façon autonome sans qu'un encadrement stricte soit nécessaire. Le contrôle reste présent mais il est plus distant.

Mais ne pas être au centre des interactions ou ne plus être indispensable au bon fonctionnement de la classe pourra sembler désagréable à certains. Car il est vrai qu'on existe moins quand on se met ainsi en retrait. On risque même de s'ennuyer.

Pour les élèves, les avantages de la prise de pouvoir sont très profitables. Mais il peut y avoir occasionnellement un risque de désécurisation pour ceux qui ne se sentent pas suffisamment capables d'assumer des responsabilités. Par ailleurs, l'action et la prise de décision obligent à s'exposer et à être jugé. Certains peuvent préférer le confort de l'assistanat. Ou bien, quand ils sont menacés d'une sanction, préférer copier le règlement intérieur, ce qui est beaucoup plus confortable intellectuellement (même si c'est plus fatigant pour la main) qu'un engagement écrit de quelques lignes.

Il reste que le chemin de l'autonomie passe nécessairement par un retrait de l'enseignant qui travaille progressivement à se rendre inutile, en donnant à l'élève un pouvoir de décision toujours plus large, à mesure que celui-ci grandit et qu'il devient de plus en plus capable de l'assumer.

7
Les tactiques paradoxales

Les tactiques paradoxales jouent un rôle efficace dans le traitement des oppositions et des conflits, mais contrairement à l'usage du détour qui vise à apporter une solution indirecte, il s'agit là de gérer la situation en face à face. Le paradoxe se définit comme une contradiction apparente, contraire à la logique et au bon sens : « un paradoxe est une contradiction logique venant au terme d'une déduction cohérente à partir de prémisses correctes » [1] écrivent les thérapeutes américains de l'institut de Palo Alto.

Dans les interactions compétitives ou conflictuelles, il est fréquent que la persuasion rationnelle demeure inefficace parce que l'argument persuasif est toujours susceptible d'être invalidé par un contre-argument. Il arrive alors, surtout si la charge émotive est forte, que les positions se crispent et qu'un système de *causalité circulaire* se mette en place : les arguments de l'un viennent renforcer les arguments de l'autre, dans un jeu sans fin.

Dans la plupart des cas de ce type, la technique paradoxale tourne le dos à la logique d'opposition pour préférer une approche approbative qui consiste non seulement à accepter la résistance de l'autre, mais encore à l'encourager. En thérapie, « le sujet se trouve par ce biais pris dans une situation où sa tentative de résistance est définie comme un comportement coopérant. Quoi qu'il fasse, il se conforme aux consignes reçues, parce que ce qu'il fait est défini comme une coopération. » [2] C'est une tactique hautement dissimulatrice qui vise à enrayer le duel argumentatif alimenté par la rivalité mimétique. Elle utilise le détournement d'attention en jouant sur la réinterprétation de la situation, le recadrage ou le brouillage des règles de l'interaction.

Pour illustrer cette démarche, il est intéressant d'analyser le mécanisme de la *prescription du symptôme* qui consiste globalement à reformuler le propos de l'opposant et à lui donner une injonction qui va exactement dans le sens de ce qu'il dit (s'il refuse de parler, on lui donne l'ordre de ne rien dire). Il s'agit, comme au judo, d'accompagner ou

1. P. Watzlawick, J. Weakland, R. Fisch, *op. cit.*

2. J. Haley, *op. cit.*

d'amplifier la résistance pour parvenir à la retourner. C'est là que se situe le paradoxe (et la ruse) : on conforte ou on met brusquement en lumière la position adverse dans le but de rendre cette position intenable afin d'amener la personne à en changer d'elle-même.

Ces pratiques vont à l'encontre de celles généralement utilisées à l'école pour obtenir le changement comportemental d'un élève non travailleur ou indiscipliné. Le plus souvent en effet, l'enseignant exprime son insatisfaction et énonce des souhaits ou des consignes en vue d'une amélioration ; il ne commence pas par lui donner raison, par lui dire de continuer à ne pas travailler ou d'être insupportable, comme c'est le cas avec les techniques paradoxales.

La gestion parentale du travail scolaire à faire à la maison peut servir de premier exemple. Les devoirs sont en effet à l'origine de nombreux conflits familiaux qui alourdissent l'atmosphère, particulièrement le dimanche soir, lorsque les exercices pour le lundi matin ont été oubliés pendant le week-end. Quand le parent cherche à aider l'enfant qui n'a pas très envie de se mettre au travail, le système de causalité circulaire s'installe. Le parent explique et conseille, l'enfant traîne les pieds et bâcle : « J'y arrive pas... j'comprends rien... la professeur n'a pas expliqué comme ça... de toute façon, je suis nul... ». Si le parent s'énerve et persiste, les larmes ne vont pas tarder à couler et la soirée va tourner à l'orage. La prescription du symptôme consiste alors à donner raison à l'enfant, en forçant un peu le trait au besoin : « Très bien, si tu ne veux pas que je t'aide, va dans ta chambre, débrouille-toi tout-seul. Tu auras la note que tu mérites... ». L'expérience montre que l'enfant revient après 10 ou 20 minutes (en fonction de son âge) et réclame l'aide qu'il rejetait auparavant. Il a pris le temps de réfléchir et de reconsidérer sa position, toute la réticence antérieure disparaît alors. Pour que la ruse fonctionne, encore faut-il que la relation affective avec le parent soit globalement positive de manière à ce que le sentiment de culpabilité et d'abandon donne envie à l'enfant de revenir se placer sous l'aile.

En situation thérapeutique, la difficulté majeure de ces techniques est qu'il faut réussir à donner au sujet la motivation nécessaire pour les appliquer. « Le patient qui, d'abord, accepte la conduite qui lui est prescrite, puis revient en disant qu'il n'a pas eu le temps de s'y conformer, ou qu'il a oublié, ou qu'en y repensant, il l'a trouvée plutôt bête, etc., n'a pas de grandes chances de réussite. Ainsi, une source possible d'échec réside dans l'incapacité de présenter l'intervention dans un « langage » que notre patient comprendra et qui lui donnera l'envie d'accepter et d'exécuter nos directives » [3].

3. J. Haley, *Ibid.*

On rencontre la même difficulté en pédagogie. Pour la surmonter, il importe d'abord que le langage de l'adulte rencontre, sans s'y opposer, le désir de l'élève. D'où la nécessité, quand la chose est possible, de *parler le langage de l'élève*. Cette première tactique en alimente trois autres : l'*effet miroir, l'inversion des rôles et la prescription du symptôme*. Une autre tactique, la *technique de confusion*, mise quant à elle sur ce mode particulier de détournement d'attention qu'est l'effet de surprise.

Parler le langage de l'élève

En psychothérapie, l'approche de Milton Erickson est essentiellement directive (et donc aux antipodes de la psychanalyse). Il se garde de toute interprétation psychologique et ne cherche pas à traiter les causes des difficultés rencontrées. Il se borne uniquement à agir sur la situation présente pour provoquer un changement à court terme. Une technique-phare consiste à « parler le langage du patient ». Elle a pour but d'établir avec lui une relation d'alliance, tout en proposant un nouveau cadre explicatif à la situation vécue.

Milton Erickson donne une illustration de sa méthode, à l'occasion d'un accident domestique relaté dans le livre de Jay Haley déjà mentionné. À trois ans, son fils tomba et s'ouvrit la lèvre, une dent s'enfonça dans la mâchoire. Il saignait abondamment et hurlait de douleur. Il y avait urgence. Erickson commença par lui dire : « Ça fait terriblement mal, Robert. Affreusement mal. » Il lui prouvait ainsi qu'il comprenait la situation, qu'il partageait son angoisse. Puis il en rajouta : « Et ça va continuer à te faire mal ». Une fois l'accord établi entre père et fils sur ce constat partagé, il put faire une suggestion qui avait de bonnes chances d'être accueillie favorablement : « Peut-être que ça va bientôt cesser dans quelques minutes. » Cette suggestion correspondait tout à fait aux désirs de l'enfant. Elle l'amena à se projeter dans le proche avenir et à le détacher imperceptiblement de sa souffrance immédiate. Elle préparait un recadrage de la situation. Erickson attira alors l'attention de l'enfant en flattant son narcissisme. Ce dernier avait besoin de savoir que son infortune apparaissait aussi catastrophique au regard des autres qu'au sien propre. Erickson chercha à le consoler en touchant son orgueil : « Quelle énorme quantité de sang sur le carrelage ! Comme il est rouge et bien épais ! » Ensuite, il continua de détourner l'attention de son fils en suggérant qu'il conviendrait de mieux observer la qualité du sang dans le lavabo. Il réussit ainsi à emmener sans heurt l'enfant dans la salle de bains. « À ce moment-là, Robert avait cessé de pleurer, et il n'était plus dominé par la douleur et la peur qu'il avait éprouvées au début. Au lieu de cela, il était intéressé et absorbé par le problème passionnant de la qualité de son sang. »

Pour examiner calmement la bouche de l'enfant, il se demanda si « sa bouche *saignait et enflait bien comme il faut*. Un examen minutieux permit de conclure à nouveau, au grand contentement de Robert et à sa satisfaction totale, que tout se passait bien comme il le fallait, et c'étaient autant de preuves formelles et réconfortantes de sa robuste constitution. »

Les principes d'intervention écartent ici les déclarations lénifiantes et les propos rassurants qui seraient en contradiction avec l'expérience vécue subjectivement par l'enfant. Erickson accepte totalement le point de vue de son fils pour être à l'unisson avec lui afin de préparer le terrain pour le changement de perception. La première étape est donc l'alliance : « Je m'arrange pour leur faire croire que je suis de leur côté pour les aider à sauver la face et trouver une justification à leur façon d'agir », déclare-t-il, à propos de ses patients. La seconde étape consiste à détourner leur attention vers quelque chose de désirable, pour les orienter progressivement vers le comportement souhaité : avec l'enfant, surmonter la douleur et la peur, au moyen de propos valorisants et d'un questionnement bien orienté (sur la qualité du sang répandu).

Le transfert de cette technique en situation éducative demande à l'enseignant de se décentrer de son propre point de vue pour *parler le langage de l'élève*, en reprenant les deux étapes de l'intervention : l'alliance d'une part, le détournement de l'attention par le recadrage d'autre part.

Ruse n° 83 : parler comme les élèves

Parler le langage de l'élève est une technique que tente Katy Pinto, professeur de français qui travaille en milieu carcéral à Saint-Denis de la Réunion. Quand le discours normatif lui semble impraticable, elle s'abstient de proférer une énième leçon de morale qui n'aurait pas plus d'effet que les précédentes.

Les jeunes délinquants constituent le public le plus difficile. Ils ont tendance à se glorifier de leurs actes et manifestent une grande sensibilité à la notion d'excellence en matière de délit. On ne s'étonnera pas que pour eux, l'orthographe ne soit pas une préoccupation première. Pour parvenir à l'enseigner, je suis dans l'obligation de multiplier les astuces. L'une de mes trouvailles a consisté à utiliser le thème de la joaillerie. Surprise ! pour les bijoux, ils n'ont aucune difficulté en orthographe. Je les félicite donc de leur maîtrise et ils m'expliquent : « Nous, on est des voleurs, M'dame ! On regarde souvent les boutiques, vous pensez ! »

Comment les persuader de la noblesse de l'honnêteté citoyenne et des vertus du travail ? La leçon de morale serait inopérante, car ils affichent une condescendance méprisante et amusée pour tout discours normatif et le recours à l'autorité éducative me semble incongru dans une prison. Il me reste la ruse pour tenter d'ébranler leurs convictions. Je commence donc par me montrer admirative de leur savoir et de leur habileté :

– Oui, en fait, voleur c'est bien...

– Ouais M'dame, c'est trop cool !

Ma bienveillance les comble d'aise et pendant un moment, on est vraiment copains, c'est la fraternité des brigands et j'en suis assez gênée. Alors, je sors ma botte secrète : « Comme ça, vous pourrez en faire profiter vos enfants : vous leur apprendrez à voler. Ils n'auront pas besoin d'aller à l'école, ni d'apprendre à lire et à écrire, à part pour la joaillerie. Ils feront voleurs, comme vous. »

La réaction est aussi véhémente qu'unanime : « Oh, M'dame ! Quand même pas ! »

S'ils se glorifient d'être asociaux, ils ne conçoivent pas que leurs enfants vivent en dehors des normes. Ils conservent secrètement en eux un reliquat d'éthique pour une retraite future, quand ils seront papas. Au fond, leur horizon c'est de s'établir bourgeoisement. Mais c'est un phantasme inavouable en milieu carcéral, à cause de l'honneur.

Sans doute, cette ruse pédagogique ne modifie-t-elle pas radicalement le rapport au savoir des jeunes marginalisés. Mais elle permet une amorce de dialogue qui aura peut-être un impact dans le secret des consciences. [4]

Sur le plan tactique, Katy Pinto *en rajoute* en parlant de l'apprentissage du vol aux enfants des détenus. En allant plus loin qu'eux, elle les oblige à reconsidérer, sinon l'ensemble de la question, du moins l'un de ses aspects. On pourrait penser qu'il y a quelque risque à encourager ainsi le vol, dans le cas où les détenus se montreraient en définitive d'accord pour l'apprendre aux enfants. Mais dans le cas où la ruse ne provoquerait pas la réaction d'opposition attendue, il sera toujours possible d'esquiver la difficulté, en disant que c'était de l'humour, et de revenir à un discours plus respectueux de la morale.

4. Article paru dans les *Cahiers pédagogiques* n° 438, décembre 2005.

Ruse n° 84 : les bienfaits de l'abandon

Olivier Pouletaud, professeur de mathématique en CFA, exploite une technique similaire avec une classe qui ne veut plus de lui. Plutôt que de s'imposer par l'autorité ou de chercher à parlementer pour arranger les choses, il donne raison à la contestation et fait mine de vouloir abandonner la classe. Il vérifie ainsi l'observation de Milton Erickson : « Chaque fois que l'on prive quelqu'un de quelque chose, il se met à le réclamer avec insistance ».[5]

5. J. Haley, *op. cit.*

J'ai eu un groupe d'apprentis électriciens avec qui ça n'allait pas du tout. Ils se prenaient pour l'élite intellectuelle du CFA et ils cherchaient systématiquement à me prendre en défaut dans ma discipline (les maths), en me posant des questions impossibles en électricité. Évidemment, je n'avais pas la réponse à certaines questions et ils n'hésitaient pas à le prendre de haut, à me dire que je n'étais pas au niveau, qu'ils avaient besoin d'un professeur au top et même que je ferais mieux de changer de métier. Au bout d'un moment, j'en ai vraiment eu marre. Je leur ai dit que je laissais tomber le groupe, que j'allais faire un échange avec un collègue plus âgé qui avait plus d'expérience que moi et qui pourrait mieux satisfaire leur grande curiosité intellectuelle. Comme ce collègue passe pour très autoritaire, les apprentis se sont mis à être beaucoup moins pressés de changer de professeur. Sur ce, le hasard a voulu que je sois absent une semaine. Ils ont cru que je laissais vraiment tomber le groupe, et quand je les ai revus dans la cour un lundi matin, ils se sont précipités en me disant que c'était pas vrai qu'ils voulaient changer de professeur, qu'ils m'aimaient bien, qu'on avait l'habitude de travailler ensemble et que si certains avaient exagéré avec leurs critiques, la majorité des apprentis voulaient me garder. Grand seigneur, je leur ai répondu que je voulais bien les reprendre, alors qu'évidemment, je n'avais pas la possibilité de les « lâcher ».

Le retournement de situation qui s'est opéré nécessite cependant un climat relationnel qui ne soit pas trop détérioré. Car si tel est le cas, l'enseignant n'a aucune chance d'être regretté. Dans la situation présente, c'est en fait une minorité agissante qui mène la contestation. Le faux départ réveille la majorité du groupe, qui prend conscience que le changement ne sera pas forcément le signe d'une amélioration.

Ruse n° 85 : la motivation par la vengeance

Paul Watzlawick rapporte cette anecdote concernant une mère venue le consulter au sujet de son fils, exclu temporairement du lycée par le proviseur. Le garçon, qui devait travailler à la maison avait annoncé à sa mère qu'il n'en était pas question. La mère espérait que le thérapeute saurait faire accepter à son fils la décision du proviseur détesté.

« Le thérapeute cependant, comprenant que la colère du garçon contre le proviseur pouvait servir de levier, donna les directives suivantes à la mère : elle rentrerait chez elle et dirait simplement à son fils qu'elle avait discuté de la situation avec les autres mères, ce qui lui avait fait découvrir certaines choses [...]: le proviseur croyait fermement qu'un élève n'était pas capable de suivre s'il n'allait pas en classe régulièrement, et, sans doute, il l'avait exclu pour le faire redoubler. Elle lui ferait ensuite remarquer que, s'il arrivait à se débrouiller aussi bien tout seul, ou même mieux que s'il était en classe, le proviseur en serait très gêné et irrité. Elle terminerait son histoire en lui recommandant de ne pas « trop bien » se débrouiller, pour ne pas faire perdre la face au Principal ».[6]

La mère rapporta ensuite qu'en entendant cela, le garçon avait eu « une expression diabolique » et que le désir de vengeance se lisait dans ses yeux. Il avait trouvé un moyen de punir son ennemi et, devant cela, le fait qu'il devrait s'atteler au travail n'avait plus guère d'importance. Il s'était donc mis à ses devoirs avec fureur et il commençait à avoir des notes supérieures à toutes celles qu'il avait eues dans le passé.

6. P. Watzlawick, J. Weakland, R. Fisch, *op. cit.*

Par ce procédé de recadrage, le travail n'est plus perçu de la même manière : il était un signe de docilité honnie dans un premier temps, il devient maintenant une arme de vengeance.

Pour conclure

Dans ces exemples, on voit bien que le langage de la raison serait inefficace et ne servirait qu'à conforter la douleur dans le premier cas (celui du petit garçon), le cynisme anti-social dans le second, une exacerbation de la résistance dans les deux derniers. La tactique consiste donc à conforter hypocritement le point de vue de l'autre pour l'amadouer et faire en sorte qu'il abaisse ses barrières protectrices. N'ayant plus d'opposant, il n'a plus de raison de maintenir son opposition. En même temps, on détourne son attention du problème central qu'on souhaite traiter et qu'on relègue en arrière-plan, en interposant un accord factice qui fait judicieusement écran.

Il faut pour cela, trouver des leviers suffisamment solides : flatter le narcissisme, jouer sur les valeurs (l'éducation des enfants pour les détenus), faire entrevoir un risque (un changement défavorable) ou attiser un désir puissant (la vengeance)... en proscrivant, comme il se doit, toute manipulation malveillante qui, avec le temps, finirait par se retourner contre le manipulateur.

Les techniques de confusion

Les techniques de confusion fonctionnent en partie comme les précédentes : il s'agit d'empêcher un jeu d'opposition obéissant au principe de la causalité circulaire, en recadrant une situation, afin de changer les règles relationnelles. Le jeu en cours devient alors caduc et la personne visée n'a pas d'autre possibilité que de se repositionner, non pas sous l'effet d'une pression extérieure, mais parce qu'elle ne voit plus la situation de la même manière. Contrairement aux exemples déjà cités, le recadrage opéré ici n'est pas insidieux. Il ne s'agit pas de faire mine de conforter l'autre pour l'amener à changer d'attitude, mais de parvenir à ce résultat en présentant la situation de manière radicalement nouvelle. Les tactiques sont ici moins dissimulatrices que précédemment ; elles jouent davantage sur l'effet de surprise.

En effet, plus le recadrage sera inattendu et déstabilisant, plus il placera le sujet dans une situation de confusion qui le contraindra lui-même à trouver un nouveau cadre explicatif. Watzlawick ajoute que « le besoin d'échapper à la confusion, en trouvant un nouveau cadre, donne au sujet une envie et une facilité particulières de s'accrocher à toute bribe d'information concrète qui lui parvient ensuite. La confusion, en préparant la situation pour un recadrage, devient ainsi une étape importante permettant d'effectuer un changement. » [7]

7. P. Watzlawick, J. Weakland, R. Fisch, *Ibid.*

Ruse n° 86 : le recadrage négatif

Pour éviter de provoquer une réaction négative à une proposition, il est possible de prévenir la résistance en présentant les choses de manière négative ou désavantageuse : on anticipe ainsi les objections, on leur coupe l'herbe sous le pied.

Ainsi, dans le cas du petit garçon blessé à la bouche (cf. le point précédent « Parler le langage de l'élève »), la question des points de suture fut abordée ainsi : « Je lui fis remarquer que c'était bien dommage, mais qu'on n'allait certainement pas pouvoir lui mettre autant de fils qu'il était capable d'en compter. » Erickson fait également mine de regretter que le garçon risque d'avoir moins de points de suture que ses frères et sœurs. Résultat, « il mourait d'envie de s'acquitter correctement de la tâche qui lui avait été assignée, c'est-à-dire « d'être certain de bien compter ses points de suture ». De cette manière, il n'était pas nécessaire de le rassurer, ni d'émettre des suggestions pour le rendre moins dépendant vis-à-vis de la douleur. Il ne fallut que sept points, et le garçon fut déçu. »

De cette manière, le recadrage négatif empêche l'enfant de songer à s'opposer à l'intervention chirurgicale. Elle est présentée comme un défi (compter les fils) et une compétition difficile à gagner avec les frères et sœurs.

L'angoisse est donc détournée vers d'autres préoccupations (narcissisme, centres d'intérêt du sujet) au point de disparaître, ce qui présente consécutivement l'avantage de réduire la perception de la douleur.

Ruse n° 87 : le recadrage positif

Donner à autrui le sentiment qu'on se méprend sincèrement sur ses intentions agressives et engager une interaction cordiale suffit, dans certains cas, pour désarçonner l'agressivité. Ce recadrage, par l'incompréhension candide, n'est pas sans rapport avec l'effet Pygmalion : on prête à autrui des dispositions qu'il n'a pas mais qu'il accepte néanmoins de s'attribuer. Dans le cas présent, relaté par Michel Lesaffre, animateur en CFA, on peut supposer que le succès tactique repose grandement sur l'effet de surprise, le recadrage opéré étant très inattendu. Il reste qu'il s'agit là d'une tactique à haut risque, utilisable quand on n'a plus d'autre choix.

La gare se trouve juste à côté du CFA où je travaille comme animateur. Des jeunes zonards (survêtements et tennis de marque, couvre-chef à visière) traînent en permanence dans les parages. Ils se rassemblent dans des recoins et passent leur temps à discuter et à boire. Il s'est trouvé qu'un jour où j'avais pris le train, j'étais seul dans le wagon et je lisais. Cinq ou six de ces jeunes sont entrés et se sont installés tout autour de moi, alors que toutes les places étaient libres. Je n'en menais pas large et j'ai continué à lire en sentant leurs regards fixés sur moi. Puis, celui qui était le plus proche a penché la tête et s'est interposé entre mon regard et mon livre. J'ai très vite pensé à me sauver mais j'étais sûr de ne pas aller très loin et de me faire écharper. J'ai donc fermé le livre en essayant de maîtriser mes mains qui commençaient à trembler, j'ai fait un effort pour prendre une voix assurée et j'ai joué à l'éducateur en leur demandant : « J'ai l'impression que vous avez envie de discuter. » Sans attendre la réponse, j'ai tout de suite enchaîné sur le CFA et sur mon travail d'éducateur. Ils m'ont écouté, plutôt hostiles au début, mais l'ambiance s'est peu à peu détendue et pendant un quart d'heure, on a parlé métiers du bâtiment, diplômes, débouchés, salaires, perspectives d'avenir. En définitive, ils sont restés courtois, je les ai invités à venir voir le CFA et j'ai quitté le wagon avec un soulagement énorme. Jamais ils n'ont par la suite franchi le seuil du CFA, mais je les vois régulièrement dans les parages de la gare et on se fait toujours un petit signe de salutation quand on se croise.

En d'autres temps, Montaigne avait, grâce à une tactique similaire, réussi à sauver sa maison d'une bande de pillards, en renonçant à se barricader et au contraire, en les accueillant chaleureusement pour les inviter à dîner. Ainsi, quand les règles de l'interaction sont unilatéralement posées d'autorité, elles peuvent avoir ce curieux pouvoir de s'imposer, même quand elles sont manifestement erronées. À cause peut-être de la dynamique mimétique qui est à l'œuvre et qu'obscurément, on trouve difficile de rompre. La difficulté s'observe d'ailleurs plus encore dans l'autre sens : quand l'interaction est réglée sur un mode ouvertement conflictuel, l'effet mimétique enclenché rend particulièrement ardu le retour à un mode coopératif.

Ruse n° 88 : l'arme de l'incertitude

Une manière habile de gérer les comportements difficiles, consiste à introduire dans l'interaction un élément d'incertitude. On amène ainsi l'élève récalcitrant à chercher des informations et faire des hypothèses pour comprendre la situation, afin de lui faire adopter le comportement requis. Pendant ce temps de réflexion, si minime soit-il, l'action temporairement suspendue et repensée, a de bonnes chances de se trouver infléchie. Jeanine Le Brun, professeur de français en CFA, brouille ainsi les pistes pour obliger le perturbateur à s'interroger sur ce brouillage, et donc à suspendre, pour un temps ou définitivement, la perturbation.

> Lorsqu'un garçon perturbe le cours, il m'arrive d'inscrire au tableau son nom suivi d'une croix. Je m'abstiens du moindre commentaire et je continue le cours comme si de rien n'était. Le garçon ne peut pas s'empêcher de me demander pourquoi j'ai écrit son nom (même s'il le sait très bien). Ma réponse est toujours la même : « Tu verras... ». Je change tout de suite de sujet et je n'accepte pas que l'on parle de ce nom inscrit. L'absence d'explication me semble beaucoup plus efficace pour obtenir un changement de comportement, parce qu'elle est porteuse d'incertitude : le jeune se demande où je veux en venir et cela suffit généralement pour qu'il oublie de continuer à s'agiter.

Le nom inscrit au tableau ne participe pas seulement d'une tactique de détournement ; il signale aussi, sans le dire, un risque d'autant plus préoccupant qu'il est ambigu. Il faut souligner également le rôle-clé de l'écrit, qui renforce l'idée du risque, car il laisse entrevoir une utilisation future. L'incertitude, comme le risque ne sont plus ponctuels, ils se profilent dans la durée.

Pour conclure

La confusion, en focalisant l'attention de la personne visée sur une recherche d'information et sur un effort de réinterprétation, occasionne une suspension ponctuelle de l'interaction. Le jeu relationnel ne peut plus se poursuivre sur la logique précédente, il est grippé. Pris de court, l'interlocuteur se met en retrait ou accepte le nouveau cadre de l'interaction. À moins qu'il n'ait la capacité d'utiliser lui-même une ruse similaire, comme le faisait Edgar Faure (« Quand je ne comprends pas, j'embrouille tout »). Mais même dans ce cas, l'interaction a changé de nature et doit donc se réorganiser autrement.

L'effet miroir

La technique de l'effet miroir est en quelque sorte l'inverse des précédentes, puisqu'il s'agit ici non pas de détourner l'attention, mais au contraire de mettre en pleine lumière un comportement dans le but d'obtenir un changement. Par exemple, avec un jeune enfant capricieux qui hurle en se roulant par terre dans un supermarché, les parents peuvent choisir, plutôt que de le sermonner ou le supplier, de se rouler eux-mêmes par terre. Ils ont ainsi une chance de rappeler le sens des convenances à l'enfant de façon plus efficace. L'effet miroir se présente donc comme une ruse qui n'a pas recours à la dissimulation, mais au contraire, à la transparence. Il s'agit de *dévoiler pour dissuader*.

Dans le cadre de la classe, il convient préalablement d'observer que les stratégies de résistance qu'adoptent les élèves ne sont pas, le plus souvent, franches et directes. Elles ne s'affirment ouvertement que lorsque leur bien-fondé semble évident pour un utilisateur qui s'estime en état de légitime défense. Mais lorsque la résistance est perçue comme peu légitime par ceux qui l'utilisent (chahut, bruits parasites, moqueries sournoises...), les tactiques se font fréquemment clandestines, elles recherchent plus volontiers l'anonymat et la protection du groupe. Pour contrer ces séditions rampantes, l'enseignant va s'attacher à dévoiler publiquement un comportement ou des intentions masquées. Ce qui oblige la personne visée à se repositionner, la plupart du temps en adoptant une attitude de retrait, parce qu'il est malaisé d'assumer soudain en pleine lumière un comportement que l'on pensait souterrain, car on court le risque de l'affrontement direct. Le rapport de forces plus ou moins larvé, qui s'était préalablement établi, se trouve alors retourné parce que l'enseignant a repris l'initiative de l'échange.

Ruse n° 89 : mettre en lumière les pulsions intempestives

Une première illustration de la technique de l'effet miroir est apportée par cette jeune enseignante de 23 ans qui vient d'obtenir un poste en CFA.

Alors qu'elle écrit au tableau lors de son tout premier cours, elle entend derrière elle de manière à peine distincte, en boucle : « Ludovic, 17 ans, célibataire ». Prise de panique, elle n'ose pas se retourner pour affronter le sacripant car elle est rouge de honte et se sentirait totalement déconsidérée si elle se montrait ainsi. Elle continue à écrire et à parler face au tableau, puis elle a l'idée d'écrire au tableau la phrase qu'elle entend, sans faire de commentaire : « Ludovic, 17 ans, célibataire ». Cela suffit à faire cesser la provocation et à la rasséréner suffisamment pour qu'enfin elle puisse se retourner et continuer son travail.

Elle a réussi, tout en évitant l'affrontement, à ne pas se montrer atteinte par la provocation et à retourner ainsi le rapport de forces.

Ruse n° 90 : donner un autre sens à la plaisanterie

Le cas des enseignants-stagiaires en formation exposé au premier chapitre, offre un exemple intéressant d'utilisation de l'effet miroir.

Quand un participant à un groupe de formation demande de terminer la journée à 15 heures, il adopte une position de résistance badine qui interpelle l'animateur dans sa fonction d'autorité. C'est une sorte de test qui reviendrait à dire : « Comment réagissez-vous quand vous êtes contesté ? ». L'animateur risque de se sentir mal à l'aise s'il s'estime contraint de rappeler des règles connues de tous. Il est préférable de reformuler en miroir les demandes visant à écourter la journée de travail, de préférence en les inscrivant au tableau : l'écrit polarise suffisamment l'attention de tous pour court-circuiter l'interaction en cours. On retourne ainsi la situation, car c'est le questionneur qui devient embarrassé et s'efforce de se justifier en affirmant qu'il plaisantait. Il convient alors de demander au groupe de décider des horaires et invariablement, les demandes humoristiques disparaissent pour laisser place à une volonté ostensible de coopération. On peut ensuite théoriser en soulignant combien, dans un groupe d'adultes, les participants consentants ont envie de fuir (je suis là de mon plein-gré mais je voudrais qu'on me force à rester) et combien ils reproduisent l'attitude victimaire dont raffolent leurs propres élèves.

Cette technique s'apparente à un recadrage qui propose un autre sens à la plaisanterie, donne une autre définition de la situation, obligeant les protagonistes à se repositionner. L'éclairage nouveau porté sur le jeu de la contestation badine, a pour effet de la faire cesser.

Ruse n° 91 : le harcèlement en miroir

Les phénomènes de harcèlement d'un bouc émissaire sont très fréquents et les enseignants se sentent souvent démunis pour intervenir. Une intervention publique en faveur de la victime leur semble d'une efficacité incertaine. Quant à la sanction, elle risque de ne pas traiter le problème en profondeur et de provoquer simplement un harcèlement plus sournois. Bénédicte Saunier choisit d'intervenir sur le terrain des valeurs. Elle fait lire à la classe un extrait de *Topaze*, de Marcel Pagnol, qui interpelle les élèves sur la question de l'injustice, thème en général très sensible pour eux. Ils ne vont pas manquer de s'indigner contre le cynisme tyrannique de l'enseignant qui punit au hasard.

L'extrait ci-dessous met en scène Topaze qui demande l'avis de ses collègues pour parvenir à prendre sur le fait, un élève qui émet clandestinement un bruitage parasite de trois notes de musique.

Topaze. – J'ai tout essayé. Allusion, dans mes cours de morale, à la grave responsabilité de l'enfant qui gêne le travail de ses camarades ; objurgations directes au délinquant inconnu, promesses d'amnistie complète s'il se dénonce ; surveillance presque policière de ceux que je soupçonne : résultat nul. [...]

Tamise. – Le cas est épineux.

Panicault. – Oh ! pas du tout ! La musique, c'est courant. [...]. Moi, chaque fois que j'entends ça, je mets Duhamel à la porte.

Tamise. – Mais comment faites-vous pour savoir que c'est lui ?

Panicault. – Oh ! je ne dis pas que c'est toujours lui qui fait la musique ; mais c'est toujours lui que je punis.

Topaze. – Mais pourquoi ?

Panicault. – Parce qu'il a une tête à ça.

Topaze. – Voyons, mon cher collègue, vous plaisantez ?

Panicault. – Pas le moins du monde.

Tamise. – Alors, vous avez choisi un bouc émissaire, un pauvre enfant qui paie pour les autres ?

Panicault (choqué). – Ah ! permettez ! Duhamel, c'est pour la musique seulement. En cas de boules puantes, je punis le jeune Trambouze. [...] Et si je trouve un jour de la colle sur ma chaise, ce sera tant pis pour les frères Gisher !

Topaze. – Mais c'est un véritable système !

Panicault. – Parfaitement. Chacun sa responsabilité. Et ça n'est pas si injuste que ça peut en avoir l'air ; parce que, voyez-vous, un élève qui a une tête à boucher un tuyau de poêle, il est absolument certain qu'il le bouchera et, neuf fois sur dix, c'est lui qui l'aura bouché.

Topaze. – Mais la dixième fois ?

Panicault (avec noblesse). – Erreur judiciaire, qui renforce mon autorité. Quand on doit diriger des enfants ou des hommes, il faut de temps en temps commettre une belle injustice, bien nette, bien criante : c'est ça qui leur en impose le plus.

Topaze. – Mais avez-vous songé à l'amertume de l'enfant innocent et puni ?

Panicault. – Eh oui, j'y songe. Mais quoi ! Ça le prépare pour la vie.

[...]

À ce moment, on entend la voix d'un élève qui a dû appliquer sa bouche au trou de la serrure. Il crie.

La voix. – Panicault ! Oh ! Panicault ! Tu l'as mangé l'haricot ?

On aura certainement intérêt à censurer la dernière réplique qui risque de brouiller le message et d'en altérer la portée. Pour le reste, l'équivalence entre la conduite de Panicault et celle des responsables du harcèlement, semble suffisamment claire pour être comprise. Si ce n'est pas le cas, les questionnements de l'enseignant mettront les esprits sur la voie.

Ruse n° 92 : la prédiction du comportement

Cette technique s'apparente à l'effet miroir. Face à un opposant dont on a repéré le fonctionnement, elle consiste à dévoiler le comportement qu'il est sur le point d'adopter pour le pousser à prendre *librement* la décision d'en changer. Par exemple, le simple fait de dire à quelqu'un qu'il est prévisible, a pour conséquence de l'obliger à marquer un temps d'arrêt, même minime, pour repenser son attitude. En classe, lorsque l'on prédit les actes d'un élève récalcitrant, il est contraint de s'observer lui-même, de faire un effort de réflexion sur son comportement et donc de le suspendre un instant pour le reconsidérer.

Prédire un comportement oblige l'interlocuteur à s'élever à « un degré de lucidité où il se trouve contraint de s'observer lui-même, surpris en flagrant délit de pensée mécanique. Plus intéressant : se découvrant, il acquiert la liberté de faire mentir votre théorie, de lui, de se désobéir de se transcender. De trouver en lui d'autres ressources, de fabriquer, ou de révéler, ses autres personnalités. Bien sûr, un esprit caractériel peut toujours vous rire au nez quand vous pronostiquez ses frasques ! Il vous faudra alors inventer d'autres stratagèmes. Reste ceci : l'axiome essentiel, quand il secoue une cervelle, apparaît bien comme une ruse stratégique. Elle propose un saut intellectuel qualitatif. Une distance sur soi-même. Un accroissement de conscience. » [8]

8. F. Joignot, *Éloge de la ruse*, Albin Michel, 1995.

Pour les enseignants, victimes de demandes intempestives de sorties de classe pour aller aux toilettes, la prédiction du comportement avant le démarrage du cours est un bon moyen de réguler les besoins imaginaires. Il suffit de demander à un élève coutumier de la sortie-pipi : « J'ai l'impression que tu auras envie d'aller aux toilettes pendant le cours. Qu'en penses-tu ? ». Répondre « Oui » est délicat, sauf si l'élève s'affiche ouvertement en provocateur. La réponse « Non » est beaucoup plus probable (tout élève sincèrement distrait peut d'ailleurs s'absenter illico deux minutes) et le principe de cohérence comportementale le contraint pendant l'heure qui suit à confirmer sa réponse négative ; en même temps, il est tenu par son désir de faire mentir la prédiction.

Mais il est également intéressant de prédire un comportement positif. Dire avec sympathie à un élève un peu revêche qu'il a l'air en forme, suffit parfois pour qu'effectivement il abandonne sa mine revêche.

Avec les perturbateurs, Dorota Bertrand, professeur d'histoire-géographie en CFA, utilise la prédiction du comportement, en l'assortissant d'un pari.

Quand j'ai repéré un apprenti qui a l'habitude de s'agiter, je prends les devants en début de cours en lui signalant qu'il va à nouveau créer des difficultés et qu'il vaudrait mieux pour lui que je l'exclue tout de suite. Il proteste, me dit qu'il va se tenir tranquille, qu'il veut rester en classe. J'insiste en affirmant fortement que je suis **« persuadée »** qu'il ne tiendra pas parole, pour que, par esprit de contradiction, il veuille me prouver que j'ai tort. Parfois j'engage un pari (en rigolant, pour bien montrer que c'est un jeu).

– Tu paries combien ?

– Un euro, M'dame.

– Ah non, ça vaut pas le coup, c'est minable. Je propose 20 euros !

On discute un peu et généralement, il accepte la mise. Quand l'apprenti n'a pas d'argent, je lui dis (pour rire) que s'il perd, il me signera une reconnaissance de dette. La première demi-heure se passe dans le calme. Mais il arrive toujours un moment où le garçon oublie de se tenir tranquille et je lui annonce alors que j'ai gagné le pari.

– Non M'dame, ça compte pas !

– On verra...

À la fin du cours, on solde le pari par un match nul.

La prédiction du comportement oblige l'adolescent à prendre en compte le regard de l'adulte, spécialement pour avoir la satisfaction de lui prouver qu'il a tort. La situation est devenue légèrement plus complexe pour lui. Sa spontanéité de perturbateur est perturbée : il est contraint de réfléchir avant d'agir pour choisir entre deux tentations contradictoires : tenir son rôle habituel de perturbateur (mais il a le désagrément de donner raison au professeur) ou changer de comportement pour montrer qu'il n'est pas si prévisible.

Pour conclure

L'effet de déstabilisation provoqué par le dévoilement soudain de comportements ou d'intentions masquées tient une bonne place dans le succès de ces stratégies. Il est toujours dérangeant de se sentir tout à coup *découvert* par autrui et la suspension de la spontanéité rend difficile, dans l'instant, une réadaptation rapide à la nouvelle situation. D'autant plus que le principe de cohérence comportementale, étudié auparavant, empêche d'effacer le comportement en cours pour en choisir un autre qui soit mieux adapté. La seule échappatoire possible pour poursuivre le jeu relationnel sur des bases renouvelées, est bien souvent l'humour et le sourire, c'est-à-dire ici une forme d'esquive.

L'inversion des rôles

Une variante de l'effet miroir, consiste à jouer par surprise un rôle de rebelle, à la manière des élèves. Le retournement d'attitude de l'adulte qui abandonne son rôle normatif produit toujours un étonnement propice à la réflexion pour l'ensemble de la classe. Il s'agit là encore de révéler un comportement individuel ou collectif, pour le faire changer sans utiliser l'argument persuasif. Cette tactique a un caractère corrosif, elle dérange les convenances de la relation pédagogique qui obéit habituellement à des codes très stricts de répartition des rôles. Quand l'enseignant brouille ces codes, il oblige les élèves à un réexamen de la situation et de la relation.

Ruse n° 93 : l'outrage au gobelet

Le travail d'animateur en CFA oblige à intervenir en permanence, pour faire appliquer les règles concernant la propreté des lieux. Malgré les incessantes remarques, beaucoup d'apprentis crachent par terre ou jettent n'importe où les gobelets usagés et les cannettes vides. Pour les sensibiliser au respect des lieux, la ruse s'avère souvent plus efficace que le sermon. Ainsi, Michel Lesaffre, animateur en CFA, aime bien provoquer un choc de temps en temps, en reproduisant les comportements habituels des apprentis.

Par exemple, pendant que je discute avec un groupe, je peux jeter par terre le gobelet vide que je tenais à la main. Je continue la discussion, mine de rien, mais eux ne m'écoutent plus quand je parle. Ils sont interloqués, regardent le gobelet, me regardent, regardent le gobelet… Je fais semblant de ne pas prêter attention à leur attitude, tout en attendant que l'un d'eux me dise : « Qu'est-ce que tu fais ? » Je réponds avec un grand naturel que j'ai jeté mon gobelet et j'enchaîne à nouveau sur la discussion. Ils sont horrifiés par mon culot : « Pourquoi nous on n'a pas le droit de jeter par terre et toi tu fais le contraire de ce que tu dis ? » J'utilise alors leur langage : « On s'en fout... C'est le boulot de la femme de ménage, c'est pas mon problème. Maintenant, je fais comme vous. Rien à foutre ! » Ils sont vraiment très bousculés et cherchent visiblement à comprendre ce qui m'arrive. Je les laisse barboter dans la perplexité pendant quelques minutes et je finis par reprendre mon rôle : « Vous voyez, si tout le monde faisait comme vous. Ça ne vous plairait pas du tout ». Ils se mettent à rigoler mais je sais, même s'ils n'en disent rien, qu'ils ont enregistré la leçon.

J'aime bien aussi, quand je passe à côté d'un groupe dans un couloir, me racler bruyamment la gorge et faire semblant de cracher par terre avec le bruitage adéquat. Dès que j'ai tourné derrière un angle, je reviens jeter un œil : ils sont tous en train de regarder par terre pour voir si j'ai vraiment craché.

Dans ces deux exemples, la résistance réflexe est suspendue pour un temps. Si le second semble délicat à suivre, car il risque de porter atteinte à la majesté professorale, le premier est judicieusement provocateur. En somme, il n'y a rien qui étonne tant les adolescents que des adultes qui enfreignent les règles. C'est comme s'ils revendiquaient le monopole de la contestation : ils la jugent parfaitement normale et auréolée de prestige pour eux-mêmes, mais scandaleuse et inadmissible pour un adulte.

Ruse n° 94 : le professeur perturbateur

Comme dans l'exemple précédent, l'inversion des rôles consiste ici à reproduire le comportement d'un jeune. Plutôt que de le raisonner indéfiniment pour qu'il ne dérange plus le déroulement du cours, Isabelle Pierard, professeur de maths-sciences-dessin technique en CFA, a mis au point une tactique qui joue sur un retournement de situation.

Ma technique pour gérer un perturbateur consiste, après les remarques d'usage sur la nécessité de suivre le cours, à lui demander de prendre ma place pendant dix minutes pour animer la séquence. Je lui donne une consigne à sa portée pour ne pas commencer à le mettre en difficulté. Je le laisse, par exemple, démarrer un exercice de maths qu'il maîtrise, je l'encourage pour le mettre à l'aise. Dans ces cas-là, l'apprenti garde le regard rivé sur l'enseignant pendant qu'il exécute la consigne. Je reste sage et attentive quelques minutes, j'encourage les autres à coopérer avec leur camarade. Mais au bout d'un moment, c'est moi qui joue le rôle du perturbateur, de la même manière qu'il l'avait fait. Je ne le regarde plus, je fouille dans ses affaires ou je m'affale sur la table, je discute avec le voisin, je me retourne pour voir ce qui se passe derrière... Bref, je suis insupportable. Petit à petit, il perd pied et ne sait plus comment s'y prendre pour gérer la situation et continuer sa séquence de cours. Je lui dis de ne pas faire attention à moi et de continuer le travail, mais il n'a alors qu'une hâte : retourner à sa place et se faire oublier. Je lui signale alors que c'est à lui de décider à quel moment nous reprendrons tous deux nos rôles respectifs. En général, c'est tout de suite.

L'intérêt majeur de cette tactique réside dans son déroulement en deux temps. Tout d'abord, une invitation autoritaire faite à l'apprenti pour qu'il assume un rôle pédagogique, puis un dérapage inattendu de l'enseignante qui s'agite de manière intempestive. L'apprenti au tableau, maintenant concentré sur la tâche et exposé aux regards de tous, est totalement pris par surprise, face à une situation qu'il ne sait pas gérer : comment s'y prendre avec un perturbateur ? L'inversion des rôles perturbe ici le confort et le plaisir habituels de la résistance et du même coup, la rend beaucoup moins facile et attractive.

Ruse n° 95 : subvertir les règles !

Il y a beaucoup d'élèves qui ne se sentent pas concernés par le règlement intérieur, considéré comme un ensemble de contraintes inutiles. Pour favoriser une prise de conscience sur l'utilité des règles, Richard Rumiano, formateur en français et VSP dans le dispositif ETAPS (Espaces Territoriaux d'Accès aux Premiers Savoirs), se met lui-même en scène.

Je commence par inscrire au tableau la consigne suivante :

– Vous allez observer en silence ce qui se passe.

– Vous allez prendre des notes sur ce que vous voyez.

Je sors deux minutes pour enfiler un sweat à capuche (qui masque des écouteurs), prendre des lunettes de soleil, une canette, une pomme et un journal. J'entre, je m'assois parmi les stagiaires ; je pose mes pieds sur la table et commente tout haut ce que je lis (langage familier, bruyant...). Puis mon téléphone (préréglé) sonne ; je réponds en parlant bien fort ; c'est là que les stagiaires découvrent que je porte des écouteurs. Tout cela dure environ dix minutes. Je ressors et je reviens pour demander ce que les stagiaires ont vu.

Mon objectif est de proposer aux stagiaires de voir par eux-mêmes ce qu'il ne faut pas faire en formation vis-à-vis du règlement : utiliser son portable ; écouter de la musique ; lire le journal ; parler fort et de toute autre chose ; manger, boire ; avoir une posture incorrecte ; avoir la tête couverte ; porter des lunettes de soleil. Lorsque je reviens dans la salle, les stagiaires ont non seulement vu tout ça, mais plus encore. Je n'avais en effet pas songé que le fait de rentrer dans la salle après m'être « déguisé » revenait à arriver en retard ; qui plus est sans dire bonjour ! ! J'ai dû dire quelques grossièretés en lisant le journal et cela les a surpris que je puisse proférer de telles paroles : « On savait pas M'sieur que vous pouviez dire des gros mots ! ». Je crois que ça leur a plu... ! En tout cas, mon objectif est atteint car les stagiaires se sont prêtés de bonne grâce à ce jeu d'observation. Pour ma part, j'ai été surpris du silence qu'ils ont maintenu entre eux (respect de la consigne qui voulait qu'aucun commentaire ne soit fait à voix haute), simplement ponctué de quelques gloussements.

L'inversion des rôles est une technique de dévoilement qui montre aux élèves que l'adulte a bien conscience des schémas de comportement auxquels ils obéissent. C'est en même temps une intrusion dans leur univers mental, qui occasionne une mise à nu toujours dérangeante. Car chacun cherche en société à tenir masqué son fonctionnement interne pour préserver son espace intime et éviter de paraître transparent et manipulable. Pour se protéger de cette intrusion, les élèves préfèrent alors renoncer à un comportement contestataire qui les expose en les singularisant, pour se ranger derrière la norme collective qui les indifférencie. Cette tactique peut cependant générer un sentiment d'humiliation ; elle nécessite dans ce cas, une restauration ultérieure de la relation par le dialogue.

Ruse n° 96 : jouer à contre-emploi

La résistance au savoir, spécialement en début de cours, est un jeu très prisé dans les classes et les enseignants dépensent beaucoup d'énergie pour surmonter l'apathie ou faire cesser le brouhaha. Dans ces cas-là, le dynamisme jovial, l'anecdote humoristique ou le rituel de mise au travail sont certes des techniques utiles. Mais il est parfois judicieux de prescrire le non-travail, comme le fait Bénédicte Saunier, professeur de français-histoire-géographie en CFA, pour que, par esprit de contradiction ou simplement par conformisme, les élèves veuillent alors se mettre au travail.

Quand la classe traîne les pieds et que je n'ai pas envie de dépenser en pure perte toute mon énergie pour essayer de faire un cours à des gens qui vont freiner des quatre fers, je prends souvent les devants : je me donne une attitude démotivée et revêche en m'asseyant derrière le bureau. Pendant que les apprentis renâclent de leur côté, je sors mes affaires à contre-cœur et je ne tarde pas à leur dire : « Écoutez, je n'ai pas envie de faire cours aujourd'hui, je ne suis vraiment pas en forme... Ne sortez pas vos affaires, on ne fait rien. » Je signale tout de même qu'ils ne peuvent pas utiliser leur portable et leur MP3, c'est interdit. Et j'attends, la tête appuyée lourdement sur les deux mains, le regard vide. Au début, c'est un peu bruyant, certains semblent visiblement satisfaits, mais d'autres sont interloqués. Très vite, il y en a un qui demande : « Pourquoi on fait rien ? » Je dis que je n'ai pas envie de travailler, que j'en ai marre de faire de l'enseignement, qu'il y a des jours comme ça, où ça ne m'intéresse plus. Ça les étonne qu'un enseignant n'ait pas envie d'enseigner : il est quand même payé pour ça ! C'est ce qu'ils me laissent entendre, car ils commencent à insister pour qu'on travaille. Ils se sentent abandonnés. Je persiste dans la démotivation, je leur demande de m'oublier et les invite à discuter entre eux. « Mais on n'a rien à se dire ! On ne va pas rester une heure comme ça sans rien faire ! Vous êtes sûre que vous voulez pas faire cours ? ». Bien entendu, quand je les sens découragés par mon attitude, je finis par céder en bougonnant. Et là, ils sont tout fiers de m'avoir fait changer d'avis et on attaque ce que j'avais prévu, mais cette fois, de bonne grâce. Plus tard, j'apprends qu'ils en ont parlé à mes collègues : « On ne sait pas ce qu'elle avait. Elle était vraiment pas en forme. Si on n'avait pas été là, elle n'aurait pas travaillé ! »

Il va de soi que cette technique doit être employée avec modération : deux fois par an, pas plus.

Le caractère insolite de l'attitude de l'enseignante n'est pas étranger au succès de cette technique. Un professeur qui demande à ce qu'on l'oublie, ce n'est pas chose fréquente et cela heurte les représentations, toujours traditionalistes et normatives, que les élèves se font du « plus beau métier du monde » : le professeur doit nécessairement avoir envie de travailler. Sinon, quel charme aurait pour la classe, le plaisir de traîner les pieds ?

La prescription du symptôme

La prescription du symptôme emprunte aux techniques précédentes quelques-unes de leurs caractéristiques : recadrage d'une situation, dévoilement (mais cette fois implicite) d'un comportement, détournement de l'attention. Il s'y ajoute une injonction de surenchère qui va précipiter un retournement de l'interaction. La prescription du symptôme repose sur le principe *encourager pour dissuader*, au besoin en poussant la logique de la situation jusqu'à l'absurde. Ainsi, l'injonction paradoxale vise à renforcer le comportement que le sujet s'attend à voir contesté ou dénoncé. Cette ruse le déstabilise parce qu'il est soumis à une situation de *double contrainte*. Il est placé devant un dilemme inconfortable : soit il persiste à s'opposer face à quelqu'un qui se dit d'accord avec lui, ce qui est un non-sens, soit il renonce à sa position et il se place en contradiction avec lui-même. Il est face à une *situation impossible* (comme dit Milton Erickson) qui l'oblige à trouver un échappatoire : une autre solution, un autre choix comportemental que ceux adoptés jusque-là.

Ruse n° 97 : le contrat de paresse

Par exemple, face à un élève qui ne travaille pas, plutôt que de rabâcher toujours les mêmes discours stériles sur la nécessité de l'effort, l'enseignant a la possibilité de proposer la signature d'un « contrat de paresse », par lequel l'élève s'engage par écrit à ne rien faire pendant la semaine, sans toutefois perturber la classe.

Dans ce cas précis, la surenchère consiste simplement à formaliser par écrit un état de fait. En CFA, l'apprenti est mis dans une « situation impossible » : s'il signe, il rompt de fait son contrat d'apprentissage. Généralement, l'élève refuse de signer car il ne veut pas se démasquer ainsi, par crainte de se faire manipuler. On peut alors exercer une pression forte en glosant sur son absence de sens de l'honneur (dans les cas extrêmes). Si malgré tout il signe, l'enseignant escompte évidemment que l'isolement et l'ennui consécutifs à l'inactivité redonneront à l'élève le désir de participer.

On enraye ainsi le jeu de l'élève qui apprécie de se considérer comme la victime du système pour le contraindre à se repositionner dans un nouveau cadre. Les jeunes les plus rusés parviendront sans doute à se sortir de ce mauvais pas, mais ce ne sera pas si simple.

Ruse n° 98 : renverser la situation

Quand l'agressivité est plus marquée, la surenchère peut également conduire à un retournement de situation. Christelle Touleron, professeur de français en CFA, adopte occasionnellement la tactique suivante qui consiste à transformer le rapport de forces en une sorte de jeu farcesque.

Face à un apprenti qui devient agressif avec moi, j'ai pris l'habitude de renoncer à l'affrontement direct qui, la plupart du temps, déclenche une escalade verbale qui me perturbe émotionnellement et débouche sur des sanctions stériles. Sans parler des risques de dérapages vers une violence physique toujours possible. Quand j'en ai un qui s'énerve pour une raison ou une autre, je vais dans son sens, j'utilise la technique de prescription du symptôme : je le laisse venir et au moment propice, je lui présente horizontalement ma main devant le visage et je lui dis : « Mords-moi ! »

Des fois, c'est dit avec le sourire, ça dépend en fait du jeune et de mon humeur : « Tu veux me mordre ? » Ça le calme instantanément et ô miracle, souvent j'ai droit à un sourire ! Des fois c'est plus abrupt : « Vas-y mords-moi, ça défoule ! ». Et c'est le reste de la classe qui se marre, isolant mon grincheux de service qui maugrée mais ne rétorque pas pour ne pas perdre encore plus la face.

Des deux versions proposées dans ce témoignage, la plus risquée est celle où l'enseignante adopte elle-même un ton agressif. La rivalité mimétique risque alors de rendre l'apprenti plus agressif encore, et il vaut mieux dans ce cas, avoir une bonne capacité à faire face aux situations périlleuses. La version souriante est en revanche délicieusement diabolique, en particulier, si c'est une femme qui l'utilise face à un gaillard dont le sens de l'honneur viril interdit, surtout publiquement, de persister dans une attitude rendue ridicule. Sa position est alors intenable, et il n'a plus d'autre choix que l'esquive. Il conviendra pourtant de songer ultérieurement à faire la paix pour effacer un possible sentiment d'humiliation, par souci éthique d'une part, et d'autre part, pour prévenir une éventuelle volonté de vengeance et parachever ainsi l'effet dissuasif de cette ruse.

Ruse n° 99 : le duel des insultes

La prescription du symptôme est également un outil intéressant pour faire tomber la tension quand deux adolescents commencent à s'insulter en cours. Dans ces circonstances, Jean-Michel Martin, professeur de mathématiques en CFA, intervient très vite pour calmer le jeu en proposant une surenchère sous forme de match d'insultes.

> Je demande d'abord quel est le motif du conflit. Je dramatise alors la querelle, et appelle les protagonistes à laver l'affront au moyen d'un duel public, au cours duquel ils vont pouvoir s'insulter avec rigueur et méthode : la règle est qu'on ne répète pas les insultes proférées avant le duel et on n'a pas le droit pendant l'échange de redire deux fois la même ; on n'a pas le droit non plus de réfléchir plus de cinq secondes avant de parler. On en entend alors des vertes et des pas mûres mais la théâtralisation de la situation désamorce systématiquement l'agressivité. Les autres rigolent et comptent les points. Les protagonistes finissent toujours par rire aussi : ils sont vite à court d'idées et s'insulter les motive de moins en moins.

Ce n'est plus la haine qui occupe alors les adversaires. Leur attention est détournée vers la recherche de formules toujours nouvelles. Il n'y a plus de spontanéité possible dans l'invective et finalement, l'insulte perd son pouvoir insultant.

Ruse n° 100 : la valorisation théâtralisée du pitre

Plutôt que d'utiliser l'autorité pour rabrouer un amuseur qui perturbe le cours, le paradoxe peut consister à le valoriser, en lui proposant de prendre quelques instants pour peaufiner son rôle. C'est ce que pratique Brigitte Martinez, CPE en collège.

Les élèves qui font les pitres pour amuser la galerie sont particulièrement difficiles à gérer quand ils ont du talent. On rechigne à user d'autorité pour ramener le calme quand ils déclenchent les rires mais en même temps, il faut bien poser des limites à l'hilarité générale si on veut parvenir à faire cours. Le recours au théâtre est alors précieux. Plutôt que de sermonner un acteur comique en herbe, j'évite l'agressivité autoritaire et je lui dis de manière cordiale qu'il a des dons d'acteur que je lui propose de mettre davantage en évidence. Je ne me contente pas de la demande classique de reproduire une seconde fois ce qu'il vient de faire ou de dire, en espérant qu'il va rentrer sous terre. Je lui propose de suspendre le cours pour mettre davantage en valeur son numéro d'acteur. Je suggère une mise en scène, une utilisation réfléchie de l'espace, je m'interroge avec la classe sur le choix des mots employés, sur l'intonation, sur une chute éventuelle et je l'invite à commencer une première répétition. Ma sollicitude dépourvue d'ironie désarçonne un peu l'élève qui ne sait trop comment réagir. Parfois, il bat en retraite et refuse de se prêter au jeu. Je lui exprime mon désappointement et après avoir insisté pour qu'il montre ce qu'il sait faire, le cours reprend. Parfois aussi, il accepte la répétition et avec la classe nous évaluons la performance qui a alors perdu sa dimension provocatrice initiale.

Cette manière d'encourager ainsi la transgression a pour effet de la désamorcer, grâce à la distanciation que permet le théâtre. Le conflit potentiel se transforme en alliance et l'élève comique essaie beaucoup moins de provoquer l'autorité. Dans ses interventions humoristiques suivantes, il cherche davantage une certaine complicité avec l'enseignant. Il faut alors poser la limite entre ce que je tolère (ou encourage) et ce que j'interdis, mais la chose est plus facile à partir du moment où le provocateur sait bien que je sais bien gérer les provocateurs. Bien sûr, tout cela réclame de la maîtrise. La règle majeure, c'est qu'il ne faut en aucun cas montrer qu'on est déstabilisé.

Pour prendre ainsi le contre-pied de l'opposant, la maîtrise de la situation est certes nécessaire. Mais cette maîtrise est relativement facile à conserver car l'enseignant n'a pas à adopter une attitude résolument dominatrice pour faire plier l'élève, dans la mesure où il désamorce le rapport de forces et la rivalité mimétique. L'injonction de rejouer la scène n'est pas autoritaire et le conflit devient sans objet. L'enseignant a recadré l'interaction et il impose à l'élève de jouer un autre jeu. Si ce dernier refuse, il se « dégonfle » face à la classe et l'incident est clos. S'il accepte, l'enseignant n'est plus la cible puisqu'il coopère à la mise en scène de la contestation. Dans les deux cas, le conflit est habilement contourné par l'adulte qui a ainsi fait preuve de son savoir-faire.

Conclusion

Le sang-froid en situation de conflit dont il vient d'être question vaut pour l'ensemble des techniques abordées dans ce chapitre. Pour que le recadrage et le nouveau jeu relationnel proposé par l'enseignant puissent être crédibles, ce dernier doit lui-même apparaître comme suffisamment solide pour que l'ancien jeu soit effectivement considéré comme caduc par les protagonistes et qu'il apparaisse impossible à maintenir, parce que tout indique (le contexte comme l'attitude de l'adulte) que le sens de la situation a changé.

Dans un entretien avec Milton Erickson, Jay Haley résume bien ce changement de cadre opéré par les techniques paradoxales utilisées par le thérapeute auprès de ses patients : « Vous créez des situations invivables ! Vous soulevez des problèmes insolubles pour les obliger à trouver des solutions différentes de celles utilisées par le passé. » [9] En contexte éducatif, les exemples de ruses cités dans ce chapitre visent également à mettre les élèves dans des situations sinon invivables, du moins inconfortables et surprenantes, de manière à modifier complètement les règles du jeu.

Pour compléter ces remarques, il est intéressant de rappeler certains principes d'utilisation du paradoxe en situation thérapeutique énoncés par Paul Watzlawick [10]. Il observe que l'efficacité du paradoxe présuppose d'une part, « *l'existence d'une relation intense* » entre le thérapeute et le patient, sans laquelle les prescriptions données aurait peu de chances d'être suivies. Cette relation intense doit également servir, d'autre part, à « *empêcher le patient de se retirer du jeu* ».

De tels principes sont également pertinents dans la relation pédagogique, ce qui suppose un minimum de liens intellectuels et affectifs entre le maître et l'élève. Sans ces liens, l'élève a effectivement le loisir de se retirer du jeu. Par ailleurs, la durée de la relation étant plus longue à l'école qu'en consultation thérapeutique, l'effet de surprise que réclament les techniques paradoxales implique une utilisation relativement rare, sans quoi elles seraient vite démasquées, et par voie de conséquence, invalidées. Enfin, faut-il le rappeler ? La déontologie éducative impose au maître d'œuvrer pour l'autonomie de l'enfant. La manipulation de son désir et de son comportement ne saurait être légitime que si elle est temporaire et soucieuse de bienveillance.

9. J. Haley, *Changez les couples.* Entretiens avec Milton Erickson, ESF, 1985.

10. P. Watzlawick, J. Helmick Beavin, Don D. Jackson, *Une logique de la communication,* Seuil, 1972.

Conclusion : le pouvoir et l'alliance

Il a été souligné que l'impératif éthique qui accompagne l'usage de la ruse éducative invite à respecter les droits et les intérêts de l'enfant. On ne pourrait parler sans cela de ruse bienveillante. Mais il convient sans doute de garantir davantage cette éthique en avançant que l'action éducative doit s'appuyer sur une relation d'alliance.

L'alliance peut se définir comme un contrat établi entre l'adulte et l'enfant, autour d'un *but éducatif commun*. Au-delà du discours, c'est donc dans l'action et avec une perspective de réussite qu'elle a la possibilité de s'enraciner. Mais prendre le temps d'identifier des objectifs partagés et de se mettre d'accord est une démarche souvent négligée, quand l'enseignant considère comme un fait acquis que l'élève vient à l'école pour apprendre et que, si tel n'est pas le cas, il appartient prioritairement aux parents de l'en persuader. Or ce n'est évidemment pas ainsi que les choses se passent pour certains enfants qui restent hermétiques au sens-même des activités de la classe. Ceux-là ont tendance à considérer l'école soit comme un terrain de jeu, soit comme un lieu de domination arbitraire qui justifie la résistance perçue comme plus valorisante et plus ludique. Les plus irréductibles considèrent l'adulte comme un ennemi avec lequel il n'y a pas d'entente possible et le rapport de forces risque alors d'être inévitable. Mais il appartient à l'enseignant de ne pas se laisser enfermer dans une logique de règlement de compte. Si la fermeté et les sanctions ont certainement un rôle à jouer dans les situations de conflit, la relation pédagogique ne peut faire l'impasse sur la coopération et l'alliance. La fermeté n'interdit pas la patience et l'éthique éducative commande de laisser la porte entrouverte, de rester à l'écoute et éventuellement d'avoir recours à la ruse, pour qu'un jour peut-être, des liens puissent être noués avec les plus rebelles.

L'alliance ne va donc pas de soi. Pour qu'elle soit scellée, il faut s'attacher à la rendre attractive. Pourquoi en effet, coopérer avec un système qui impose la contrainte et la domination, qui est porteur de dévalorisation et d'échec programmé ? S'il n'y a rien à gagner dans l'alliance, la lutte apparaît naturellement préférable parce que plus gratifiante en termes d'image de soi. L'alliance ne pourra donc avoir de prix pour l'élève que s'il a conscience de pouvoir retirer un bénéfice pour les efforts fournis. En échange de son travail, il escompte un retour sur investissement. Très concrètement, par exemple, lorsqu'il donne un devoir, il attend une évaluation équitable et il se sent floué si l'enseignant ne corrige pas, perd le devoir ou évalue d'une manière arbitraire. Cette relation de troc est un exemple significatif de l'échange qui s'opère dans la relation pédagogique : l'enseignant initie l'échange en offrant ce qu'il détient (le savoir et la compétence pédagogique), pour obtenir ce qu'il souhaite : la coopération des élèves.

L'alliance s'instaure également en établissant une *relation de confiance*, construite jour après jour dans l'action, et qui touche à la sphère affective : à l'école, un enseignant allié est de préférence une personne que l'on estime, que l'on trouve éventuellement sympathique et nécessairement loyale et crédible. Ces caractéristiques peuvent sembler contradictoires avec l'emploi de la ruse, et elles le sont effectivement si la ruse est malveillante. En revanche, la ruse bienveillante qui vise à faire face à un problème ponctuel, n'exclut pas la loyauté : il est, par exemple, moralement recommandé de mentir avec tact, en disant à une jeune mère épuisée par l'accouchement, que son bébé est « tellement mignon ».

À l'école, la première condition qui contribue à créer un climat de confiance est sans doute de faire de la classe un espace de sécurité et de justice. En effet, si l'enseignant ne garantit pas la loi, s'il affecte de se désintéresser de la sécurité des plus faibles, comment lui faire confiance ? Comment l'élève peut-il coopérer s'il ne se sent pas, par exemple, protégé de la violence d'un groupe qui lui interdit la liberté d'être, de dire et de faire ? Trop souvent, l'enseignant considère que les relations entre élèves ne le regardent pas (en primaire, le « rapporteur » est considéré par l'adulte comme une sorte de traître), ou bien l'enseignant *ne voit pas* que la classe est soumise à la loi d'un caïd, ou que tel élève est victime émissaire. Face aux menaces de la vie collective, l'enseignant doit offrir à tous des garanties fondamentales : l'ordre d'une part, fondé sur des règles qui protègent du chaos tout en autorisant une marge de désordre, l'équité d'autre part, qui assure à tous une égalité de traitement.

La confiance dépend également de la reconnaissance mutuelle entre adulte et enfant. Or dans la classe, certains élèves ont le sentiment de ne pas exister pour l'enseignant, de n'être que des individus anonymes, en aucun cas des personnes reconnues dans leur singularité. Tout comme l'absence de réussite évoquée précédemment, l'absence de reconnaissance induit le désinvestissement de ceux qui, voyant qu'il n'y a rien à gagner à coopérer, préfèrent se réfugier dans l'apathie ou la provocation. C'est particulièrement vrai pour les élèves en échec, qui ont le sentiment que le jugement négatif sur leurs performances induit un jugement négatif sur leur personne. Il importe donc de s'ingénier à offrir aussi des gratifications narcissiques qui sont un bon stimulant pour l'action et un moteur puissant d'apprentissage. Si ces gratifications s'avèrent impossibles à obtenir par le travail, l'élève ira les chercher auprès de ses pairs et dans la contestation du système.

Toutes les remarques qui précèdent renvoient à la problématique de l'échange de dons, abordée en détail dans le chapitre 3. L'alliance résulte ainsi d'un processus de don/contre-don, puisque l'on accepte de s'allier dans la perspective d'en retirer un bénéfice. Mais l'alliance seule risquerait d'être inopérante si elle ne s'inscrivait pas dans une relation de pouvoir. C'est l'équilibre subtil entre pouvoir et alliance qui pourra régler correctement la relation pédagogique (ni trop proche ni trop lointaine) et permettre l'action. Dans les cas où cet équilibre est rompu, relation et action sont perturbées.

En effet, le pouvoir sans l'alliance qui donne à l'enseignant, expert et chef hiérarchique, la pleine maîtrise de la situation d'apprentissage, génère un fonctionnement technocratique de la classe, facteur de désinvestissement des élèves. Quand l'enseignant n'est pas perçu comme un allié qui aide à affronter les difficultés et donne un espoir de réussite, il est identifié, soit à un adversaire, soit même à un ennemi, ce qui n'incite guère à la coopération.

Mais l'alliance sans le pouvoir conduit à une autre forme de dysfonctionnement. Les enseignants qui veulent ignorer le contexte hiérarchique de la classe et refusent la relation de pouvoir pour miser sur une proximité trop étroite, risquent de se fourvoyer dans l'illusion fraternelle : ils récoltent l'impuissance pédagogique, et parfois le chaos.

La ruse présente l'avantage d'être à la fois un instrument d'alliance et un instrument de pouvoir. Bien sûr, elle n'est pas à l'abri des écueils de la démagogie et de la manipulation malveillante, mais employée avec éthique, elle est un outil particulièrement efficace pour contribuer à impliquer l'élève dans son parcours scolaire, dans la mesure où elle parvient à exercer une contrainte furtive qui suscite, sans pression apparente, la coopération volontaire.

Il ne s'agit pas pour autant d'en faire un outil exclusif d'intervention, et la transparence communicationnelle garde évidemment ses vertus et sa légitimité chaque fois que la situation le permet, c'est-à-dire ne nécessite pas d'user d'habileté. Dans les autres cas, lorsque l'on se refuse de recourir aux tours et détours de la « prudence avisée » qui définit la ruse, en persistant dans une transparence manifestement vouée à l'échec en termes d'efficacité relationnelle, soit on souhaite assumer délibérément le risque de l'impuissance tactique parce que l'on vise autre chose (l'affirmation de principes fondamentaux par exemple), soit on pêche par naïveté ou par rigidité, ce qui entraîne généralement des conséquences néfastes : on culpabilise les autres (que l'on jugera soit fous soit méchants), ou bien, on se culpabilise soi-même.

Liste des ruses

Chapitre 2 – La dynamique mimétique

L' engagement réciproque

Ruse nº 1 : l'implication de l'enseignant
Ruse nº 2 : la passion mimétique
Ruse nº 3 : provoquer (le désir) sans agresser
Ruse nº 4 : l'appel à la pitié

Le mimétisme groupal

Ruse nº 5 : le désir d'appartenance
Ruse nº 6 : l'appropriation de la règle
Ruse nº 7 : le mimétisme d'apprentissage
Ruse nº 8 : la crainte mimétique

La rivalité mimétique

Ruse nº 9 : « Coincer l'autre » en informatique
Ruse nº 10 : associer le challenge et la coopération
Ruse nº 11 : le rallye
Ruse nº 12 : battre la professeur d'EPS

L' esquive mimétique

Ruse nº 13 : de la rivalité mimétique au mimétisme d'alliance
Ruse nº 14 : fais-nous rire !

Chapitre 3 – L'influence par le don

L' écoute

Ruse nº 15 : influencer sans parler
Ruse nº 16 : désamorcer les récriminations du groupe
Ruse nº 17 : agir sur les représentations négatives du groupe

Le troc pédagogique

Ruse nº 18 : « Le tunnel des chatouilles »
Ruse nº 19 : tes chansons m'intéressent

Chapitre 5 – Les tactiques de détour

Les rituels coopératifs

Ruse n° 46 : les rituels d'accueil

Ruse n° 47 : le rituel du « Quoi de neuf? »

Ruse n° 48 : la question du jour

Ruse n° 49 : les rituels de « mise en situation mentale »

Les médiations relationnelles

Ruse n° 50 : l'entremetteur

Ruse n° 51 : l'élève transitionnel

Ruse n° 52 : le gendarme, c'est le groupe

Ruse n° 53 : la méthode R.E.A.D. :
« L'élève Jennifer lit. Le chien Ross l'écoute »

Les médiations ludiques

Ruse n° 54 : le théâtre, outil de valorisation

Ruse n° 55 : les jeux de simulation

Ruse n° 56 : les jeux mathématiques

La suspension de l' action

Ruse n° 57 : les vertus de la digression

Ruse n° 58 : l'entretien différé

Ruse n° 59 : la conceptualisation préalable

La médiation par le mythe

Ruse n° 60 : Le détour par les contes

Ruse n° 61 : surmonter la peur par une médiation culturelle

Ruse n° 62 : Pygmalion en prison

Chapitre 6 – Le partage du pouvoir

La redistribution du pouvoir organisationnel

Ruse n° 63 : l'assistant de la maîtresse

Ruse n° 64 : les perturbateurs consciencieux

Ruse n° 65 : le conseil en pédagogie institutionnelle

Ruse n° 66 : les élèves médiateurs

Le partage du pouvoir pédagogique

Ruse n° 67 : déléguer la structuration du cours

Ruse n° 68 : choisir son niveau de compétences

Bibliographie

ARENDT H., *La crise de la culture*, Folio, 1989.

BALANDIER G., *Le détour, Pouvoir et modernité*, Fayard, 1985.

BALANDIER G., *La ruse*, UGE, 1977.

BOIMARE S., *L'enfant et la peur d'apprendre*, Dunod, 2000.

BOUCHARD P., *Innovation école ! De la maternelle au lycée*, collection « Frontières », Autrement, 2001.

BOUMARD P., « Éducation à la démocratie », in H. Lethierry, *Savoir(s) en rire, l'humour maître*, De Boeck, 1996.

BRIDE P., « Que chacun soit évalué à sa juste mesure », *Cahiers pédagogiques* n° 454, mai 2007.

CIALDINI R., *Influence et manipulation*, First Éditions, 2004.

CROZIER M., FRIEDBERG E., *L'acteur et le système*, Seuil, 1981.

CUNY M.-T., ANGEL S., *Ce que je ne peux pas vous dire*, Oh ! éditions, 2003.

DETIENNE M., VERNANT J.-P., *Les ruses de l'intelligence, la mètis des grecs*, Flammarion, 1978.

FARADJI D., Calcul mental et stratégie, une mine d'émotions et d'énergie intellectuelle, *Cahiers pédagogiques* N° 448, décembre 2006.

FRIEDBERG E., L'analyse sociologique des organisations, *revue Pour* n° 28, L'Harmattan, 1988.

GIORDAN A., *Apprendre !* Belin, 1998.

GIRARD R., *La violence et le sacré*, Grasset, 1972.

GIRARD R., *Des choses cachées depuis la fondation du monde*, Grasset, 1978.

GOFFMAN E., *La mise en scène de la vie quotidienne*, Éditions de Minuit, 1987.

GOFFMAN E., *Les rites d'interaction*, Éditions de minuit, 1988.

GUÉGAN Y., *L'usage légitime du pouvoir dans la classe*, Hachette, 2004.

GUÉNO J.-P., sous la dir., Témoignage de Maria, *Mémoire de maîtres, paroles d'élèves*, Librio, 2001.

HALEY J., *Un thérapeute hors du commun : Milton H. Erickson*, Desclée de Brouwer, 2005.

HALEY J., *Changez les couples. Entretiens avec Milton Erickson*, ESF éditeur, 1985.

JOIGNOT F., *Éloge de la ruse*, Albin Michel, 1995.

JOULE R.-V. ET BEAUVOIS J.-L., *Petit traité de manipulation à l'usage des honnêtes gens*, Presses universitaires de Grenoble, 1990.

MAISONNEUVE J., *La dynamique des groupes*, Que sais-je, Paris, PUF, 1968.

MAISONNEUVE J., *Les conduites rituelles.* 3e éd. Que sais-je ? Paris, PUF, 1999.

MEIRIEU PH., *La pédagogie entre le dire et le faire*, ESF éditeur, 1995.

MEIRIEU PH., *Apprendre... oui, mais comment*, ESF éditeur, 1987.

PENNAC D., *Comme un roman*, Gallimard, 1992.

RANCIÈRE J., *Le maître ignorant*, éditions 10/18, 2004.

ROUSSEAU J.-J., *L'Émile ou l'éducation*, Classiques Garnier, 1964.

STEICHEN R., Plus du ruse que de raison, in *Les raisons de la ruse, une perspective anthropologique et psychanalytique*, sous dir. Serge Latouche & Michael Singleton, La Découverte, 2004.

VAILLANT A., L'ennui à l'école au XIXe siècle, l'écrivain ou le sublime potache, in *L'ennui à l'école*, SCEREN-CNDP, Albin Michel, 2003.

WATZLAWICK P., HELMICK BEAVIN J., JACKSON DON D., *Une logique de la communication*, Seuil, 1972.

WATZLAWICK P., WEAKLAND J., FISCH R., *Changements, paradoxes et psychothérapie*, Seuil, 1981.

Sites internet :

site de Philippe Meirieu : http://www.meirieu.com
http ://www.discip.crdp.ac-caen.fr/histgeo/ludus/index.htm
site de Michel Tozzi : www.philotozzi.com

Dans la collection Pédagogies

DICTIONNAIRE
DES INÉGALITÉS SCOLAIRES
Coordonné par Jean-Michel Barreau

DIDACTIQUE DU FRANÇAIS
De la planification
à ses organisateurs cognitifs
François Victor Tochon

DIX NOUVELLES COMPÉTENCES
POUR ENSEIGNER
Philippe Perrenoud

L'ÉCOLE À L'ÉPREUVE DE L'ACTUALITÉ
Enseigner des questions vives
Coordonné par Alain Legardez
et Laurence Simonneaux

L'ÉCOLE FACE AUX PARENTS
Analyse d'une pratique de médiation
Patrick Bouveau, Olivier Cousin, Joëlle
Favre-Perroton

L'ÉCOLE HORS L'ÉCOLE
Soutien scolaire et quartiers
Sous la direction de Dominique Glasman

L'ÉCOLE, MODE D'EMPLOI
Des « méthodes actives »
à la pédagogie différenciée
Philippe Meirieu

L'ÉCOLE POUR APPRENDRE
Jean-Pierre Astolfi

L'ÉDUCATION CIVIQUE AUJOURD'HUI :
DICTIONNAIRE ENCYCLOPÉDIQUE
Georges Roche avec Y. Basset,
J.-M. Fayol-Noireterre, M. Langanay,
C. Paillole, G. Bach

ÉDUCATION ET FORMATION :
NOUVELLES QUESTIONS,
NOUVEAUX MÉTIERS
Sous la direction de Jean-Pierre Astolfi

ÉDUCATION ET PHILOSOPHIE
Approches contemporaines
Sous la direction de Jean Houssaye

L'ÉDUCATION FACE À LA VIOLENCE
Vers une éthique de la gestion de la classe
Yannick Joyeux

L'ÉDUCATION, SES IMAGES
ET SON PROPOS
Daniel Hameline

ÉDUQUER CONTRE AUSCHWITZ
Histoire et mémoire
Jean-François Forges

ÉLÈVES À PROBLÈMES,
ÉCOLES À SOLUTIONS ?
Cécile Delannoy

ÉMILE, REVIENS VITE...
ILS SONT DEVENUS FOUS
Philippe Meirieu, Michel Develay

ENCYCLOPÉDIE DE L'ÉVALUATION
EN FORMATION ET EN ÉDUCATION
André de Peretti, Jean Boniface,
Jean-André Legrand

ENFANTS EN SOUFFRANCE,
ÉLÈVES EN ÉCHEC
Ouvrir des chemins
Francis Imbert

ENFANTS PERDUS, ENFANTS EXCLUS
Andréa Canevaro

ENSEIGNANT ET COMÉDIEN,
UN MÊME MÉTIER ?
Edmée Runtz-Christan

L'ENSEIGNEMENT PROFESSIONNEL
AUJOURD'HUI
Dominique Raulin

ENSEIGNER À L'ÉCOLE MATERNELLE
Quelles pratiques pour quels enjeux ?
Jacqueline Pillot

ENSEIGNER : AGIR DANS L'URGENCE,
DÉCIDER DANS L'INCERTITUDE
Philippe Perrenoud

ENSEIGNER, SCÉNARIO
POUR UN MÉTIER NOUVEAU
Philippe Meirieu

ENTRER DANS L'ÉCRIT
AVEC LA LITTÉRATURE DE JEUNESSE
Laurence Pasa, Serge Ragano,
Jacques Fijalkow

L'ENTRETIEN D'EXPLICITATION
EN FORMATION INITIALE
ET EN FORMATION CONTINUE
Pierre Vermersch

L'ENVERS DU TABLEAU
Quelle pédagogie pour quelle école ?
Philippe Meirieu

L'ÉTABLISSEMENT SCOLAIRE,
AUTONOMIE LOCALE
ET SERVICE PUBLIC
Jean-Louis Derouet, Yves Dutercq

L'ÉVALUATION EN QUESTIONS
Charles Delorme et le CEPEC

L'ÉVALUATION, RÈGLES DU JEU
Des intentions aux outils
Charles Hadji

L'ÉVALUATION SCOLAIRE,
MYTHES ET RÉALITÉS
Michel Barlow

FAIRE L'ÉCOLE, FAIRE LA CLASSE
Philippe Meirieu

LA FINLANDE : UN MODÈLE ÉDUCATIF POUR LA FRANCE ?
Paul Robert

FOOTBALL : UN TERRAIN IDÉAL POUR L'ÉDUCATION
Michel Amram, Emmanuel Audusse

L'IMPOSSIBLE MÉTIER DE PÉDAGOGUE
Praxis ou poièsis. Éthique ou morale
Francis Imbert

L'INCONSCIENT DANS LA CLASSE
Transferts et contre-transferts
Francis Imbert et le Groupe de Recherche en Pédagogie Institutionnelle

INNOVER AU CŒUR DE L'ÉTABLISSEMENT SCOLAIRE
Monica Gather Thurler

INNOVER POUR RÉUSSIR
Sous la direction de Charles Hadji

JE EST UN AUTRE
Pour un dialogue pédagogie-psychanalyse
Jacques Lévine, Jeanne Moll

LES MATHÉMATIQUES AU LYCÉE
Clés pour une réussite
Sylviane Gasquet

MÉDIATIONS, INSTITUTIONS ET LOI DANS LA CLASSE
Francis Imbert et le Groupe de Recherche en Pédagogie Institutionnelle

LA MÉTACOGNITION, UNE AIDE AU TRAVAIL DES ÉLÈVES
Coordonné par Michel Grangeat, sous la direction de Philippe Meirieu

MÉTIER D'ÉLÈVE ET SENS DU TRAVAIL SCOLAIRE
Philippe Perrenoud

MÉTIER IMPOSSIBLE
La situation morale des enseignants
Pascal Bouchard

1914-1998, LE TRAVAIL DE MÉMOIRE
Dossier pédagogique sous la direction du Parc de la Villette
Jean-François Forges

MOTIVATION, PROJET PERSONNEL, APPRENTISSAGES
Monique Croizier

MOTS POUR MAUX À L'ÉCOLE PRIMAIRE
Enseigner, c'est possible !
Élisabeth Godon

LA NEUVILLE : L'ÉCOLE AVEC FRANÇOISE DOLTO
suivi de DIX ANS APRÈS
Fabienne d'Ortoli et Michel Amram

LES OBJECTIFS PÉDAGOGIQUES EN FORMATION INITIALE ET EN FORMATION CONTINUE
Daniel Hameline

ORTHOGRAPHE : À QUI LA FAUTE ?
Danièle Manesse, Danièle Cogis, Michèle Dorgans, Christine Tallet

LA PÉDAGOGIE À L'ÉCOLE DES DIFFÉRENCES
Fragments d'une sociologie de l'échec
Philippe Perrenoud

PÉDAGOGIE : DICTIONNAIRE DES CONCEPTS CLÉS
Apprentissage, formation et psychologie cognitive.
Françoise Raynal, Alain Rieunier

PÉDAGOGIE DIFFÉRENCIÉE : DES INTENTIONS À L'ACTION
Philippe Perrenoud

LA PÉDAGOGIE ENTRE LE DIRE ET LE FAIRE
Le courage des commencements
Philippe Meirieu

LA PÉDAGOGIE : UNE ENCYCLOPÉDIE POUR AUJOURD'HUI
Sous la direction de Jean Houssaye

PÉDAGOGUE ET RÉPUBLICAIN : L'IMPOSSIBLE SYNTHÈSE ?
Philippe Lecarme

PENSER L'ÉDUCATION
Notions clés en philosophie de l'éducation
Coordonné par Alain Vergnioux

PETITE ENFANCE : ENJEUX ÉDUCATIFS DE 0 À 6 ANS
Coordonné par Nicole Geneix et Laurence Chartier

PEUT-ON FORMER LES ENSEIGNANTS ?
Michel Develay

LES POLITIQUES ET L'ÉCOLE
Entre le mensonge et l'ignorance
Maurice Niveau

LES POLITIQUES SCOLAIRES MISES EN EXAMEN
Douze questions en débat
Claude Lelièvre

POUR MIEUX APPRENDRE
Conseils et exercices pour élèves de lycées, étudiants, adultes
Jean Berbaum

POUR UNE DÉONTOLOGIE DE L'ENSEIGNEMENT
Gilbert Longhi

POUR UNE ÉTHIQUE DE L'INSPECTION
Dominique Sénore

POUR UNE PÉDAGOGIE DE LA PAROLE
De la culture à l'éthique
Claude Lagarde avec Annie Laporte, Joël Molinario, Christian Picard

POUR UNE SOCIÉTÉ ÉDUCATIVE
Une réflexion syndicale sur l'école et la société
Unsa Éducation – Textes rassemblés par Dominique Lassarre

PRATIQUES DE L'ENTRETIEN D'EXPLICITATION
Sous la direction de Pierre Vermersch et Maryse Maurel

PREMIERS PÉDAGOGUES : DE L'ANTIQUITÉ À LA RENAISSANCE
Sous la direction de Jean Houssaye

PRÉPARER UN COURS
Tome 1 : Applications pratiques
Alain Rieunier

PRÉPARER UN COURS
Tome 2 : Les stratégies pédagogiques efficaces
Alain Rieunier

PROFESSEURS ET ÉLÈVES : LES BONS ET LES MAUVAIS
Jean Houssaye

QU'EST-CE QUE LA PÉDAGOGIE ?
Le pédagogue au risque de la philosophie
Michel Soëtard

QUESTIONS DE SAVOIR
Gabrielle Di Lorenzo

QUESTIONNER POUR ENSEIGNER ET POUR APPRENDRE
Le rapport au savoir dans la classe
Olivier Maulini

RADIOGRAPHIE DU PEUPLE LYCÉEN
Pour changer le lycée
Coordonné par Roger Establet

SAVOIRS SCOLAIRES ET DIDACTIQUES DES DISCIPLINES
Une encyclopédie pour aujourd'hui
Sous la direction de Michel Develay

SE CONSTRUIRE DANS LE SAVOIR
À l'école, en formation d'adulte
Odette Bassis

LES SCIENCES DE L'ÉDUCATION, UN ENJEU, UN DÉFI
Bernard Charlot avec la collaboration de la CORESE, J. Gautherin, J. Hédoux et A. Tuijnman

SYSTÈME, PERSONNE ET PÉDAGOGIE
Une nouvelle voie pour l'Éducation
Georges Lerbet

VIOLENCES ENTRE ÉLÈVES, HARCÈLEMENTS ET BRUTALITÉS
Les faits, les solutions
Dan Olweus

VIVRE ENSEMBLE, UN ENJEU POUR L'ÉCOLE
Francis Imbert et le Groupe de Recherche en Pédagogie Institutionnelle

Y A-T-IL UNE VIE APRÈS L'ÉCOLE ?
Georges Snyder

Hors série

ÉCOLE CHERCHE MINISTRE
Pascal Bouchard

ÉCOLE, DEMANDEZ LE PROGRAMME
Philippe Meirieu

LETTRE À UN JEUNE PROFESSEUR
Philippe Meirieu

PÉDAGOGIE : LE DEVOIR DE RÉSISTER
Philippe Meirieu

Notes

Notes

Notes

Notes

Notes

Notes

Notes

Achevé d'imprimer
en août 2008
par L.E.G.O. S.p.A.
Lavis (TN), Italie